ZHONGGUO BAOXIANYE
FAZHAN BAOGAO (2020)

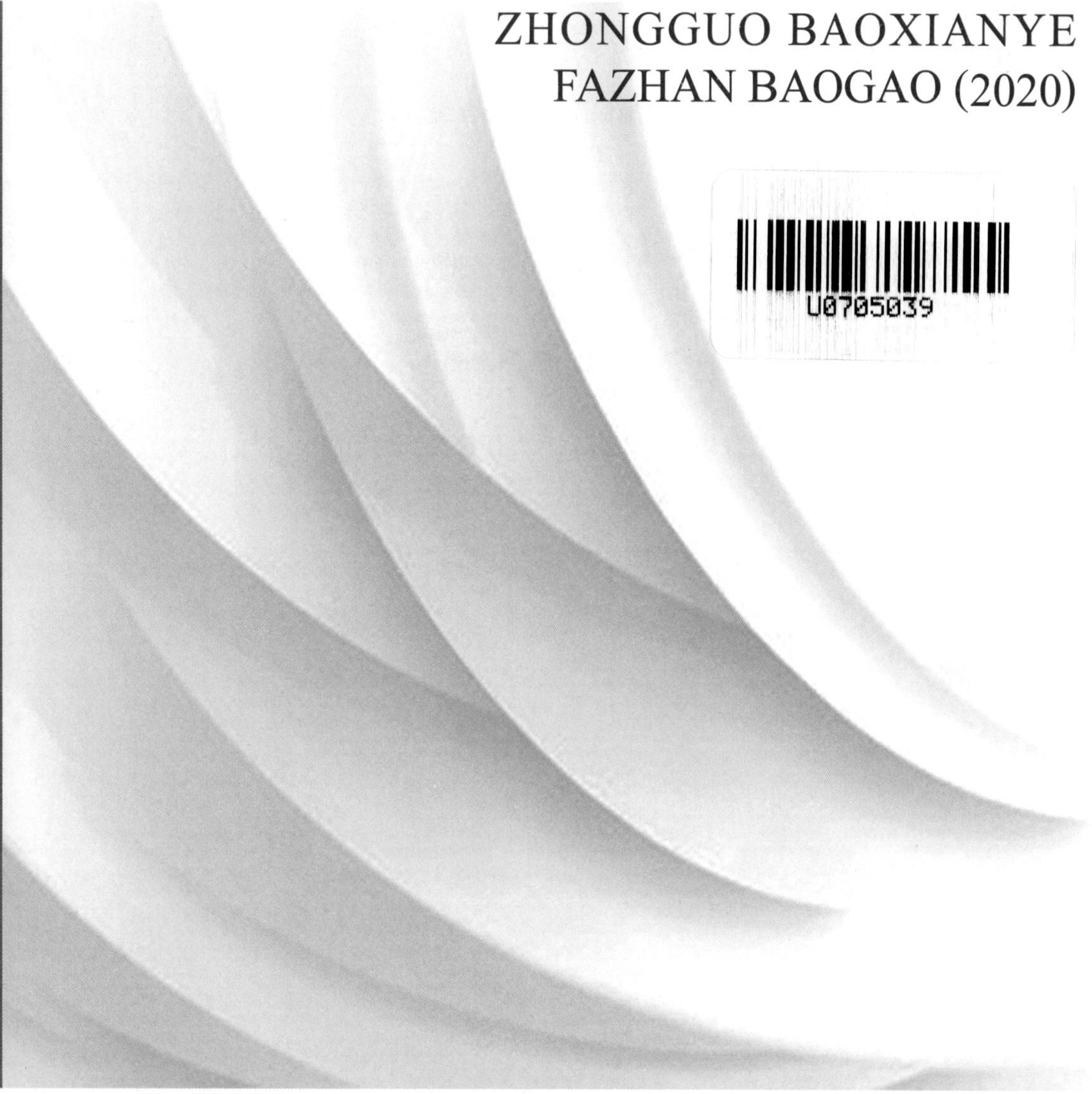

中国保险业发展报告(2020)

中国保险行业协会 编著

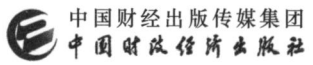

图书在版编目（CIP）数据

中国保险业发展报告.2020／中国保险行业协会编著．－－北京：中国财政经济出版社，2021.12

ISBN 978－7－5223－0975－0

Ⅰ．①中… Ⅱ．①中… Ⅲ．①保险业—经济发展—研究报告—中国—2020 Ⅳ．①F842

中国版本图书馆 CIP 数据核字（2021）第 242960 号

责任编辑：胡 懿 谷兴华　　　　责任校对：徐艳丽
封面设计：卜建辰　　　　　　　　责任印制：党 辉

中国财政经济出版社 出版

URL：http://www.cfeph.cn

E－mail：cfeph@cfeph.cn

（版权所有　翻印必究）

社址：北京市海淀区阜成路甲 28 号　邮政编码：100142
营销中心电话：010－88191522
天猫网店：中国财政经济出版社旗舰店
网址：https://zgczjjcbs.tmall.com
北京时捷印刷有限公司印刷　各地新华书店经销
成品尺寸：210mm×285mm　16 开　11 印张　258 000 字
2021 年 12 月第 1 版　2021 年 12 月北京第 1 次印刷
定价：68.00 元
ISBN 978－7－5223－0975－0
（图书出现印装问题，本社负责调换，电话：010－88190548）
本社质量投诉电话：010－88190744
打击盗版举报热线：010－88191661　QQ：2242791300

编委会名单

主　　　编：邢　炜

副　主　编：王玉祥　陈健　董路君　商敬国　马晓伟　尹小贝

执 行 主 编：尹小贝

执行副主编：（按姓氏笔画排序）

尹　博　仝春建　张　礼　张　弘　杨文梅　赵丹丹

赵军锋　徐钟抒　柴　岳　秦沛鑫　贾钰峰　龚贵仙

都星羽　魏　杰

编写组成员：（按姓氏笔画排序）

王立峰　王　宁　王　未　王建平　王胜江　邓　亮

付盛麟　朱之睿　李丽平　陈子扬　杨大明　徐　伟

徐　强　钱　洁　唐媛坤　高春燕　符云波

目 录

序言 ·· (1)
前言 ·· (5)

第一章 行业发展概况 ··· (7)
    一、市场主体 ·· (7)
    二、市场规模 ·· (9)
    三、市场格局 ·· (23)
    四、盈利情况 ·· (30)
    五、中介渠道 ·· (33)
    六、保险资金运用 ·· (44)

第二章 行业监管政策 ··· (49)
    一、综合性监管政策 ··· (49)
    二、财产险领域监管政策 ··· (53)
    三、人身险领域监管政策 ··· (56)
    四、中介领域监管政策 ·· (60)
    五、保险资金运用领域监管政策 ·· (64)
    六、金融科技领域监管政策 ·· (71)

第三章 服务实体经济情况 ·· (73)
    一、全力服务疫情防控和复工复产 ·· (73)
    二、全方位服务脱贫攻坚战略 ··· (75)
    三、多层次服务民生保障建设 ··· (77)
    四、全渠道服务社会治理体系 ··· (79)
    五、为实体经济发展提供长期稳定的资金来源 ···································· (80)

第四章 发展展望 ··· (83)
    一、保险行业发展趋势判断 ·· (83)

二、财产险行业发展展望 ………………………………………………………（85）
三、人身险行业发展展望 ………………………………………………………（86）
四、保险中介渠道发展展望 ……………………………………………………（87）
五、保险资金运用展望 …………………………………………………………（88）

专题报告 ……………………………………………………………………………（91）
一、保险业统筹推进疫情防控和支持经济社会发展情况的报告 ……………（91）
二、关于中小保险公司经营状况的调研报告 …………………………………（97）
三、2020年度及2021年第一季度商业健康保险发展形势调研报告 ………（103）
四、国内保险机构内部审计组织体系及管理模式研究报告 …………………（118）
五、保险区块链专题研究 ………………………………………………………（123）
六、保险公司诉讼管理研究报告 ………………………………………………（129）

附录 …………………………………………………………………………………（137）
附录一　2020年度中国保险行业协会会员大事记 …………………………（137）
附录二　中国保险行业协会会员单位名单（截至2021年11月）……………（157）

专　栏
专栏1-1　保险深度和保险密度 ………………………………………………（10）
专栏1-2　财产险行业保险金额 ………………………………………………（18）
专栏1-3　通过中介渠道提供的保险保障 ……………………………………（19）
专栏1-4　中介渠道承保件数和承保人次 ……………………………………（20）
专栏1-5　2020年人身险行业原保险赔付情况 ………………………………（22）
专栏2-1　行业风险总体可控 …………………………………………………（50）
专栏2-2　保险业推进对外开放进程 …………………………………………（50）
专栏2-3　保险业服务"双碳"目标情况 ……………………………………（50）
专栏2-4　绿色保险服务"双碳"目标 ………………………………………（51）
专栏2-5　车险综合改革情况 …………………………………………………（54）
专栏2-6　农业险发展情况 ……………………………………………………（55）
专栏2-7　财产险公司责任保险和短期健康险发展情况 ……………………（55）
专栏2-8　2020年健康险发展情况 ……………………………………………（57）
专栏2-9　保险机构健康管理服务团体标准 …………………………………（59）
专栏2-10　人身险公司互联网保险发展情况 …………………………………（61）
专栏2-11　财产险公司互联网保险发展情况 …………………………………（63）
专栏2-12　保险资金大类资产配置变化情况 …………………………………（64）

专栏 2-13	保险资金投资收益情况	（67）
专栏 2-14	保险公司投资管理能力建设情况	（69）
专栏 2-15	保险资产管理公司投资管理能力建设情况	（69）
专栏 3-1	财产险公司服务疫情防控情况	（74）
专栏 3-2	人身险公司服务疫情防控情况	（74）
专栏 3-3	农业险发展情况	（76）
专栏 3-4	人身险公司发展保障型产品情况	（78）
专栏 3-5	保险公司参与养老第三支柱建设情况	（78）
专栏 3-6	人身险公司发展"医养结合"业务	（79）
专栏 3-7	保险资金服务国家重大项目	（81）
专栏 3-8	保险资金助力武汉疫后重振	（81）

序 言

"十三五"期间,保险业深入贯彻落实党中央、国务院和中国银行保险监督管理委员会(以下简称银保监会)关于金融保险业改革发展的决策部署,将发展保险业置于经济社会发展整体布局中统筹推进,在强化保险保障功能、服务实体经济等方面取得新的重大成绩。

一是保险市场较快增长,综合实力显著提升。"十三五"期间,我国保险业保费收入从2015年的2.43万亿元增长到2020年的4.5万亿元,年均增长13.3%。保险业总资产从2015年的12.36万亿元增长到2020年的23.30万亿元,年均增长13.52%。从2015年到2020年,我国保险业保费收入占全球市场份额从8.5%上升至10.4%。

二是供给侧结构性改革不断深化,对外开放加快推进。"十三五"期间,保险业坚持回归本源,深入推进保险供给侧结构性改革。车险综合改革稳步推进,实现了降价、增保、提质的目标。农业保险、责任保险、信用保险等在经济社会发展中发挥越来越重要的作用。人身险产品结构不断优化,初步形成了市场化的人身险费率形成机制。2020年,保险业为社会提供风险保障8 709.91万亿元。对外开放加快推进,先后出台"允许境外金融机构入股在华外资保险公司、缩短外资人身险公司外资股比限制从51%提高至100%的过渡期至2020年"等对外开放措施。2020年,外资保险公司市场份额占比达到7.79%。

三是保障功能增强,多层次服务民生保障建设。积极开发适合不同需求的健康保险产品和服务,推出普惠型健康产品,探索开展健康体检、慢病管理等健康管理新模式。2015—2020年,健康险业务赔付从763亿元增长到2 921亿元,占我国卫生总费用比重从1.88%增至4.05%。适应人口老龄化和养老保障体系建设的需要,稳步推进税延养老保险试点,积极探索发展养老保障第三支柱。一些大型保险公司开始布局"保险+医养"领域,为老年人提供涵盖风险保障、财务规划、医疗诊治、养老看护等的综合养老方案。充分发挥保险优势，积极经办或承办基本医疗保险、大病保险、长期护理保险等。"十三五"期间，大病保险覆盖人口从2015年的9.2亿人上升至2020年的11.3亿人，参保群众大病医疗费用报销比例普遍提升10—15个百分点。

四是强化风险管理，全方位服务社会治理体系。精准对接脱贫攻坚战略。大力发展农业保险、小额人身保险、"防贫保"等专属保险，参与社会救助经办。2020年，农业保险为1.89亿户次农户提供风险保障4.13万亿元。充分发挥保险事前风险预防、事中风险控制、事后理赔服务等功能作用，大力发展环境污染、医疗责任、食品安全、安全生产、建筑工程、社区综合治理等领域的责任保险。2020年，责任保险为全社会提供风险保障2767.48万亿元；积极参与国家防灾减灾体系，成立中国城乡居民住宅地震巨灾保险共同体，发布城乡居民住宅地震保险示范产品。

五是拓宽保险资金运用，多渠道服务实体经济发展。截至2020年末，保险资金运用余额为21.68万亿元，较"十三五"初期增长94%。针对交通、能源、不动产以及国家重大项目建设的投入水平在不断增加，大力支持"一带一路"建设、长江经济带发展、京津冀协同发展。目前，保险资金通过债券、股票和非公开市场投资，为实体经济融资超过16万亿元，成为我国债券市场第三大机构投资者、股票市场第二大投资者、公募基金最大机构投资者。

党的十九届五中全会提出，要加快构建以国内大循环为主体、国内国际双循环相互促进的新发展格局。站位新发展阶段，贯彻新发展理念，"十四五"时期，保险业要深入贯彻落实党的十九届五中全会和中央经济工作会议精神，不断强化保险保障功能，在服务双循环新发展格局、服务国家治理体系和治理能力现代化等方面发挥更大作用。

一是保险业将继续保持较快发展速度。"十四五"时期，我国将继续全面深化改革，进一步扩大对外开放，中国经济稳中向好的基本趋势没有变。随着新发展格局加快构建，人民生活水平不断提高，社会风险意识全面提升，国家政策强力推动，再考虑到我国保险业与国际先进市场的较大差距，保险业还将面临巨大发展空间。

二是在服务养老、医疗等民生领域发挥更大作用。"十四五"规划提出，发展多层次、多支柱养老保障体系。这为保险业服务健康养老保障体系提供重要契机。当前，我国人口老龄化程度不断提高，基本养老金面临较大缺口，养老服务供给不足。"十四五"期间，保险行业要聚焦人口老龄化国家战略，参与长期护理保险制度试点、开发适合老年人的健康医疗保险、加快第三支柱养老金融业务发展、加大对医养资源的投入和整合,多管齐下,构建医养康养相结合的多领域、全方位的养老金融及服务体系。

三是在服务乡村振兴战略方面发挥更大作用。"十三五"期间,保险业在服务农村脱贫攻坚战略方面发挥了重要作用,但总体发展水平还不高,需要不断"扩面、增品、提标"。按照WTO规则,对关系国计民生的重要的种植业和养殖业的保费补贴,可以采取"绿箱政策"。"十四五"期间,保险行业将着力加强脱贫攻坚成果和乡村振兴之间的有效衔接,大力发展农业保险,积极开发小额人身保险,稳步推进"支农支小"融资业务,为防止脱贫农民"因病因灾返贫"提供保险业的解决方案,持续发挥经济补偿和风险管理的重要作用。

四是在发展普惠金融方面发挥更大作用。大数据、云计算、区块链、人工智能等技术正在加快推进保险业转型发展。"十四五"期间,随着保险科技更广泛的应用,风险保障范围将不断扩大,风险管理能力将不断提升,线上化的核保理赔和客户服务体系将不断成熟,保险业将为社会提供更多个性化、差异化、物美价廉的保险产品。加强保险科技运用,积极推动普惠保险产品和服务供给,将更好地服务小微企业、"三农"、城镇低收入人群、残疾人和老年人等群体。

五是在服务国家重大项目建设方面发挥更大作用。保险资金具有规模大、期限长、来源稳等优势,在服务国家重大项目和资本市场方面具有天然优势。"十四五"期间,随着新发展格局加快构建,人民生活水平不断提高,保险业还将面临巨大发展空间。保险业将能够为国家"两新一重"建设,为区域经济发展和"一带一路"建设,为新基建、新能源、新材料、交通物流等国家重大项目提供更多长期稳定的资金支持。

六是在灾害治理、重大突发公共事件应对方面发挥更大作用。面对2020年的新冠肺炎疫情,保险业通过开通绿色通道、拓宽保障责任、捐赠专属保险、支持重大项目、服务小微企业、开展捐款捐物等方式,在支持疫情防控和统筹经济社会发展中发挥了积极作用。"十四五"期间,保险业将大力发展巨灾保险,做好灾害事故保险应急处置工作,服务国家灾害救助体系建设。此外,还将积极发展教育医疗、公共卫生、食品安全、建筑工程、职业责任、社区管理等领域的责任保险,用经济杠杆和多样化的保险产品服务公共安全,参与社会管理。

中国保险行业协会(以下简称保险业协会)是保险业的全国性自律组织。"十四五"时期,保险业协会坚持以习近平新时代中国特色社会主义思想为指导,深入贯彻落实党的十九届五中全会和中央经济工作会议精神，进一步聚焦主责主业，强化自律、服务等职能，在助力行业高质量发展、助力行业在服务新发展格局中发挥更加积极的作用。

保险业协会组织编写的《中国保险业发展报告》，立足行业视角，既全面、客观反映行业真实状况，又准确运用更多、更翔实的行业数据资源，是协会服务会员单位、服务行业高质量发展的重要内容。

值此《中国保险业发展报告（2020）》（以下简称《报告》）出版之际，衷心感谢监管部门、会员单位、研究机构和社会各界对编写工作的持续指导和支持。

中国保险行业协会党委书记、会长

前　言

金融是经济的核心，保险业作为现代金融体系的三大支柱之一，在国内经济与社会发展中居于十分重要的地位。随着保险实践的不断发展，保险不仅具有经济补偿和资金融通功能，而且具有社会管理功能，对促进经济社会的全面发展起着不可替代的重要作用。2020年，保险业坚持以习近平新时代中国特色社会主义思想为指导，认真贯彻落实党中央、国务院决策部署，努力克服新冠肺炎疫情冲击，坚持回归保障本源，强化保险保障功能，提升服务实体经济质效，提高重大风险防范能力，全年保持稳健运行良好态势，改革发展取得新成绩。

保险市场保持稳健运行。截至2020年底，保险业原保险保费收入达到45 257.34亿元，保险资金运用余额为216 801.13亿元，行业总资产达到232 984.30亿元，行业综合实力进一步增强，服务国民经济和社会民生能力稳步提升，特别是在应急管理上发挥的作用越来越大。2020年，178家保险公司平均综合偿付能力充足率为246.3%，平均核心偿付能力充足率为234.3%，偿付能力充足率指标保持在合理区间，行业风险总体可控。

保险保障功能不断增强。保险业坚持回归风险保障本源，业务结构明显优化，2020年承保保单526.34亿件，提供风险保障8 710万亿元，赔款和给付支出13 907.10亿元。助力"抗疫"和复工复产，为"抗疫"一线提供高效的金融支持与物资援助，开通绿色服务通道，向"投疫"一线捐赠专属保险产品。助力脱贫攻坚，积极创新农业保险产品、探索保险扶贫模式，在助力精准脱贫扶贫方面发挥重要作用。2020年，农业保险保费收入814.93亿元，为1.89亿户次农户提供风险保障4.13万亿元。

保险资金服务实体经济质效提升。2020年，保险业以国家战略为重点，充分发挥保险资金期限长、规模大、成本低、来源稳定的独特优势，为国家战略部署推进和工程项目落地实施提供长期、稳定的资金和资本支持。截至2020年底，保险业支持"一带一路"建设、长江经济带发展、京津冀协同发展的相关投资规模分别达到1.3万亿元、6 000亿元和2 500亿元。

组织行业内外力量，持续编写年度《中国保险业发展报告》，是保险业协会服务会员单位的重要内容。其核心要旨在于，立足行业观察视角，全面、准确、详细描述我国保险市场的发展状况，研究行业年度重点热点问题，服务行业高质量发展；充分反映保险业围绕党中央、国务院决策部署和银保监会工作部署，行业改革发展和服务实体经济的最新成果，展示保险业的行业价值和社会责任。

《报告》主体框架包括序言、前言、行业发展概况、行业监管政策、服务实体经济、发展展望、专题报告和附录。前四章总结了2020年保险行业发展概况、2020年保险行业监管政策和2020年保险业服务实体经济情况，对"十四五"时期保险业发展进行展望。专题报告包含保险业统筹推进疫情防控和支持经济社会发展情况、当前中小保险公司经营情况、2020年度及2021年第一季度商业健康保险发展形势等六个报告；附录包含2020年度中国保险行业协会会员大事记、会员单位名单（截至2021年11月）。

《报告》主要数据来自银保监会公开统计数据、保险业协会会员单位交流或调研数据以及会员单位公开披露信息。

《报告》由保险业协会统计研究部牵头组织，财产险一部、人身险一部、资金运用部、中介部、财产险二部、人身险二部、公司治理部、保险科技部、法规部等参与编写。在编写过程中，还得到会员单位和相关机构的积极参与和大力支持。华泰财险、普华永道会计师事务所、太平金融稽核服务公司分别参与编写，大家保险集团、华安保险、人保财险、太保财险、平安产险、安华农业保险等为《报告》提供了材料，在此一并表示衷心感谢。

由于水平能力有限，《报告》不免存有疏漏之处，真诚地欢迎广大读者，尤其是从事保险工作的同仁，多提宝贵意见和建议，以便我们在今后的工作中予以改进，进一步提高《报告》的编写水平和编写质量。

第一章
行业发展概况

2020年，全年国内生产总值101.60万亿元，比2019年增长2.3%。2020年，在新冠肺炎疫情的不利背景下，保险市场依然稳定运行。一是保险业资产负债及业务稳步增长。2020年末，保险公司总资产23.3万亿元，同比增长13.3%；原保险保费收入4.5万亿元，同比增长6.1%；保险资金运用余额21.7万亿元，同比增长17%。二是保险业服务实体经济质效持续提高。2020年，保险业提供保险金额8 710万亿元，同比增长34.6%；赔付支出1.4万亿元，同比增长7.9%。三是保险业主要经营和风险指标处于合理区间。2020年，保险机构流动性总体保持平稳，保险公司经营活动现金流同比增长106.5%。四是保险业多渠道增强风险抵御能力。2020年，保险公司综合偿付能力充足率242.5%，核心偿付能力充足率230.5%。2020年，保险业全力投入疫情防控工作，积极服务企业复工复产，支持经济社会发展，向全社会彰显保险业的行业价值和社会责任。

一、市场主体

截至2020年末，我国保险机构数量为238家，较2019年减少2家，较2018年增加3家，市场主体数量总体平稳。其中，保险集团/控股公司14家，财产险公司88家，人身险公司91家，保险资产管理公司28家，再保险公司14家，保险互助社3家。

当前，我国已成立农业险、责任险、保证险、养老险、健康险、互联网保险、自保等专业保险公司，保险业专业化水平明显提升。

（一）财产险行业市场主体

财产险公司88家，与2019年数量持平。其中：中资65家，外资23家。

14家专业保险公司，包括：2家汽车保险公司（鑫安汽车、众诚保险）、5家农业险公司（国元农险、安华农险、安信农险、阳光农险、中原农险）、4家互联网保险公司（众安财产、安心财产、泰康在线、易安财产）、2家信用保证保险公司（出口信用、阳光信保）、1家责任险公司（长安责任）。

（二）人身险行业市场主体

人身险公司91家，与2019年数量持平。其中：中资62家，外资29家。

16家专业保险公司，包括：7家健康险公司（平安健康、人保健康、昆仑健康、和谐健康、太保安联健康、复星联合健康、瑞华健康），9家养老险公司（平安养老、太平养老、国寿养老、长江养老、泰康养老、大家养老、新华养老、人保养老、恒安标准养老）。

（三）中介行业市场主体

截至2020年末，我国共有2 635家保险专业机构，较2019年减少8家。其中，保险中介集团5家，保险专业代理机构1 761家，保险经纪机构496家，保险公估机构373家。

保险兼业代理机构2.2万家，其中，银行类保险兼业代理法人机构1 923家，代理网点近19万余家。兼业代理机构总体数量大幅精简，银行类保险兼业代理法人机构和代理网点数量小幅增长。

根据保险业协会交流数据，全国个人保险代理人（以下简称个人代理人）约834.5万人，同比下降4.9%。其中，人身险公司个人代理人约703.9万人，同比下降8.0%，占总人力的84.3%；财产险公司个人代理人约130.6万人，同比增长16.4%，占总人力的15.7%（见图1-1）。

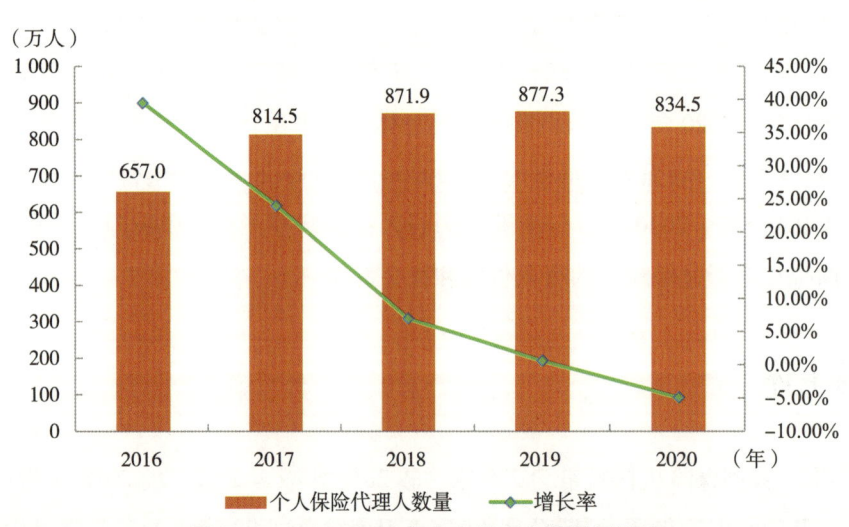

图1-1　2016—2020年个人代理人数量及增速

资料来源：《中国保险年鉴》、中国保险行业协会。

二、市场规模

（一）保费收入

2020年，在全球保费增长率为-1.4%的情况下，我国保险业原保险保费收入45 257.34亿元，较2019年增加2 612.59亿元，同比增长6.13%，增幅同比下降6.04个百分点（见图1-2）。

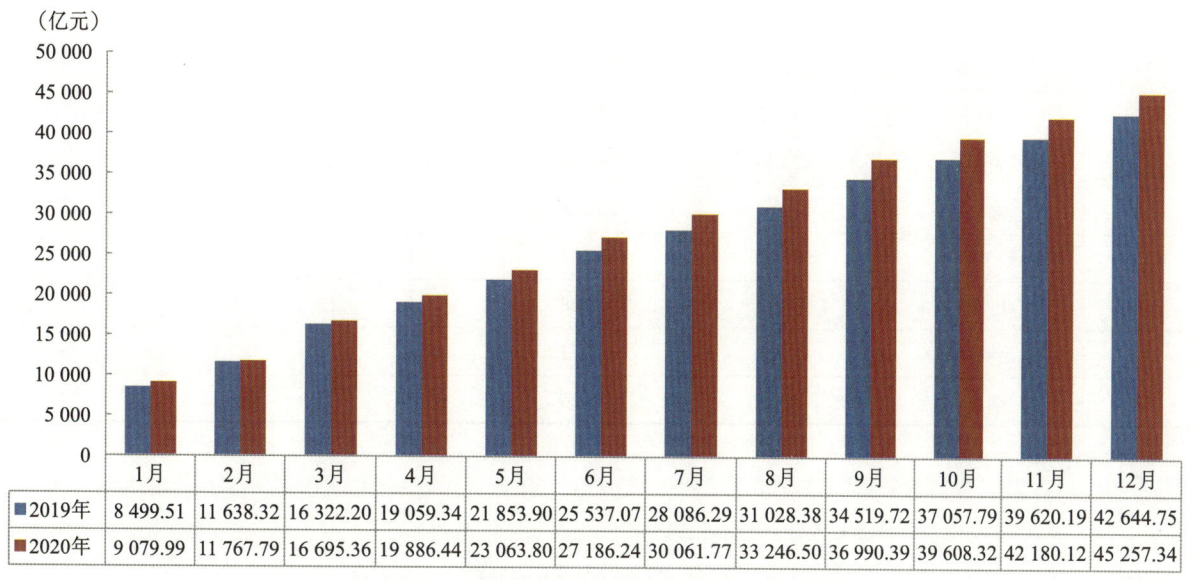

图1-2　2019—2020年月度累计保费收入对比

资料来源：中国银保监会。

中国占全球总保费的市场份额继续上升，达到全球保险市场的10.5%。全球保险市场继续向美国、中国和日本三个市场集中，这三个国家再次成为2020年世界最大的三个保险市场（见表1-1），合计共占全球市场近58%的份额，比例高于一年前（2019年为56%）。2020年，前二十大市场占全球保费的比例也从2019年的90.4%上升至91.7%。

表1-1　　　　　　　　　　全球前20名保险市场（按保费）

排名	国家或地区	保费总额（10亿美元） 2020年	保费总额（10亿美元） 2019年	同比变化（%）	全球市场份额（%） 2020年	全球市场份额（%） 2019年
1	美国	2 530 570	2 485 632	1.8	40.3	39.5
2	中国	655 874	617 399	6.2	10.4	9.8
3	日本	414 805	427 580	-3.0	6.6	6.8
4	英国	338 321	364 352	-7.1	5.4	5.8
5	德国	258 566	249 207	3.8	4.1	4.0
6	法国	231 347	260 457	-11.2	3.7	4.1

续表

排名	国家或地区	保费总额（10亿美元） 2020年	保费总额（10亿美元） 2019年	同比变化（%）	全球市场份额（%） 2020年	全球市场份额（%） 2019年
7	韩国	193 709	179 018	8.2	3.1	2.8
8	意大利	161 973	167 881	-3.5	2.6	2.7
9	加拿大	143 468	134 839	6.4	2.3	2.1
10	中国台湾	113 304	117 823	-3.8	1.8	1.9
11	印度	107 993	107 893	0.1	1.7	1.7
12	荷兰	87 529	84 179	4.0	1.4	1.3
13	中国香港	73 131	70 696	3.4	1.2	1.1
14	西班牙	66 323	70 982	-6.6	1.1	1.1
15	澳大利亚	62 840	68 688	-8.5	1.0	1.1
16	瑞士	62 669	58 868	6.5	1.0	0.9
17	爱尔兰	58 089	58 645	-1.6	0.9	0.9
18	巴西	57 623	73 388	-21.5	0.9	1.2
19	比利时	41 236	41 372	-0.3	0.7	0.7
20	瑞典	40 939	38 026	-7.7	0.7	0.6

资料来源：瑞再研究院。

专栏1-1　　保险深度和保险密度

2020年，我国保险深度为4.45%，较2019年的4.3%提高0.15个百分点；保险密度为3 219.07元/人，较2019年的3 051.03元/人增加了168元。其中：财产险行业保险密度达到962.02元/人，较2019年增长3.48%。保险深度达到1.34%，较2019年提高0.03个百分点。人身险行业保险密度达到2 252.89元/人，较2019年增长7.22%。保险深度达到3.12%，较2019年提高0.12个百分点。

1. 分业务类型情况

如图1-3所示，分业务类型来看，财产险业务原保险保费收入11 928.58亿元，增加279.11亿元，同比增长2.40%，较2019年同期下降5.77个百分点，占比26.36%；寿险业务原保险保费收入23 981.93亿元，增加1 227.79亿元，同比增长5.40%，较2019年同期下降4.40个百分点，占比52.99%；健康险业务原保险保费收入8 172.71亿元，增加1 106.74亿元，增长15.66%，占比18.06%；意外险业务原保险保费收入1 174.11亿元，减少1.05亿元，下降0.09%，占比2.59%。相较于健康险业务的高速增长，意外险业务是2020年唯一出现负增长的险种业务，成为受疫情影响最大的险种业务。

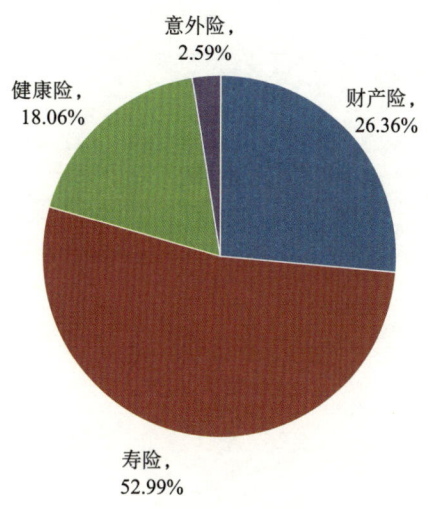

图1-3 中国保险市场业务结构

2. 分公司类型情况

（1）财产险公司保费收入

2020年，财产险公司实现原保险保费收入13 583.69亿元，同比增长4.36%，增速同比下降6.36个百分点。财产险公司保费规模占保险业的比重由2019年的30.52%，下降到2020年的30.01%。

分季度看，第一季度财产险公司保费规模达到3 601.40亿元，同比增长4.17%，占全年保费收入的26.51%；第二季度财产险公司保费规模达到3 616.07亿元，同比增长11.30%，占全年保费收入的26.62%；第三季度财产险公司保费规模达到3 374.71亿元，同比增长10.21%，占全年保费收入的24.84%；受车险综合改革等因素影响，第四季度财产险公司保费规模仅为2 991.52亿元，同比下降7.89%，占全年保费收入的22.03%（见表1-2）。

表1-2　　　　　　　　　　　　2020年各季度原保险保费收入情况

	第一季度	第二季度	第三季度	第四季度	合计
原保险保费收入（亿元）	3 601.40	3 616.07	3 374.71	2 991.52	13 583.69
同比变化（%）	4.17	11.30	10.21	-7.89	4.36
占全年保费收入比重（%）	26.51	26.62	24.84	22.03	100.00

资料来源：中国保险行业协会交流数据。

分险种看，车险、健康险和责任险为保费规模排名前三的险种，原保险保费收入分别为8 244.75亿元、1 114.21亿元和901.13亿元，分别同比增长0.69%、32.60%和19.62%（见表1-3）。

（2）人身险公司保费收入

2020年，人身险公司实现原保险保费收入3.33万亿元，同比增长7.53%。原保险保费收入继续维持增长，但增速与2019年相比存在较为明显的回落（见图1-4）。

表 1-3　　　　　　　　　　　财产险公司分险种原保险保费收入

	原保险保费收入 （亿元）	同比增长 （%）	占比 （%）	占比较2019年同期增长 （百分点）
合　计	13 583.69	4.36	100.00	—
企业财产险	490.26	5.64	3.61	0.04
家庭财产险	90.79	-0.47	0.67	-0.03
车险	8 244.75	0.69	60.70	-2.21
工程险	138.41	17.45	1.02	0.11
责任险	901.13	19.62	6.63	0.85
信用保险	204.88	2.46	1.51	-0.03
保证保险	688.57	-18.38	5.07	-1.41
船舶保险	57.71	3.96	0.42	0.00
货物运输险	135.96	4.49	1.00	0.00
特殊风险保险	72.16	4.75	0.53	0.00
农业险	814.93	21.18	6.00	0.83
健康险	1 114.21	32.60	8.20	1.75
意外险	540.90	2.72	3.98	-0.06
其他险	89.03	38.91	0.66	0.16

图 1-4　全国人身险原保险保费收入及增长率

以规模保费口径计，2020 年，人身险公司规模保费合计达 4.08 万亿元，同比增长 1.91%，增速低于 2018 年及 2019 年（见图 1-5）。

2020 年，新单保费收入 10 234.25 亿元，占比 32.32%，低于 2019 年的 36.10%。其中，续期保费收入为 21 434.27 亿元，占比上升至 67.68%。新单保费中，趸交保费收入同比小幅增加，占比略升至 42.93%，期交保费收入同比减少 8.17%，占比降至 57.07%。

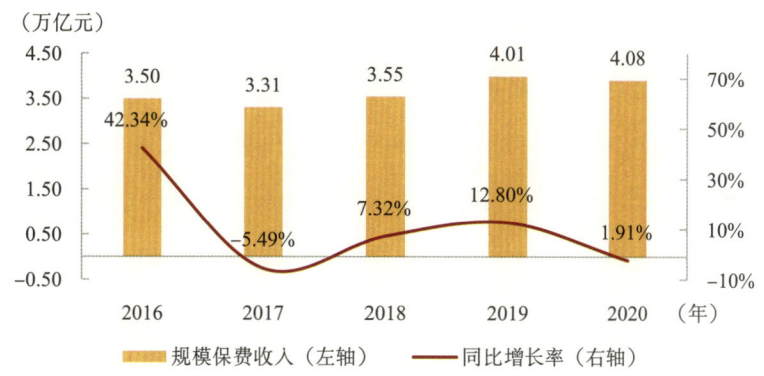

图1-5 全国人身险规模保费收入及增长率

（3）再保险公司分保费收入

2020年，再保险公司分保费收入1 809.24亿元，同比增长14.66%。其中，中资公司分保费收入1 180.14亿元，增长12.94%；外资公司分保费收入629.10亿元，增长18.03%。从险种看，财产险业务分保费收入840.07亿元，增长15.10%；寿险业务441.56亿元，增长4.81%；健康险业务454.48亿元，增长28.71%；意外险业务73.14亿元，下降0.70%。

3. 分渠道保费收入情况

2020年，全国保险公司累计实现保费收入4.56万亿元①，同比增长7.04%。其中，保险中介渠道实现保费收入3.98万亿元②，同比增长6.56%，占全国总保费收入的87.28%，同比下降0.4%。近几年，保险中介渠道实现保费占比始终超过80%，是实现保费收入的最重要渠道（见图1-6和图1-7）。

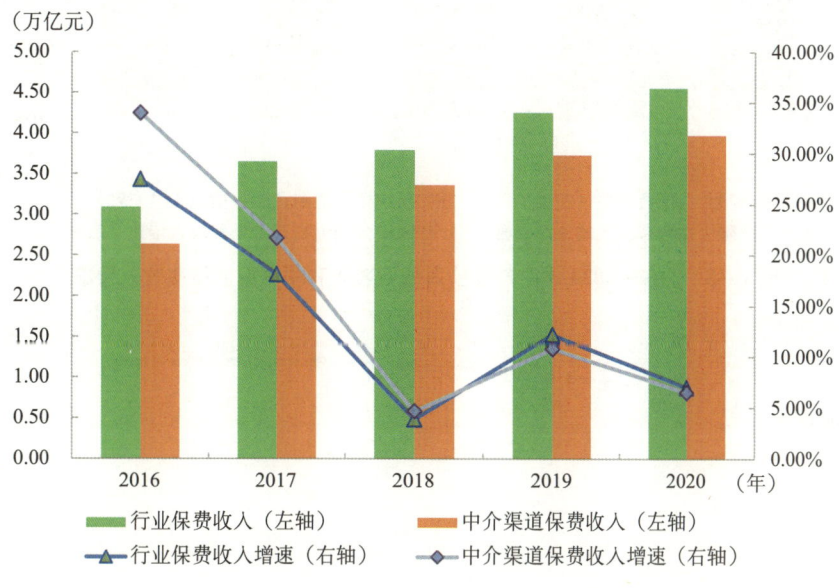

图1-6 2016—2020年行业保费收入和中介渠道保费收入情况

---

① 本保费收入是指2020年财产险公司签单保费收入与2020年人身险公司原保费收入合计数。
② 本保险中介渠道保费收入是指2020年保险中介渠道财产险签单保费收入与2020年保险中介渠道原保费收入合计数。

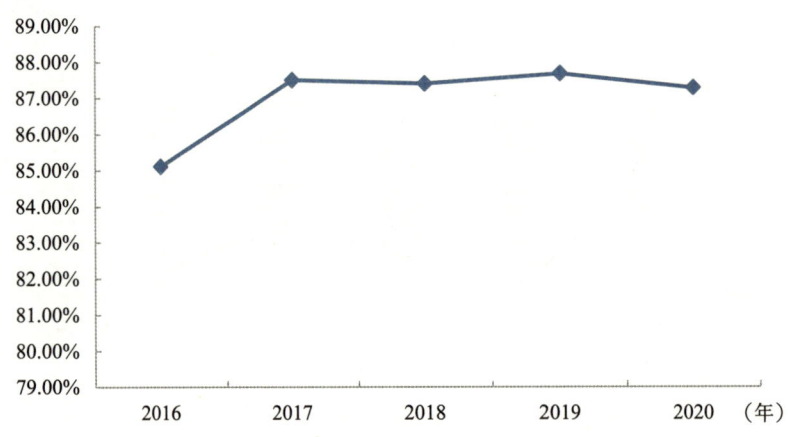

图 1-7　2016—2020 年中介渠道保费占总保费百分比

资料来源：《中国保险年鉴》、中国保险行业协会。

（1）财产险行业中介渠道保费收入

2020 年，全国财产险公司签单保费收入 1.39 万亿元，同比增长 4.5%，其中保险中介渠道实现财产险签单保费收入 1.05 万亿元，同比增长 3.1%，占全国财产险总保费的 75.2%（见图 1-8 和图 1-9）。

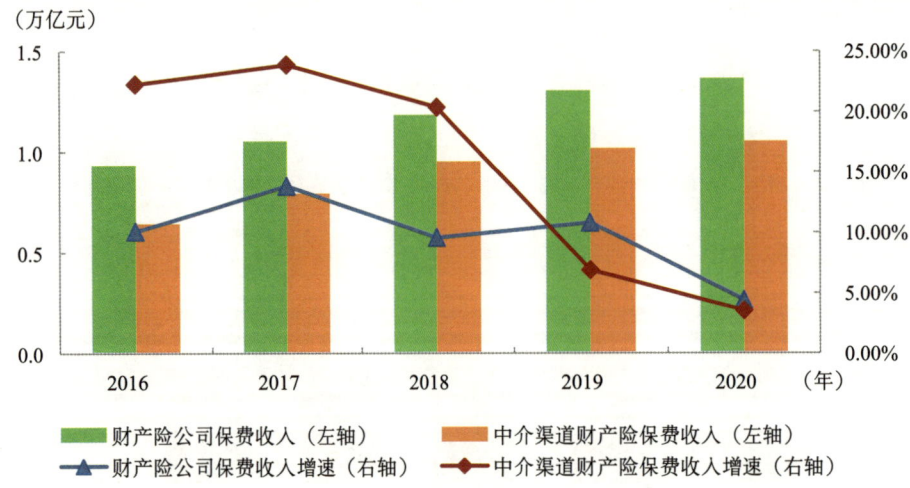

图 1-8　2016—2020 年财产险公司保费收入和中介渠道保费收入情况

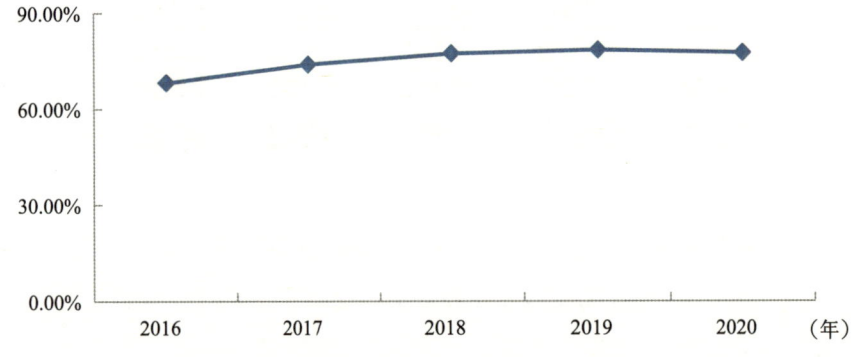

图 1-9　2016—2020 年财产险中介渠道保费占财产险保险收入百分比

资料来源：《中国保险年鉴》、中国保险行业协会。

根据保险业协会会员单位交流数据，代理渠道仍保持绝对优势。2020年，财产险代理业务签单保费收入9 060.24亿元，占比86.5%，占比基本与2019年持平；经纪业务签单保费收入1 409.38亿元，同比增长2.6%。

从险种来看，排在签单保费收入前三位的险种分别为车险、责任险和意外险。2020年，通过中介渠道实现车险签单保费收入9 060.2亿元，同比增长1.9%，占整个中介渠道财产险保费收入的76%；通过中介渠道实现责任险和意外险签单保费收入分别为694.98亿元和465.86亿元（见图1-10）。从业务增速来看，健康险业务增速最快，高达61.3%。信用保险、船舶保险、特殊风险保险和农业险签单保费均有不同程度的下滑。

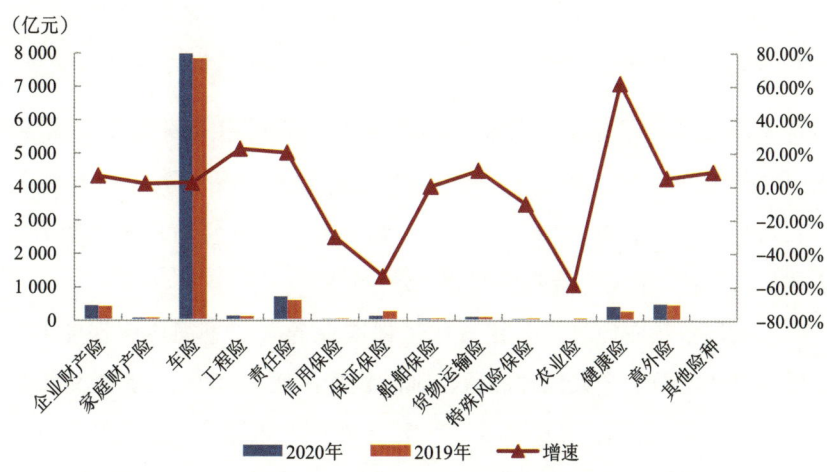

图1-10 2019—2020年中介渠道财产险签单保费收入险种分布

资料来源：中国保险行业协会。

（2）人身险行业中介渠道保费收入

2020年，全国人身险公司保费收入3.17万亿元，同比增长6.9%，其中中介渠道实现人身险保费收入2.93万亿元，同比增长7.7%，占全国人身险总保费的92.4%，较2019年提高0.5%，近5年来占比始终保持在91%以上（见图1-11和图1-12）。

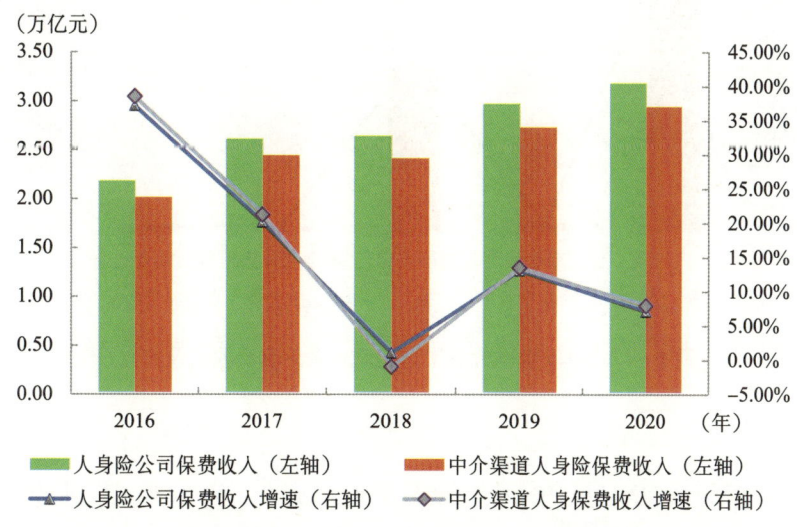

图1-11 2016—2020年人身险保费收入和中介渠道保费收入情况

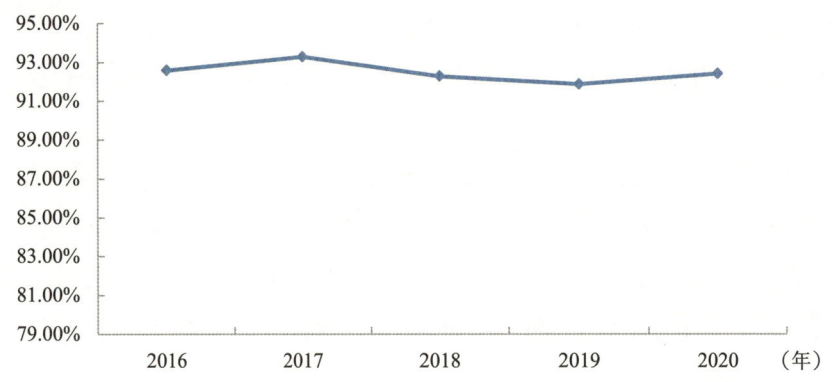

图 1－12　2016—2020 年人身险中介渠道保费占人身险保费百分比

资料来源：《中国保险年鉴》、中国保险行业协会。

根据中国保险行业协会会员单位交流数据，2020 年，中介渠道人身险续期保费收入持续保持增长，实现保费收入 19 504 亿元，同比增长 13.9%，增长速度较 2019 年下降约 1 个百分点，占整个中介渠道人身险保费收入的 66.5%，同比增长约 3.7 个百分点，近几年占比不断提升。新单保费 9 835 亿元，同比下降 2.9%，占中介渠道人身险保费收入的 33.5%。

分渠道来看，个人代理依然占比最大，银行代理保险业务（以下简称银保业务）实现一定增长，保险专业中介业务增速有所下滑。个人代理和银行邮政代理占比 88.6%，与 2019 年基本持平，其中个人代理保费收入 17 963 亿元，同比增长 4.3%；银行邮政代理保费收入 10 108 亿元，同比增长 12.6%。通过专业保险中介机构实现人身险保费收入 938 亿元，其中专业代理机构保费收入 540 亿元，同比增长 39.7%，增速较 2019 年下降 25 个百分点；保险经纪机构保费收入 398 亿元，同比增长 15.1%，增速较 2019 年降低 12%（见图 1－13）。

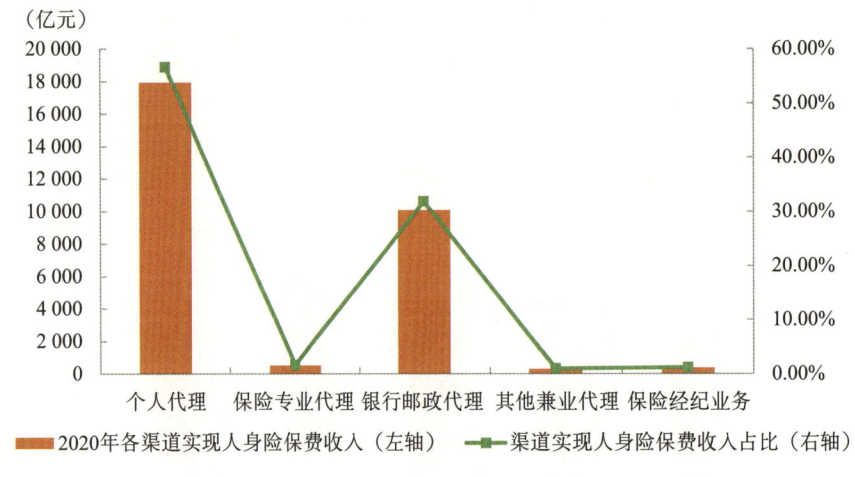

图 1－13　2020 年中介各渠道实现人身险保费收入及占比

资料来源：中国保险行业协会。

分险种来看，寿险及健康险收入持续保持增长，但增速有一定下滑，意外险出现负增长。2020 年，通过中介渠道实现寿险保费收入 23 024 亿元，同比增长 6.4%，较 2019 年增速下滑 3 个百分点，占整个渠道保费收入比为78.5%，其主渠道地位没有变化；实现意外险保费收入545亿元，同比下降1.3%；实现健康险保费收入5 770亿元，同比增长14.1%，较2019年增速下降13%（见图1－14）。

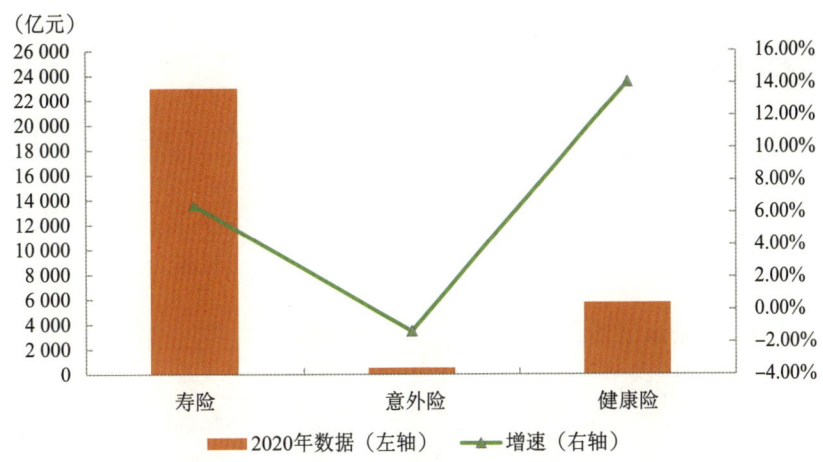

图1－14　2020年中介渠道人身险保费收入险种分布

资料来源：中国保险行业协会。

（二）资产规模

2020年，保险业总资产达232 984.30亿元，较年初增加27 340.12亿元，较年初增长13.29%，增速相比2019年的12.18%有所上升。其中，财产险公司总资产23 422.59亿元，较年初增长2.11%；人身险公司总资产199 789.74亿元，较年初增长17.82%；再保险公司总资产4 956.29亿元，较年初增长16.31%；保险资产管理公司总资产760.63亿元，较年初增长18.71%。

2020年，保险业净资产27 525.13亿元，较年初增加2 716.83亿元，增长10.95%。其中，财产险公司净资产6 553.04亿元，较年初减少42.90亿元，下降0.65%；人身险公司净资产15 336.29亿元，较年初增加1 893.76亿元，增长14.09%；再保险公司净资产1 120.22亿元，较年初增加103.23亿元，增长10.15%；资产管理公司净资产557.56亿元，较年初增加75.50亿元，增长15.66%。

1. 财产险行业资产规模

2020年，财产险行业总资产约2.34万亿元，较年初增长2.11%（见表1－4）。

表1－4　　　　　　　　　　2018—2020年财产险行业资产负债情况表　　　　　　　　　　单位：亿元

年份	2018	2019	2020
总资产	23 484.85	22 939.59	23 422.59
总负债	17 645.52	16 343.84	16 869.55
净资产	5 839.33	6 595.76	6 553.04

资料来源：中国保险行业协会交流数据。

财产险行业总资产排名前两位的公司分别为：人保财险6 435.28亿元，同比增长8.11%；平安产险4 445.28亿元，同比增长9.68%。排名第三至第五位的分别为太保财险（1 840.63亿元）、国寿财险（1 068.52亿元）、大地保险（8 38.46元）。

2. 人身险行业资产规模

2020年，人身险行业总资产19.98万亿元，较年初增长17.82%，增速保持上升势头（见图1-15）。

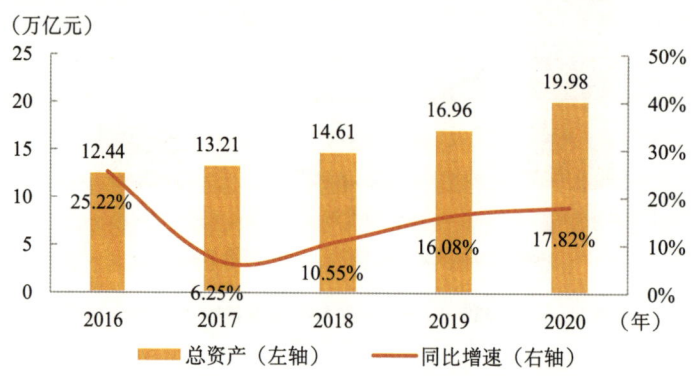

图1-15　2016—2020年人身险公司总资产及增速

资料来源：中国银保监会。

人身险行业排名前两位的公司是：国寿股份4.25万亿元，同比增长14.11%；平安人寿3.48万亿元，同比增长16.41%，与2019年保持一致。排名第三至第五位的分别为太保人寿（1.49万亿元）、泰康人寿（1.02万亿元）和新华人寿（1.00万亿元）。

（三）风险保障水平

2020年，保险行业为全社会提供风险保障金额8 709.91万亿元，同比增长34.62%。其中，财产险公司保险金额7 511.89万亿元，同比增长39.92%；人身险公司保险金额1 198.02万亿元，同比增长8.79%。

专栏1-2　　　　　　　　　财产险行业保险金额

财产险行业承保金额在保险业整体保险金额中占86.25%，占比同比上升2.45个百分点，是同期我国国内生产总值的73.9倍。财产险行业分险种保险金额及增速如表1-5所示。

表1-5　　　　　　　　财产险行业分险种保险金额及增速

险种	保险金额（万亿元）	增长速度（%）
车险	323.8	28.32
责任险	2 767.48	77.38
农业险	4.13	8.57
短期健康险	1 087.43	72.71
意外险	2 709.23	15.16

> **专栏 1-3**   通过中介渠道提供的保险保障
>
> 2020 年，通过中介渠道新增保险金额 605 万亿元，同比增长 2.5%，其中个人代理和保险经纪渠道新增保险金额实现持续增长，专业代理、银行邮政代理和其他兼业代理渠道新增保险金额均出现下滑，特别是其他兼业代理渠道下降比例较大，达到 39.2%。

（四）保单件数

2020 年，保险业新增保单 526.34 亿件，同比增长 6.25%。其中，财产险公司签单 517.28 亿件，同比增长 6.13%；人身险公司新增保单 9.06 亿件，同比增长 13.68%。

1. 财产险行业保单件数

2020 年，财产险行业累计签单 566.07 亿件，同比增长 16.14%。其中，车险签单 5.40 亿件，同比增长 8.65%；责任险签单 116.30 亿件，同比增长 24.42；货物运输险签单 41.07 亿件，同比下降 16.93%；保证保险签单 54.21 亿件，同比增长 93.06%；短期健康险签单 142.12 亿件，同比增长 29.51；意外险签单 72.95 亿件，同比下降 44.51%；其他险种合计签单 134.02 亿件，同比增长 90.80%（见表 1-6）。

表 1-6   2019—2020 年主要险种签单数量同比变化情况

	2020 年（亿件）	2019 年（亿件）	同比增长（%）
车险	5.40	4.97	8.65
责任险	116.30	93.47	24.42
货物运输险	41.07	49.44	-16.93
保证保险	54.21	28.08	93.06
短期健康险	142.12	109.74	29.51
意外险	72.95	131.46	-44.51
其他险种	134.02	70.24	90.80
合计	566.07	487.40	16.14

资料来源：中国银保监会。

2. 人身险行业保单件数

2020 年，人身险公司新增保单 9.06 亿件，同比增长 13.68%（见图 1-16）。

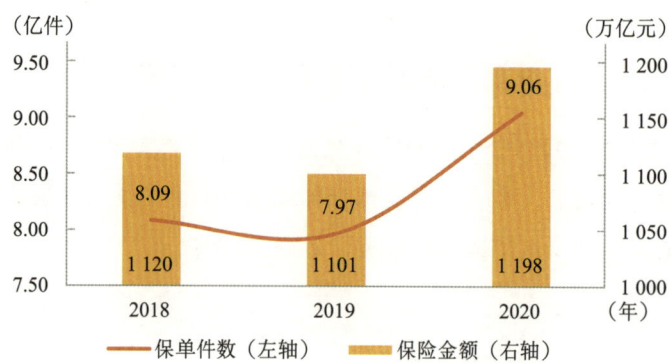

图 1-16　人身险公司保单件数和风险保障保额

专栏 1-4　中介渠道承保件数和承保人次

2020年，通过中介渠道承保人身险6.4亿件，同比增长8.3%。个人代理渠道新增承保件数最多，为4.1亿件，占整个渠道新增承保件数的64.3%，其他兼业代理渠道承保出现大幅度下滑，承保0.96亿件。

通过中介渠道实现人身险新增承保28.7亿人次，同比增长4.1%。其中个人代理新增15.8亿人次，与2019年基本持平，占整个渠道新增承保人次的55.3%，占比下降2%；保险经纪实现飞速增长，新增承保4.5亿人次，增速高达109.1%，占比15.5%；其他兼业代理新增4.1亿人次，同比下滑41.7%，占比仅为14.2%。

（五）赔款和给付支出

2020年，赔款和给付支出13 907.10亿元，同比增长7.86%，较2019年同期提高3.01个百分点（见图1-17）。其中，财产险业务赔款6 954.79亿元，同比增长6.97%；寿险业务给付3 715.11亿元，同比下降0.75%；健康险业务赔款和给付2 921.16亿元，同比增长24.23%；意外险业务赔款316.04亿元，同比增长6.17%。

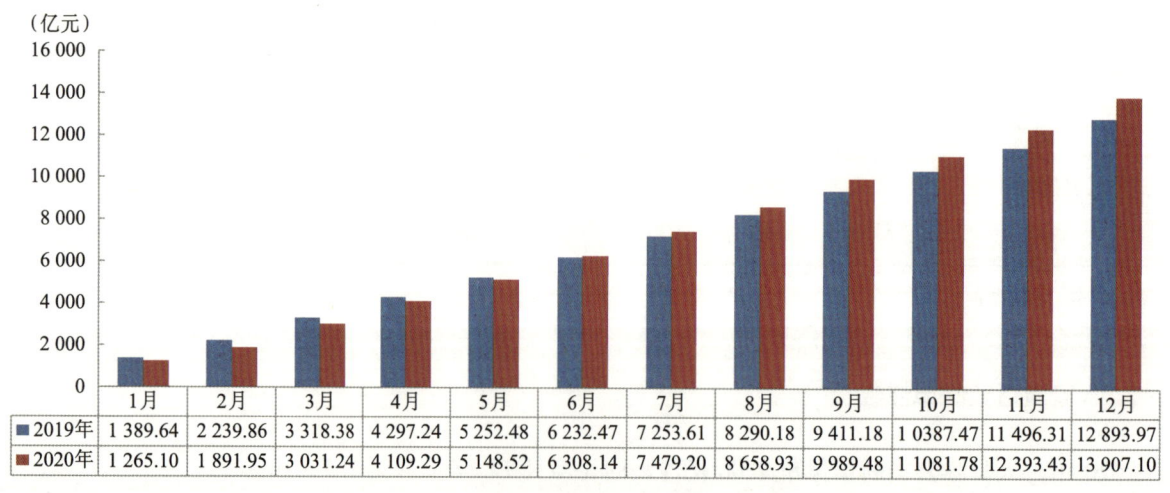

图 1-17　2020 年月度累计赔付对比情况

资料来源：中国银保监会。

1. 财产险行业赔款

财产险行业累计支付赔款支出7 880.42亿元,同比增长8.27%(见表1-7)。

表1-7　　　　　　　　　　2019—2020年财产险各险种赔款支出情况

	2020年（亿元）	2019年（亿元）	同比变化（%）
车险	4 725.50	4 613.38	2.43
企业财产险	245.13	237.03	3.42
家庭财产险	33.64	36.67	-8.26
工程保险	63.26	67.56	-6.36
责任险	395.11	341.69	15.64
信用保险	138.36	113.41	22.00
保证保险	559.14	376.71	48.43
船舶保险	39.53	35.16	12.43
货物运输险	68.99	69.74	-1.08
特殊风险保险	44.95	39.47	13.88
农业险	592.52	527.87	12.25
短期健康险	757.65	623.40	21.54
意外险	167.98	153.63	9.34
其他险种	48.66	42.95	13.29
合计	7 880.42	7 278.65	8.27

保证保险和信用保险成为财产险业务中赔付支出增长最快的两个险种,主要原因是受疫情影响,社会信用风险水平上升。短期健康险赔付支出的高增长则与近年该业务的快速发展有关。

2. 人身险行业赔款与给付

人身险行业赔款与给付支出合计约6 952亿元,同比增长8.77%(见图1-18)。

图1-18　人身险原保险赔付支出变化

专栏 1-5 2020 年人身险行业原保险赔付情况

2020 年人身险行业原保险赔付支出合计 6 952.31 亿元，较 2019 年增加 560.31 亿元，增幅为 8.77%，明显高于过去 3 年。其中，健康险赔付支出 2 921.16 亿元，同比增加 570.16 亿元，增幅为 24.25%，是人身险赔付增量的主要组成部分（见表 1-8）。

表 1-8　人身险原保险赔付支出情况

	2019 年（亿元）	2020 年（亿元）	增幅（%）
人身险赔付支出	6 392.00	6 952.31	8.77
寿险赔付支出	3 743.00	3 715.11	-0.75
健康险赔付支出	2 351.00	2 921.16	24.25
意外险赔付支出	298.00	316.04	6.05

分险种比较，2020 年寿险和意外险赔付支出与 2019 年基本持平，赔付支出的增加主要体现在健康险领域；健康险赔付支出约 2 921 亿元，同比增长 24%，延续了过去几年高速增长的态势（见图 1-19）。

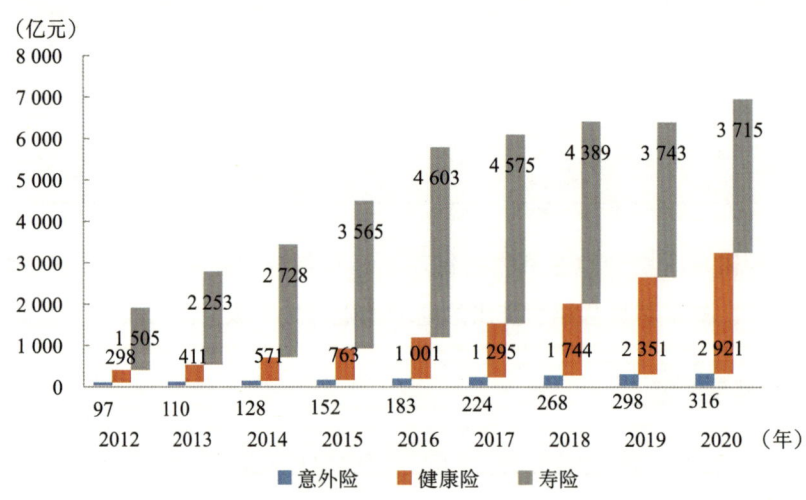

图 1-19　人身险原保险赔付支出——分险种

3. 再保险行业分保赔付支出

再保险公司分保赔付支出 746.48 亿元，同比增长 10.17%。其中，中资公司 432.73 亿元，增长 21.00%；外资公司 313.75 亿元，下降 1.93%。从险种看，财产保险业务分保赔付支出 414.29 亿元，增长 10.35%；寿险业务 66.98 亿元，下降 17.28%；健康险业务 234.41 亿元，增长 23.61%；意外险业务 30.80 亿元，下降 2.34%。

三、市场格局

（一）市场集中度

1. 财产险行业集中度

从市场份额排名看，原保险保费收入居市场前十位的财产险公司分别为人保财险（31.80%）、平安产险（21.04%）、太保产险（10.80%）、国寿财险（6.36%）、中华财险（3.88%）、大地保险（3.52%）、阳光财险（2.74%）、太平保险（2.07%）、众安保险（1.23%）、中国信保（1.21%）。前三位（CR3）、前五位（CR5）、前十位（CR10）的财产险公司合计市场份额分别达到63.64%、73.88%、84.65%，与2019年基本持平（见表1-9）。

表1-9　　　　2020年市场排名前十五位的财产险公司原保险保费收入情况

公司名称	原保险保费收入（亿元）	同比增长（%）	市场份额（%）	市场排名（名）
人保财险	4 320.19	0.09	31.80	1
平安产险	2 858.54	5.51	21.04	2
太保产险	1 467.18	10.96	10.80	3
国寿财险	863.96	12.17	6.36	4
中华财险	527.15	8.57	3.88	5
大地保险	477.51	-1.38	3.52	6
阳光财险	372.70	-5.65	2.74	7
太平保险	281.19	4.48	2.07	8
众安保险	167.03	14.13	1.23	9
中国信保	164.72	12.05	1.21	10
天安财险	163.01	4.37	1.20	11
华安保险	147.93	4.62	1.09	12
永安保险	105.52	-10.37	0.78	13
泰康在线	93.79	82.85	0.69	14
英大财险	90.96	6.55	0.67	15

具体来看，"老三家"（人保财险、平安产险、太保产险）市场份额合计63.64%，同比减少0.45个百分点，市场集中度略有下降。其中，太保产险市场份额升至10.80%，但与人保财险和平安产险相比仍有一定差距；CR10财产险公司市场份额合计84.65%，同比下降0.28个百分点。剩余78家财产险公司市场份额合计15.35%，同比上升0.28个百分点（见表1-10）。

表 1-10   2018—2020 年财产险公司市场集中度变化情况   单位:%

	2018 年	2019 年	2020 年
CR3	64.04	64.14	63.64
CR5	73.53	73.78	73.88
CR10	85.21	84.93	84.65

2. 人身险行业集中度

人身险方面,行业龙头牢牢占据领先地位。2020 年,原保险保费收入居市场前两位的分别是国寿股份和平安人寿,市场份额分别为 19%、15%,合计占整个市场份额的三分之一以上。其他排名前十的人身险公司市场份额占比均为个位数。人身险市场前三位(CR3)、前五位(CR5)和前十位(CR10)经营者的市场份额分别约为 41.0%、50.7% 和 67.9%,较 2019 年均有所下降,行业集中度出现缓慢下降的趋势,但依然较高(见图 1-20)。

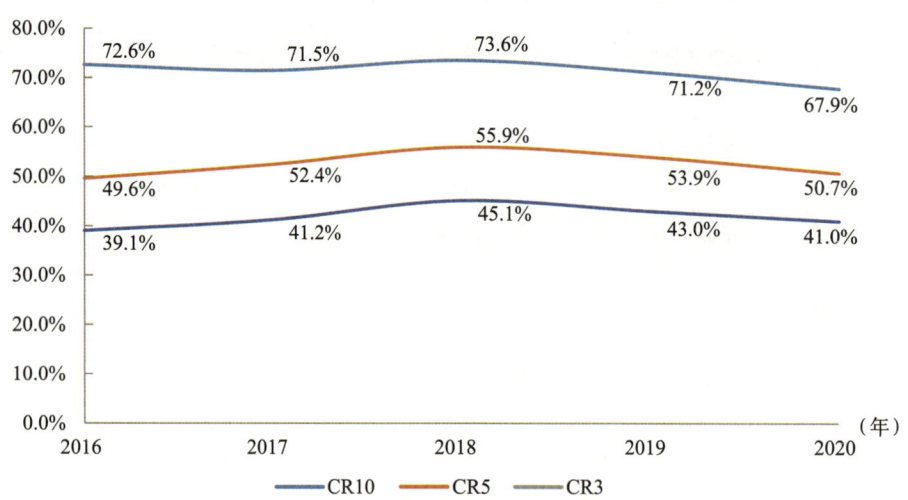

图 1-20 人身险市场集中度变化——按原保险保费收入

(二)区域集中度

1. 总体情况

如表 1-11 所示,全国各地区原保险保费收入排名中,广东省(不含深圳市)、江苏省位列前两名,保费收入分别为 4 199.34 亿元、4 015.10 亿元,突破 4 000 亿元;山东省(不含青岛市)排名第三,实现保费收入 2 971.55 亿元。海南、青海、西藏列后三位,前三位和后三位保费规模差距显著。

表 1-11　　2020 年全国各省（市）保费收入情况

地区	保费收入		
	本年累计（亿元）	排名（名）	占比（%）
广东（不含深圳）	4 199.34	1	9.28
江　苏	4 015.10	2	8.87
山东（不含青岛）	2 971.55	3	6.57
河　南	2 506.00	4	5.54
浙江（不含宁波）	2 476.94	5	5.47
北　京	2 302.91	6	5.09
四　川	2 273.57	7	5.02
河　北	2 088.64	8	4.62
上　海	1 864.99	9	4.12
湖　北	1 854.38	10	4.10
湖　南	1 513.06	11	3.34
深　圳	1 453.51	12	3.21
安　徽	1 403.53	13	3.10
陕　西	1 102.74	14	2.44
福建（不含厦门）	1 005.79	15	2.22
重　庆	987.62	16	2.18
黑龙江	987.26	17	2.18
辽宁（不含大连）	969.60	18	2.14
山　西	932.77	19	2.06
江　西	927.86	20	2.05
云　南	756.45	21	1.67
内蒙古	740.00	22	1.64
广　西	734.33	23	1.62
吉　林	710.09	24	1.57
新　疆	681.91	25	1.51
天　津	672.09	26	1.49
贵　州	511.77	27	1.13
青　岛	510.94	28	1.13
甘　肃	485.19	29	1.07
宁　波	390.72	30	0.86
大　连	368.67	31	0.81
厦　门	236.46	32	0.52
宁　夏	210.71	33	0.47
海　南	205.91	34	0.45
青　海	103.63	35	0.23
西　藏	39.81	36	0.09

2020 年，东部十四省（市）保费收入 24 394.89 亿元，占全国保费收入的 53.90%；中部六省保费收入 9 137.60 亿元，占全国的 20.19%；西部十二省（市）保费收入 8 627.73 亿元，占全国的 19.06%；东北四省（市）保费收入 3 035.62 亿元，占全国的 6.71%；集团和总公司本级保费收入 61.50 亿元，占全国的 0.14%（见图 1-21）。

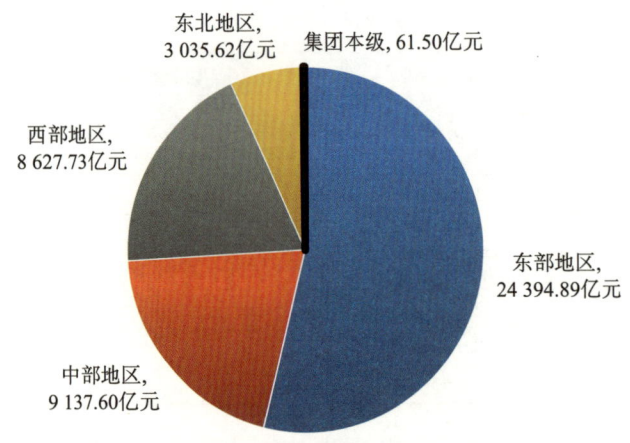

图 1-21　2020 年保费收入区域结构分布

2. 财产险行业集中度

2020 年，在全国各地区财产险原保险保费收入排名中，广东、江苏、浙江位列前三，宁夏、青海、西藏列后三位，前三位和后三位保费规模差距仍然显著。从各地区保费收入增长情况来看，2020 年全国有 14 个地区财产险同比增速超过行业平均水平，青岛同比增长最快，增幅为 10.90%；8 个地区财产险原保险保费收入同比负增长，湖北降幅最大，达到 -6.94%（见表 1-12）。

表 1-12　　2020 年全国各地区财产险原保险保费收入排名

排名	地区	原保险保费收入（亿元）	同比变化（%）	排名	地区	原保险保费收入（亿元）	同比变化（%）
1	广东（不含深圳）	1 009.90	-5.72	19	山西	237.86	4.62
2	江苏	993.34	5.58	20	新疆	235.36	4.60
3	浙江（不含宁波）	765.98	4.29	21	广西	233.23	7.59
4	山东（不含青岛）	686.17	3.49	22	重庆	230.22	4.54
5	河北	591.92	3.36	23	贵州	225.49	0.93
6	河南	570.56	7.21	24	内蒙古	216.94	1.87
7	四川	548.12	6.78	25	黑龙江	209.94	3.85
8	上海	509.28	-2.98	26	吉林	187.99	2.28
9	安徽	470.95	4.04	27	宁波	174.12	5.18
10	北京	441.36	-2.96	28	天津	164.26	7.93
11	湖南	408.92	2.80	29	甘肃	143.99	4.35
12	湖北	370.25	-6.94	30	青岛	140.58	10.90
13	深圳	363.37	0.37	31	大连	86.35	-1.39
14	辽宁（不含大连）	300.10	5.66	32	厦门	76.08	-3.52
15	云南	295.82	-0.41	33	海南	72.21	1.18
16	江西	277.47	6.57	34	宁夏	67.85	-0.46
17	福建（不含厦门）	260.99	0.57	35	青海	43.57	4.34
18	陕西	238.04	9.57	36	西藏	27.25	10.07

2020年，东部地区十六省（市）财产险业务实现原保险保费收入6 636.03亿元，同比增长1.32%，业务占比为55.63%；中部地区八省（市）的财产险业务实现原保险保费收入2 733.94亿元，同比增长3.01%，业务占比为22.92%；西部地区十二省（市）的财产险业务实现原保险保费收入2 505.88亿元，同比增长4.47%，业务占比为21.01%。中部、西部地区财产险虽实现了比较快速的增长，但业务占比远低于东部地区，区域发展不平衡的情况仍长期存在。

3. 人身险行业集中度

2020年，全国各地区[①]人身险原保险保费收入增速均为个位数，普遍较2019年有所回落。增长相对较快的地区为华东（9.20%）、华北（8.68%）和中南（6.38%）地区（见图1-22）。

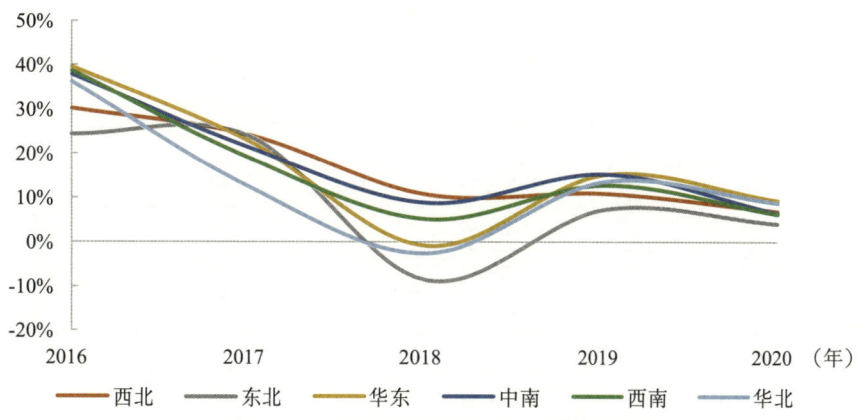

图1-22 人身险分地区原保险保费收入增速

2020年，人身险原保险保费收入增长最快的是北京，增速为14.77%；排名第二至第五位的分别是上海（13.45%）、江西（13.11%）、浙江（12.79%）和广西（11.85%）。总体上，经济相对发达的省（市）原保险保费收入增速高于内陆或经济欠发达的地区，这与2019年的趋势相同（见表1-13）。

表1-13　　　　　2019—2020年全国各地区人身险原保险保费收入增速排名

排名	地区	2020年原保险保费收入金额（亿元）	2020年原保险保费收入增速（%）	2019年原保险保费收入增速（%）
1	北京	1 861.56	14.77	18.34
2	上海	1 355.72	13.45	29.79
3	江西	650.40	13.11	12.04
4	浙江（不含宁波）	1 710.95	12.79	18.59
5	广西	501.10	11.85	9.29
6	湖北	1 484.14	11.51	18.95
7	甘肃	341.20	11.50	12.01

① 本《报告》中分地区和省级行政区比较均不含港、澳、台地区。

续表

排名	地区	2020年原保险保费收入金额（亿元）	2020年原保险保费收入增速（%）	2019年原保险保费收入增速（%）
8	湖南	1 104.14	10.52	11.28
9	宁夏	142.86	9.89	9.30
10	山东（不含青岛）	2 285.38	9.51	9.85
11	天津	507.83	9.21	11.90
12	厦门	160.39	9.11	12.91
13	重庆	757.41	8.82	15.28
14	福建（不含厦门）	744.79	8.10	8.34
15	贵州	286.28	7.62	11.83
16	江苏	3 021.75	7.57	14.26
17	深圳	1 090.15	6.56	20.73
18	陕西	864.70	5.97	10.31
19	山西	694.91	5.77	7.36
20	河北	1 496.73	5.63	12.38
21	辽宁（不含大连）	669.50	5.60	6.51
22	四川	1 725.45	5.53	11.53
23	吉林	522.10	5.47	8.44
24	青海	60.06	5.37	12.58
25	广东（不含深圳）	3 189.44	4.88	19.47
26	西藏	12.56	4.67	6.24
27	新疆	446.55	4.09	11.10
28	安徽	932.58	4.08	11.87
29	黑龙江	777.32	3.64	5.44
30	云南	460.63	3.51	13.47
31	青岛	370.36	3.16	15.57
32	宁波	216.59	3.14	25.19
33	海南	133.70	2.06	10.21
34	河南	1 935.45	1.92	7.56
35	内蒙古	523.06	1.17	11.16
36	大连	282.32	-0.59	11.85

市场份额方面，排名前三的是华东地区（34.35%）、中南地区（28.32%）和华北地区（15.25%）。各地区的市场份额与2019年基本持平。

如表1-14所示，按省级行政区比较，广东原保险保费收入市场份额依然最大，达到9.57%；份额排名第二至第五位的依次是江苏（9.07%）、山东（6.86%）、河南（5.81%）和北京（5.59%）。原保险保费收入市场份额最小的四个省分别是宁夏（0.43%）、海南（0.40%）、青海（0.18%）和西藏（0.04%）。

表 1-14　　2020 年全国各地区人身险原保险保费市场份额

排名	地区	原保险保费收入金额（亿元）	原保险保费收入市场份额（%）
1	广东（不含深圳）	3 189.44	9.57
2	江苏	3 021.75	9.07
3	山东（不含青岛）	2 285.38	6.86
4	河南	1 935.45	5.81
5	北京	1 861.56	5.59
6	四川	1 725.45	5.18
7	浙江（不含宁波）	1 710.95	5.13
8	河北	1 496.73	4.49
9	湖北	1 484.14	4.45
10	上海	1 355.72	4.07
11	湖南	1 104.14	3.31
12	深圳	1 090.15	3.27
13	安徽	932.58	2.80
14	陕西	864.70	2.59
15	黑龙江	777.32	2.33
16	重庆	757.41	2.27
17	福建（不含厦门）	744.79	2.23
18	山西	694.91	2.09
19	辽宁（不含大连）	669.50	2.01
20	江西	650.40	1.95
21	内蒙古	523.06	1.57
22	吉林	522.10	1.57
23	天津	507.83	1.52
24	广西	501.10	1.50
25	云南	460.63	1.38
26	新疆	446.55	1.34
27	青岛	370.36	1.11
28	甘肃	341.20	1.02
29	贵州	286.28	0.86
30	大连	282.32	0.85
31	宁波	216.59	0.65
32	厦门	160.39	0.48
33	宁夏	142.86	0.43
34	海南	133.70	0.40
35	青海	60.06	0.18
36	西藏	12.56	0.04

注：由于四舍五入的原因，各分项加总可能不等于 100%。

四、盈利情况

保险公司利润总额3 431.85亿元，同比增加298.45亿元，增长9.52%。其中，财产险公司利润总额70.09亿元，减少564.67亿元，下降88.96%；人身险公司利润总额2 772.10亿元，增加375.83亿元，增长15.68%；再保险公司利润总额91.03亿元，增加21.02亿元，增长30.03%；资产管理公司利润总额175.58亿元，增加61.09亿元，增长53.35%。

（一）财产险行业盈利情况

1. 承保利润下降

从承保利润看，2020年，财产险行业承保利润为-108.44亿元，同比减少110.59亿元，承保利润率为-0.90%。其中，车险实现了79.57亿元承保利润，承保利润率1.01%，为财产险行业最大利润来源，但这一数值同比减少了24.03亿元，各险种承保利润情况如表1-15所示。

表1-15　　　　　　　　　　2020年财险行业各险种承保利润情况

险种	承保利润（亿元）	2019年同期承保利润（亿元）	承保利润率（%）
车险	79.57	103.60	1.01
企业财产险	-6.62	9.93	-2.37
家庭财产险	6.10	-0.72	6.77
工程险	-5.23	-2.48	-9.15
责任险	-7.67	-6.24	-1.14
信用保险	-31.68	-22.32	-22.52
保证保险	-95.36	-17.99	-15.05
船舶保险	-2.76	-3.21	-11.34
货物运输险	-0.69	1.82	-0.68
特殊风险保险	2.02	1.14	6.41
农业险	1.01	-0.12	0.17
短期健康险	-38.45	-40.02	-3.89
意外险	-1.58	-9.23	-0.32

注：险种类型除本表列示的13种外，还有"其他险"，因为数值较小，未包括在内。

2020年，财产险行业承保利润较2019年出现大幅下降的主要原因是车险业务承保利润下滑，以及信用保险业务亏损程度的进一步加剧。企业财产险利润由盈转亏与2020年自然灾害事故多发有关。相较2019年，净利润情况有所改善的险种仅有家庭财产险、船舶保险、特殊风险保险、农业险、短期健康险和意外险。

2. 综合成本率承压

2020年，财产险行业综合成本率为100.90%，同比增加0.92个百分点，行业整体承保盈利水平略有下降；综合赔付率为63.34%，同比增加1.67个百分点；综合费用率为37.56%，同比减少0.75%。财产险公司业务及管理费支出3 101.58亿元，增加324.14亿元，增长11.67%。

从财产险业务经营情况看，各险种的综合成本率差异较大。2020年，信用保险业务综合成本率最高，达到122.52%；家庭财产保险业务综合成本率最低，仅为93.23%（见表1-16）。

表1-16　　　　　　　　2020年财产险业务主要险种综合成本率情况　　　　　　　　单位:%

险种	综合成本率		同比增减
	2020年	2019年	
车险	98.99	98.64	0.35
企业财产险	102.37	96.15	6.22
家庭财产险	93.23	100.65	-7.42
工程险	109.15	104.99	4.16
责任险	101.14	101.12	0.02
信用保险	122.52	154.20	-31.68
保证保险	115.05	103.32	11.73
船舶保险	111.34	112.64	-1.30
货物运输险	100.68	98.09	2.59
特殊风险保险	93.59	95.22	-1.63
农业险	99.83	100.02	-0.19
意外险	100.32	101.94	-1.62
短期健康险	103.89	105.47	-1.58

如表1-17所示，从各地区经营情况看，综合成本率大于等于100%的共有14个地区，最高的为青岛（108.89%），最低的为青海（87.38%）；综合费用率大于等于40%的共有2个地区，最高的为宁夏（40.92%），最低的为宁波（25.92%）；综合赔付率大于等于60%的共有29个地区，最高的为青岛（74.07%），最低的为天津（49.61%）。

表1-17　　　　　　　　2020年全国各地区财产险经营指标情况　　　　　　　　单位:%

地区	综合费用率		综合赔付率		综合成本率	
	本期值	同比增减	本期值	同比增减	本期值	同比增减
全国	37.56	-0.75	63.34	1.67	100.90	0.92
北京	35.70	0.16	64.22	-0.40	99.93	-0.24
天津	40.76	0.30	49.61	-10.23	94.75	-5.54
河北	39.76	-0.51	58.28	2.97	98.04	2.46
山西	37.74	0.77	63.66	4.14	101.41	4.92
内蒙古	38.23	1.25	59.11	-0.75	97.34	0.50
辽宁（不含大连）	38.48	0.96	62.18	0.12	100.67	1.07
大连	37.49	0.58	70.13	11.69	107.62	12.27

续表

地区	综合费用率		综合赔付率		综合成本率	
	本期值	同比增减	本期值	同比增减	本期值	同比增减
吉林	39.06	3.06	60.74	1.34	99.80	4.40
黑龙江	36.89	2.27	68.39	1.24	105.28	3.51
上海	33.07	-1.77	61.22	-0.40	94.29	-2.18
江苏	34.08	1.22	60.68	-1.67	94.76	-0.45
浙江（不含宁波）	31.93	-1.28	63.28	-2.95	95.21	-4.23
宁波	25.92	-0.52	67.58	-1.30	93.50	-1.81
安徽	34.39	0.54	63.78	2.17	98.17	2.71
福建（不含厦门）	32.63	-1.20	65.53	1.35	98.16	0.15
厦门	31.38	-3.01	69.83	6.93	101.22	3.92
江西	35.98	1.61	63.59	2.31	99.57	3.93
山东（不含青岛）	36.29	-1.52	65.39	4.45	101.68	2.92
青岛	34.81	-4.37	74.07	10.07	108.89	5.70
河南	37.35	0.41	62.50	2.55	99.85	2.96
湖北	36.85	0.84	63.28	2.96	100.13	3.80
湖南	33.40	-1.10	63.34	2.54	96.74	1.45
广东（不含深圳）	34.51	-2.23	63.63	4.96	98.15	2.73
深圳	36.53	-2.31	60.87	-2.17	97.41	-4.48
广西	37.36	2.99	64.55	-1.02	101.91	1.97
海南	35.59	1.11	57.16	2.45	92.75	3.56
重庆	33.41	1.12	61.96	-0.78	95.37	0.34
四川	35.31	-0.90	62.62	1.41	97.93	0.51
贵州	35.68	0.89	59.03	0.26	94.72	1.15
云南	38.98	-0.05	55.40	0.99	94.38	0.94
西藏	33.37	1.77	71.16	-2.56	104.53	-0.79
陕西	32.52	0.65	68.45	4.35	100.98	5.00
甘肃	37.58	2.49	62.42	0.43	100.00	2.92
青海	30.52	1.28	56.86	-2.72	87.38	-1.44
宁夏	40.92	3.92	61.03	3.04	101.95	6.95
新疆	35.55	2.02	64.51	1.63	100.06	3.65

（二）人身险行业盈利情况

91家人身险公司中，截至本报告完成，共有82家披露了2020年年报，其中62家公司实现盈利，20家亏损。这82家人身险公司2020年共实现净利润约2 509亿元，同比略增，但增速较之前几年有所下滑（见图1-23）。

披露财报的人身险公司共获得投资收益8 658.95亿元，同比增长36.18%。手续费及佣金支出总计3 307.62亿元，较2019年同期减少2.03%；业务及管理费总计2 425.14亿元，较2019年同期减少4.43%。

图1-23 2016—2020年人身险公司净利润

五、中介渠道

（一）个人代理人渠道

2020年，个人代理人渠道克服疫情影响，共实现保费收入2.16万亿元，同比增长5.9%。5年来，渠道整体保费收入增长77%，较2014年增长1.8倍。2016年个人代理人渠道保费收入首次突破万亿元，同时渠道保费收入增速超过行业整体保费增速，并持续保持至2018年，2019年开始基本持平并略低于行业增速。

2020年，个人代理人渠道保费占总保费收入的47.7%，较2016年提高了8个百分点，较2014年提高了近10个百分点，处于10年来历史高位，保持行业保费收入的第一渠道来源（见图1-24）。2017—2020年个人代理人渠道保费占总保费收入比例均超过40%。

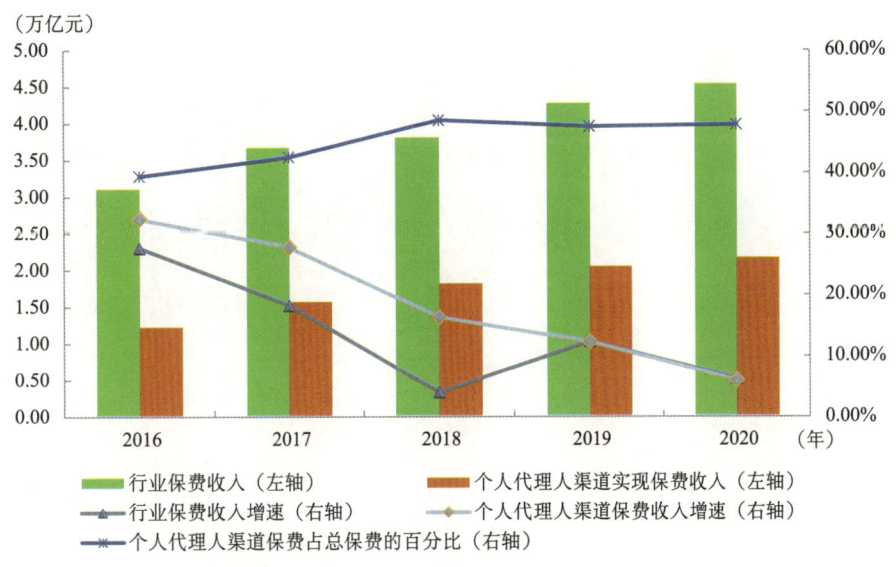

图1-24 2016—2020年个人代理人渠道保费收入、增速及占比

资料来源：《中国保险年鉴》、中国保险行业协会。

1. 基本情况

2020年，财产险公司个人代理人渠道实现保费收入0.36万亿元，同比增长16.1%，增速与2019年基本持平，超出财产险公司保费增长率近12个百分点，占财产险整体保费收入的26.5%，较2019年增长3个百分点，为5年来最高（见图1-25）。

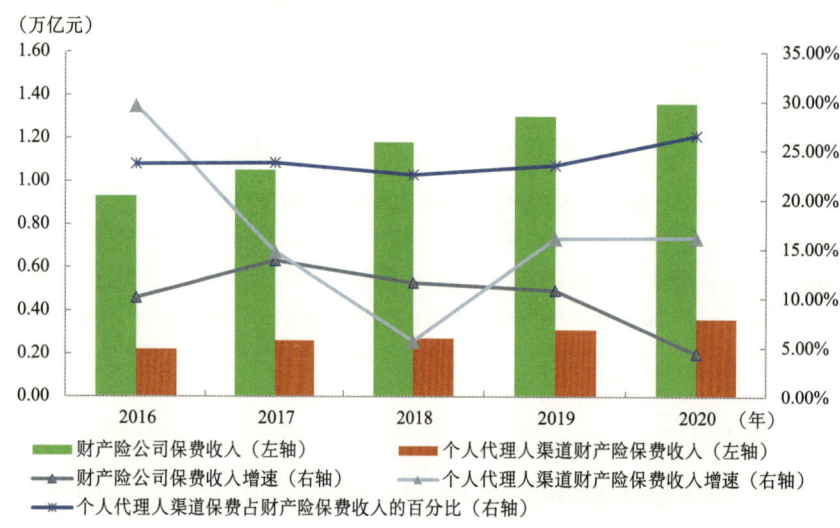

图1-25 2016—2020年财产险公司个人代理人渠道保费收入

资料来源：《中国保险年鉴》、中国保险行业协会。

2020年，人身险公司个人代理人渠道实现保费收入1.8万亿元，同比增长4.3%，略低于人身险公司整体保费收入增速。从近5年来看，2016年渠道实现人身险保费收入首次达到万亿元规模，并持续稳步增长。2018年以来，个人代理人渠道保费收入占人身险公司总保费收入比例保持在55%以上，较2016年增长了约10个百分点（见图1-26）。

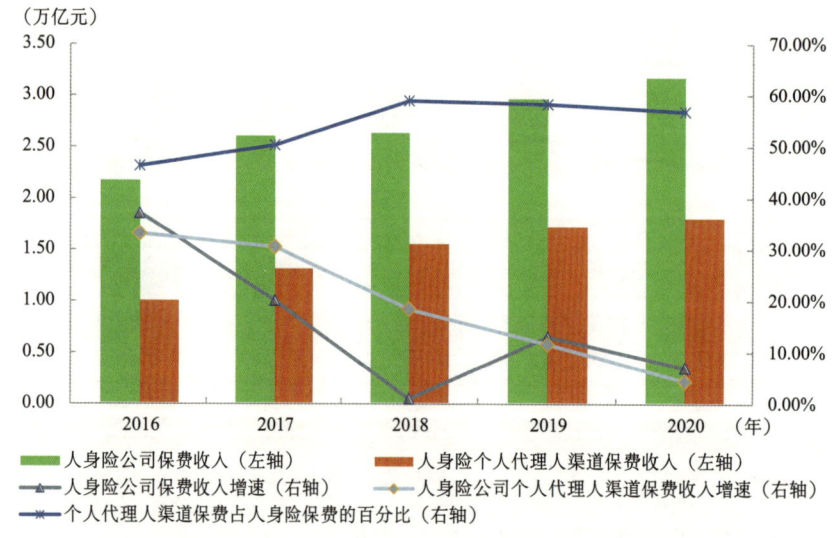

图1-26 2016—2020年人身险公司个人代理人渠道保费收入

资料来源：《中国保险年鉴》、中国保险行业协会。

2. 主要特点

（1）人身险公司个人代理人渠道年度新增保险金额和服务客户数量屡创新高

个人代理人是人身险公司保费收入的重要渠道之一。从2016—2020年的新增保险金额来看，渠道每年新增人身险保险金额迅速提升，2020年达到379万亿元，同比增长22.8%，其中健康险新增保险金额增速最高。同时，个人代理人渠道新增人身险金额占人身险新增保险金额比重不断上升，2020年占比达到31.6%（见图1-27）。

图1-27　2016—2020年人身险公司个人代理人渠道新增保险金额

资料来源：中国保险行业协会。

从2016—2020年新增服务客户数量来看，渠道2017年新增承保人次实现成倍增长，之后相对较为稳定，2020年达到15.9亿人次，较2016年增长超过2.5倍。其中，健康险客户数量增长最快，增长了约3倍，其次为意外险，增长约2.5倍（见图1-28）。

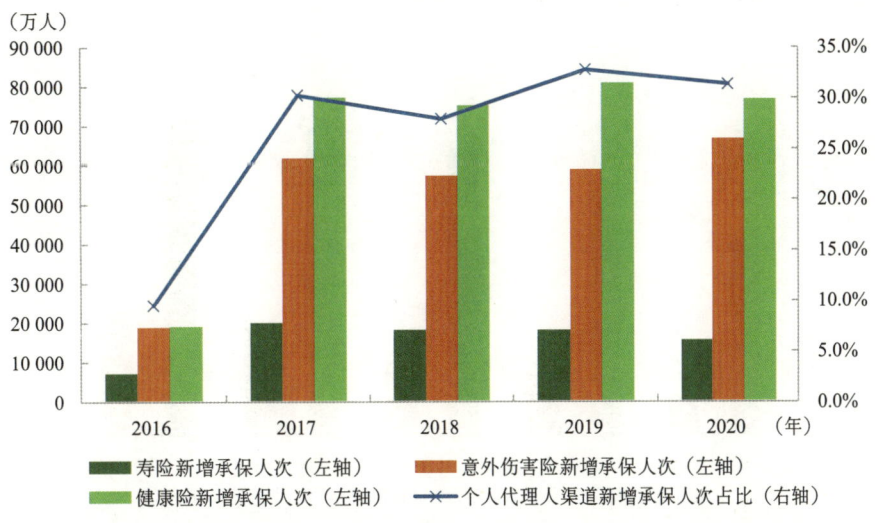

图1-28　2016—2020年人身险公司个人代理人渠道各险种新增承保人次

从年度新增承保件数方面来看，2020年渠道新增承保约4.1亿件，同比增长26.3%，占人身险公司新增承保件数的45.2%，比重逐年上升（见图1-29）。

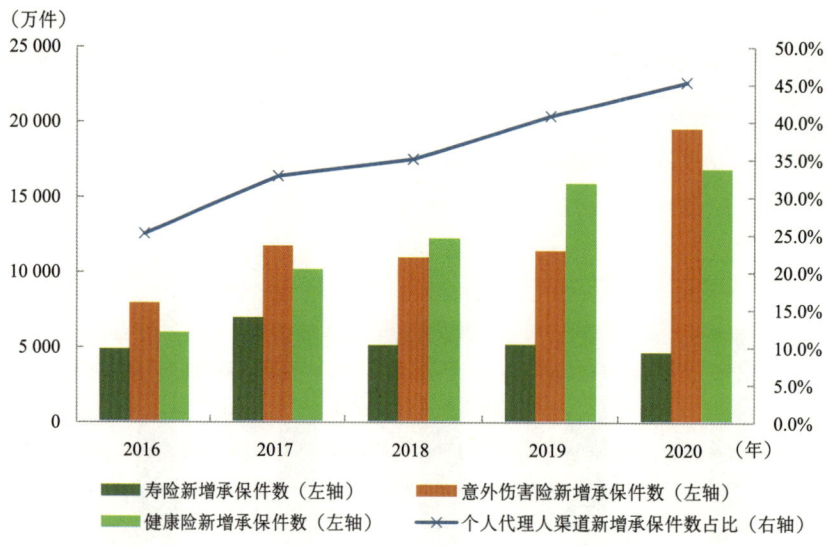

图1-29 2016—2020年人身险公司个人代理人渠道各险种新增承保件数

资料来源：中国保险行业协会。

（2）主销产品逐步回归保障型，分红寿险快速回落

2020年，人身险公司个人代理人渠道实现寿险保费收入1.26万亿元，同比增长1.5%；实现意外险保费收入0.04万亿元，同比增长4.9%；实现健康险保费收入0.5万亿元，同比增长12.0%。普通寿险、分红寿险以及健康险保费收入在渠道实现总保费收入占比分别为36.7%、32.9%和27.7%，相对较为均衡。分红寿险从2016年占比超过一半下降至占比不足三分之一，普通寿险和健康险占比均增长超过10个百分点。

从2016—2020年的各险种构成来看，健康险保费收入增速保持第一，最高达到46.5%，其次为意外险，充分体现了行业回归本源的趋势（见图1-30）。

图1-30 2016—2020年人身险公司个人代理人渠道各险种保费收入情况

资料来源：中国保险行业协会。

（3）续期保费成为推动个人代理人渠道保费增长的主因

2020年，个人代理人渠道实现新单保费收入0.34万亿元，同比下降13.8%，占渠道总保费收入的18.9%；续期保费收入1.46万亿元，同比上升9.6%，占比达到81.1%（见图1-31）。

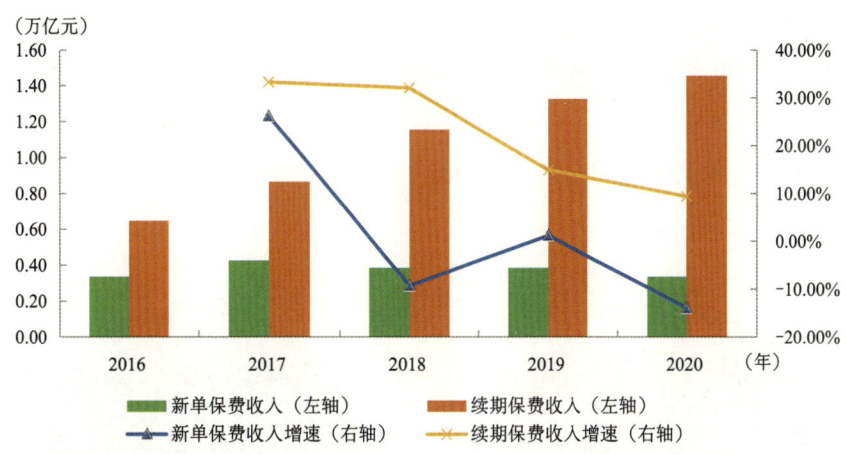

图1-31　2016—2020年人身险公司个人代理人渠道新单及续期保费收入情况

资料来源：中国保险行业协会。

（二）银行代理渠道

1. 财产险行业情况

（1）整体业务规模下滑

根据参与保险业协会银行代理渠道数据交流的32家财产险公司报送的数据，2020年，银保财产险业务实现签单保费收入89亿元，同比下降25%。其中，非车险业务签单保费收入55亿元，同比下降26.2%；意健险业务签单保费收入24亿元，同比下降19%；车险业务签单保费收入10亿元，同比下降30.6%（见图1-32）。

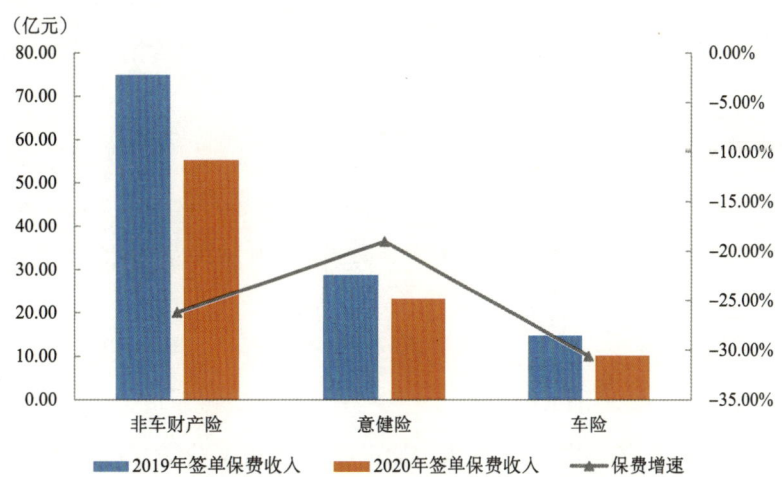

图1-32　2020年银保财产险业务签单保费收入情况

资料来源：中国保险行业协会。

（2）业务规模仍保持高度集中

从各公司业务规模来看，2020年平安产险、太保产险和人保财险等保费规模排名前十位的公司年度累计签单保费收入总和87亿元，占全年银保财产险业务签单保费收入的97.1%，行业集中程度仍然较高。

（3）业务结构稳定

从产品结构来看，2020年各产品保费占比与2019年基本一致，非车险业务占比较高，占渠道整体签单保费收入的62.1%，其中企财险、责任险和保证保险为主销产品。意健险和车险业务签单保费分别占全年签单保费收入的26.3%和11.7%（见图1-33）。

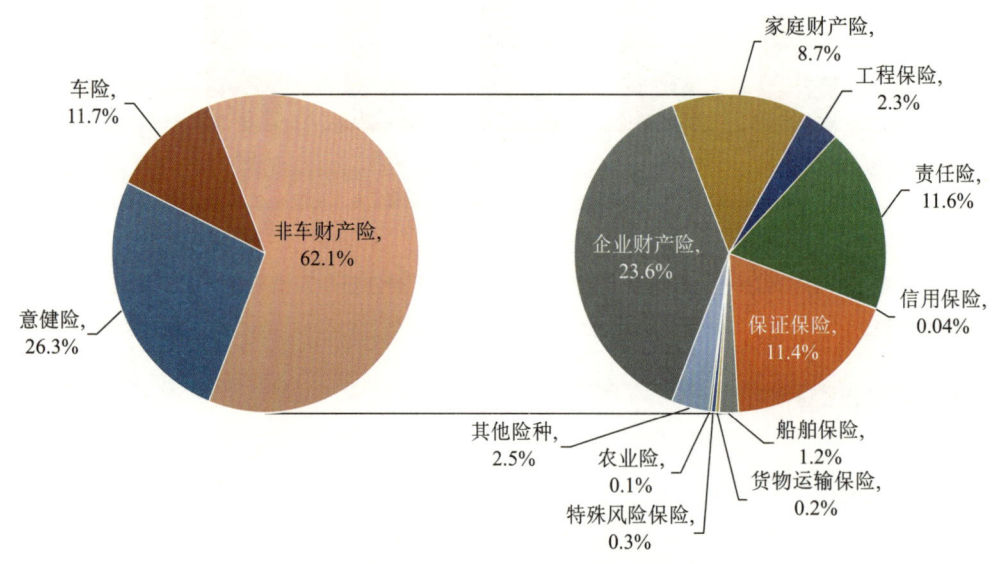

图1-33　2020年银保财产险业务保费收入构成

资料来源：中国保险行业协会。

（4）区域发展存在差异

从业务规模来看，上海、广东、浙江三个地区的签单保费收入列前三位。其中，上海占比最高，达25.9%，其次是广东和浙江。从业务增速来看，大部分地区为负增长。其中，增长最快的是山西，增速高达93%；甘肃其次，同比增长9.9%，天津业务基本与2019年持平，其余各地区业务均呈现不同程度的下滑。

（5）渠道集中度下降

2020年银保财产险业务规模排名前十位的合作银行实现签单保费收入41亿元，占银保财产险总签单保费的比例由2019年的80.1%下滑至46.2%。股份制商业银行开始发力，业务发展呈现快速增长态势。

2. 人身险行业情况

（1）业务规模企稳回升

2020年，市场经营主体稳定，共有84家人身险公司开展银保业务，占人身险会员公司总数的九成。经过近两年的调整，银保人身险业务原保险保费收入回归万亿元平台，全年累计实现原保险保费收入10 108亿元，较2019年同比增长12.6%（见图1-34）。

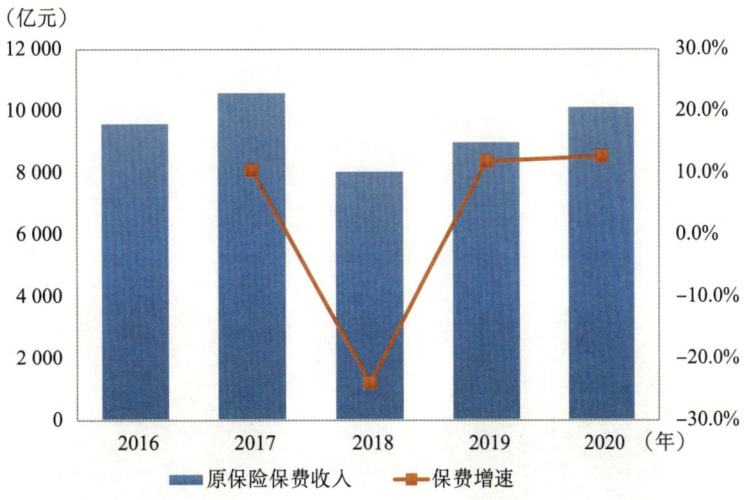

图 1-34　2016—2020 年银保人身险业务原保险保费收入及增速情况

（2）业务节奏平稳，期交业务显著提升

2020 年，长期险新单原保险保费收入约为 6 120 亿元，同比增长 4.3%。其中，新单期交原保险保费收入 2 249 亿元，同比增长 10.9%；趸交原保险保费收入 3 871 亿元，同比增长 0.9%。

分季度看，第一季度，受新冠肺炎疫情影响，新单原保险保费收入 2 887 亿元，同比下降 12%，其中，新单期交原保险保费收入 767 亿元，同比下降 4.6%，趸交原保险保费收入 2 120 亿元，同比下降 14.4%；第二季度，业务逐步恢复，当季实现新单原保险保费 1 280 亿元，同比增长 35.3%，其中新单期交原保险保费收入 593 亿元，同比增长 33.9%，趸交原保险保费收入 687 亿元，同比增长 36.5%；第三季度增长放缓，当季新单原保险保费收入 954 亿元，同比增长 28.6%，其中新单期交原保险保费收入 513 亿元，同比增长 21.7%，趸交原保险保费收入 441 亿元，同比增长 37.8%；第四季度业务较第三季度略有上升，当季新单原保险保费收入 1 000 亿元，同比增长 11.6%，其中新单期交原保险保费收入 377 亿元，同比增长 4.5%，趸交保费收入 623 亿元，同比增长 16.3%（见图 1-35）。

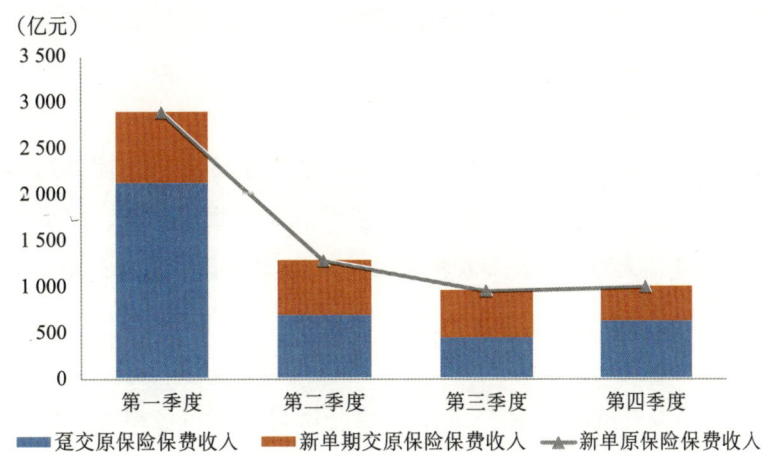

图 1-35　2020 年银保人身险业务季度分布情况

资料来源：《中国保险年鉴》、中国保险行业协会。

（3）业务结构持续调整，普通寿险及健康险业务增长较快

从长期险的产品构成来看，2020 年，寿险业务实现新单原保险保费收入 6 028 亿元，占全年新单原保险保费收入的 98.50%。其中，分红寿险新单原保险保费收入 3 920 亿元，同比下降 2.8%；普通寿险新单原保险保费收入 2 101 亿元，同比增长 18.2%。健康险新单原保险保费收入 92 亿元，同比增长 77.4%（见图 1-36）。

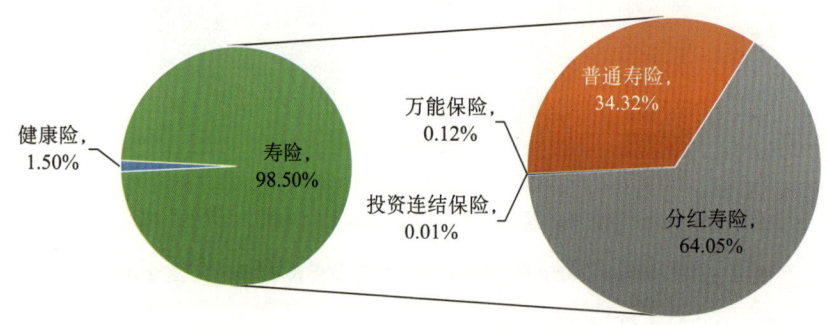

图 1-36　2020 年银保人身险业务保费收入构成

资料来源：中国保险行业协会。

（4）增额终身寿险和年金险已成为市场主流产品

从参与保险业协会银行代理渠道数据交流的 62 家人身险公司报送的数据来看，2020 年增额终身寿险和年金险产品占期交产品年度销量前十位中的九席，已成为银行代理渠道业务结构转型主要的推动力之一。2020 年度趸交产品销售量前十位的产品中，仍以分红寿险和万能保险为主。

（5）市场业务集中度下降

2020 年，长期险新单原保险保费收入排名前十位的公司保费收入总和 3 369 亿元，占全行业长期险新单原保险保费收入的比例由 2019 年的 67% 下降到 55%。

2020 年，长期险新单期交原保险保费收入排名前十位的公司保费收入总和 1 308 亿元，占全行业新单期交原保险保费收入的 58.2%。趸交原保险保费收入排名前十位的公司保费收入总和 2 495 亿元，占全行业趸交原保险保费收入的 64.4%，两者与 2019 年相比均有下降。

（6）销售服务队伍总体稳定

2020 年，参与交流的 62 家人身险公司年末渠道总人力数为 15 万人，较 2019 年度增长 2.8%，总人力数浮动不大，人员相对稳定。其中，华夏人寿、新华保险、泰康人寿、太平人寿、大家人寿、富德生命人寿、阳光人寿、建信人寿、天安人寿和国华人寿 10 家公司的期末人力均在 3 000 人以上（见图 1-37）。

（7）业务品质整体水平较好

截至 2020 年 12 月，参与交流的 62 家公司有 23 家公司 13 个月继续率处于 95% 以上水平，21 家公司 13 个月继续率集中在 90%—95% 一档，9 家公司低于 80%，业务品质整体较好，少部分单位业务水平有待提高（见图 1-38）。

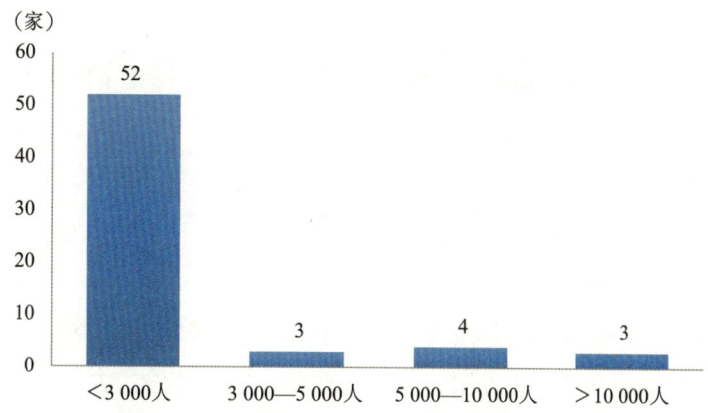

图 1-37　2020 年银保人身险公司销售队伍人力分布

资料来源：中国保险行业协会。

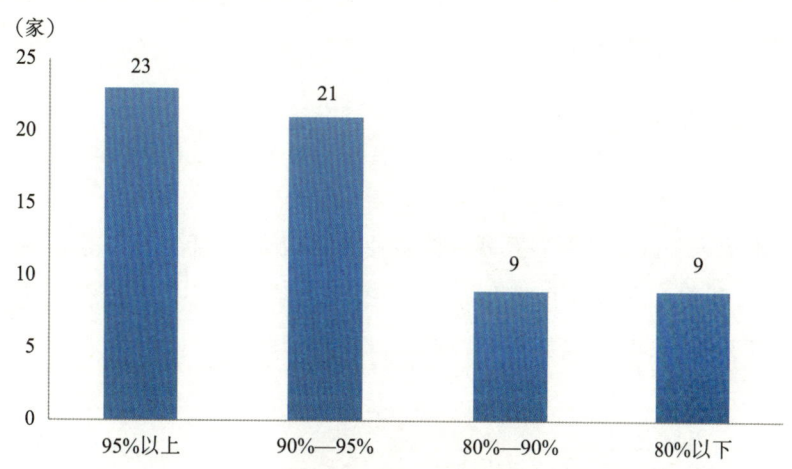

图 1-38　2020 年银保人身险业务 13 个月保费继续率分布

资料来源：中国保险行业协会。

（三）互联网保险渠道

随着金融科技与行业深度融合，传统保险公司越来越重视互联网保险业务。2020 年，134 家保险公司开展了互联网保险业务，其中人身险公司 61 家，财产险公司 73 家。全年实现互联网保险保费收入 2 908.75 亿元，同比增长 7.9%，其中人身险公司互联网保险业务保费 2 110.8 亿元，同比增长 13.6%；财产险公司互联网保险业务保费 797.95 亿元，同比下降 4.85%。

1. 财产险公司互联网保险业务情况

（1）市场主体

从 2014 年到 2020 年，财产险公司互联网保险市场经营主体实现翻倍增长。2014 年，共计 33 家保险公司开展互联网财产保险业务，截至 2020 年，共计 73 家保险公司开展互联网财产保险业务。

(2) 保费收入

2020年，财产险公司互联网保险累计保费收入797.95亿元，同比下降4.85%，低于财产保险市场同期增长率近9个百分点；财产险公司互联网保险累计承保保单数量279.51亿件，同比下降0.92%。

(3) 市场格局

2020年，财产险公司互联网保险市场前三大（CR3）、前五大（CR5）和前十大（CR10）公司的规模保费市场份额分别为41.44%、56.31%和77.96%。财产险公司互联网保险保费规模位居前十位的公司分别为众安保险、泰康在线、人保财险、太保产险、国泰产险、大地保险、太平财险、平安产险、京东安联和阳光产险。

2020年，众安保险、泰康在线、安心保险、易安保险4家专业互联网保险公司合计承保保单96.49亿单；累计保费收入共280.60亿元，同比增长19.27%，远高于财产险公司互联网保险整体市场同期增速，市场份额合计为35.17%。

2. 人身险公司互联网保险业务情况

(1) 市场主体

2020年，共有61家人身险公司开展互联网保险业务，较2019年减少1家，相当于所有（91家）人身险公司的近七成。开展互联网人身险业务的61家人身险公司中，中资公司40家，外资公司21家，占比分别为65.60%和34.40%（见图1-39）。

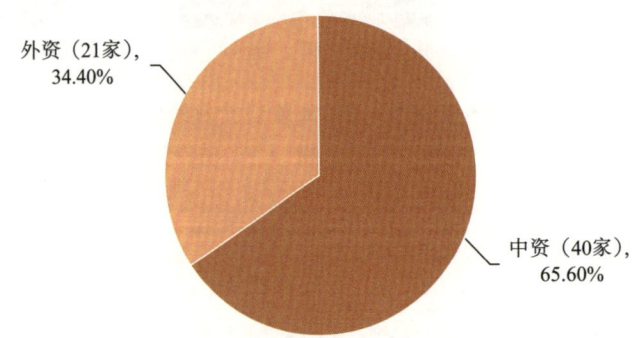

图1-39　2020年中资、外资人身险公司互联网保险业务市场份额情况

(2) 规模保费

2020年，人身险公司互联网保险业务实现规模保费2110.8亿元，同比增长13.6%。从规模保费的情况来看，中资公司仍占主导地位，市场份额达84.2%，同比上升4个百分点；外资公司市场份额为15.8%。在61家开展互联网保险业务的人身险公司中，有40家公司规模保费实现不同程度正增长（见图1-40）。

(3) 市场格局

2020年，人身险公司互联网保险市场前三大（CR3）、前五大（CR5）和前十大（CR10）公司的规模保费市场份额分别为40.9%、57.2%和79.6%，与2019年相比，CR3、CR5和CR10的市场份额均出现下降。按公司比较，排名第一的中邮人寿实现规模保费380.2亿元，市场份额占18.0%，较2019年略有上升；其次是国华人寿，市场份额12.4%。两者合计市场份额占比将近三分之一。排名第三、第四位的建信人寿和工银安盛人寿，市场份额也均在10%以上。排名第五至第十位的公司市场份额为3%—6%（见图1-41和表1-18）。

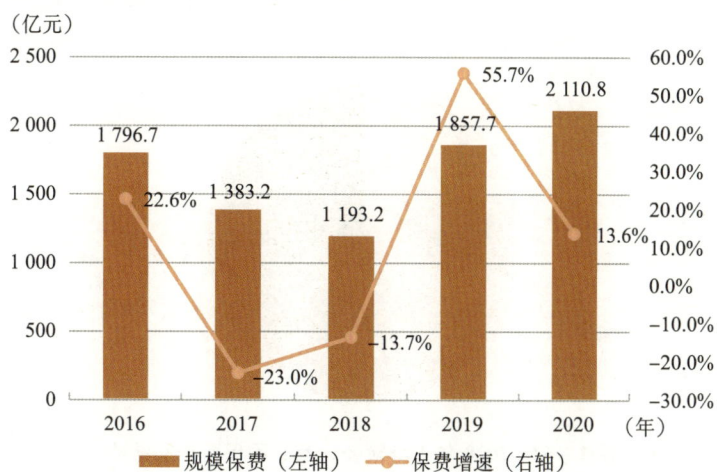

图1-40　2016—2020年互联网人身保险市场发展情况

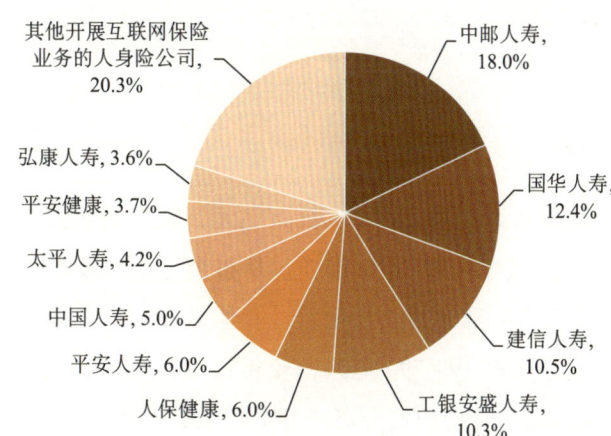

图1-41　2020年各公司互联网人身保险业务市场份额

表1-18　　　　　　　　2020年人身险公司互联网保险业务规模保费前十名

序号	公司	规模保费（亿元）
1	中邮人寿保险股份有限公司	380.2
2	国华人寿保险股份有限公司	260.7
3	建信人寿保险股份有限公司	221.9
4	工银安盛人寿保险有限公司	218.1
5	中国人民健康保险股份有限公司	127.1
6	中国平安人寿保险股份有限公司	125.6
7	中国人寿保险股份有限公司	105.6
8	太平人寿保险有限公司	88.9
9	平安健康保险股份有限公司	77.1
10	弘康人寿保险股份有限公司	76.0

2020年,人身险公司互联网保险产品结构持续调整,各险种占比出现一定的变化。其中,人寿保险仍为主力险种,尽管占比（55.6%）同比下降近10个百分点；年金保险占比为23.2%,同比上升4个百分点,成为第二大险种；健康保险占比为17.8%,同比上升5个百分点；意外险占比与2019年基本保持一致,为3.4%（见图1-42）。

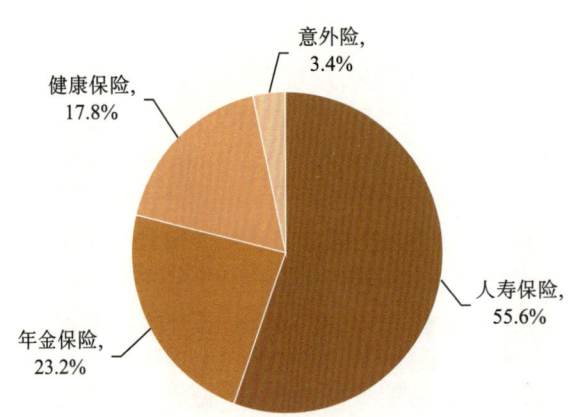

图1-42　2020年人身险公司互联网保险产品结构

六、保险资金运用

（一）保险业资产规模

2020年保险行业总资产规模持续扩张,达23.30万亿元,较年初增长13.29%,增速相比2019年有所上升。净资产2.75万亿元,较年初增长10.95%。从整个行业趋势看,从2017年开始,保险行业总资产扩张速度明显放缓,2020年扩张速度有所回升。具体来看,财产险公司总资产23 423亿元,较年初缩减2.11%；人身险公司总资产199 790亿元,较年初增长17.82%；再保险公司总资产4 261亿元,较年初增长16.75%；保险资产管理公司总资产641亿元,较年初增长15.01%。截至2020年末,保险业总资产占我国金融业总资产的比例约为6.60%,这一比例较2019年度有所提高,但保险业总资产占金融业总资产的比重仍然相对较低,远远低于欧美主要经济体的平均水平。

回顾历史,2004—2020年,我国保险业总资产累计增长了约20倍,年均增长率为21.32%,为资产端的投资管理带来持续稳定的增量资金。由于保险业资产规模基数较大,加之行业结构优化转型,保险业总资产的年度增速有所放缓。

（二）保险资金运用余额情况

截至2020年末,我国保险资金运用余额为21.68万亿元,较年初增长17.02%,占保险业总资产的比例达93.05%（见图1-43）。从各月情况看,资金运用余额各月均保持增长态势,但增幅差别较大,12月,受"开门红"保费增长与资本市场上涨等因素影响,资金运用余额增幅亦较为显著,月度环比增长2.22%。

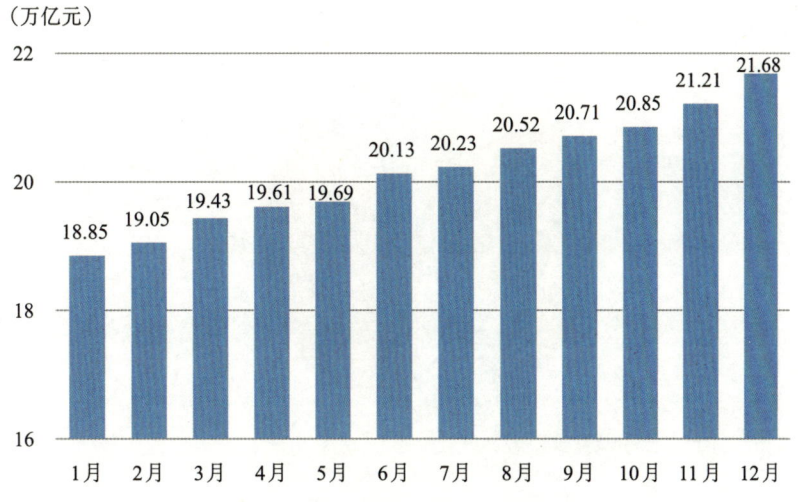

图1-43 2020年月度保险资金运用余额

回顾历史，2004—2020年，我国保险资金运用余额累计增长约20倍，年均增长率为20.94%（见图1-44）。

图1-44 2004—2020年保险资金运用余额情况

（三）保险资产配置情况

近年来，保险资金大类资产配置结构基本保持稳定，仍以固定收益类投资为主，在具体投资标的上呈现多元化趋势。

截至2020年末，保险资金运用余额为21.68万亿元，较年初增长17.02%，其中，银行存款25 973.45亿元，占资金运用余额的比例为11.98%；债券79 328.75亿元，占比为36.59%；证券投资基金11 040.41亿元，占比为5.09%；股票18 781.10亿元，占比为8.66%；投资性房地产2 101.06亿元，占比为0.97%。

大类资产配置结构如图1-45所示。

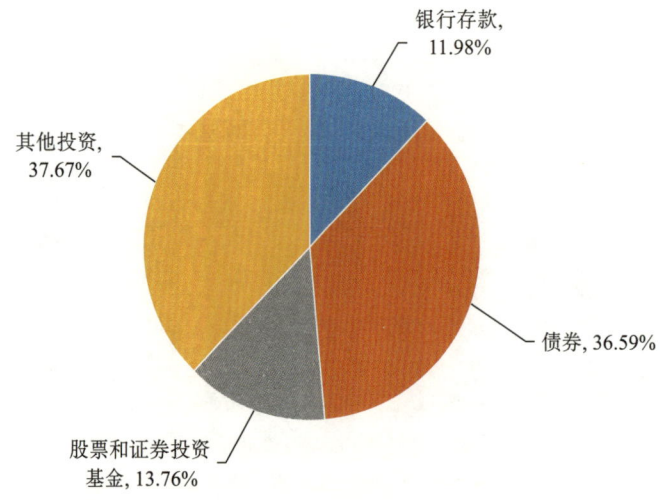

图 1-45　2020 年末保险资金大类资产配置情况

截至 2020 年末，全国保险公司资金运用余额为 216 801.13 亿元，较年初增长 17.02%（见表 1-19）。

表 1-19　2020 年末保险公司资金运用情况

	资金运用余额（亿元）	较年初增长（%）	占比（%）	占比较年初变动（%）	收益（亿元）	收益率（%）
一、银行存款	25 973.45	2.96	11.98	-1.64	1 009.52	3.72
二、债券	79 328.75	23.89	36.59	2.03	2 940.58	4.09
1. 国债	32 069.60	55.14	14.79	3.63	1 033.08	3.89
2. 金融债	20 940.95	1.37	9.66	-1.49	919.54	4.45
3. 企业债	23 654.17	10.21	10.91	-0.67	926.93	4.08
三、证券投资基金	11 040.41	17.16	5.09	0.01	1 234.80	12.19
四、买入返售金融资产	1 898.04	-7.29	0.88	-0.23	47.05	2.32
五、股票	18 781.10	25.69	8.66	0.60	1 866.45	10.87
六、长期股权投资	22 698.64	15.00	10.47	-0.18	1 416.89	6.72
七、投资性房地产	2 101.06	10.92	0.97	-0.05	39.85	1.99
八、保险资产管理公司产品	9 654.22	20.99	4.45	0.15	442.13	4.76
九、金融衍生工具	2.28	-50.62	0.00	0.00	-11.60	-308.42
十、贷款	31 484.13	7.10	14.52	-1.35	1 493.90	4.89
十一、拆借资金	0.68	0.00	0.00	0.00	0.00	0.04
十二、其他投资	13 838.38	30.75	6.38	0.67	507.65	4.30
合　计	216 801.13	17.02	100.00	—	10 987.22	5.41

截至 2020 年末，保险公司交易性金融资产 8 973.17 亿元，占资金运用余额的 4.18%；持有至到期投资 46 788.06 亿元，占比为 21.79%；可供出售金融资产 74 665.82 亿元，占比为 34.78%。

其他投资包括保险债权投资、长期股权投资、保险资管产品、其他金融产品和投资性不动产等。资产配置详情如图 1-46 所示。

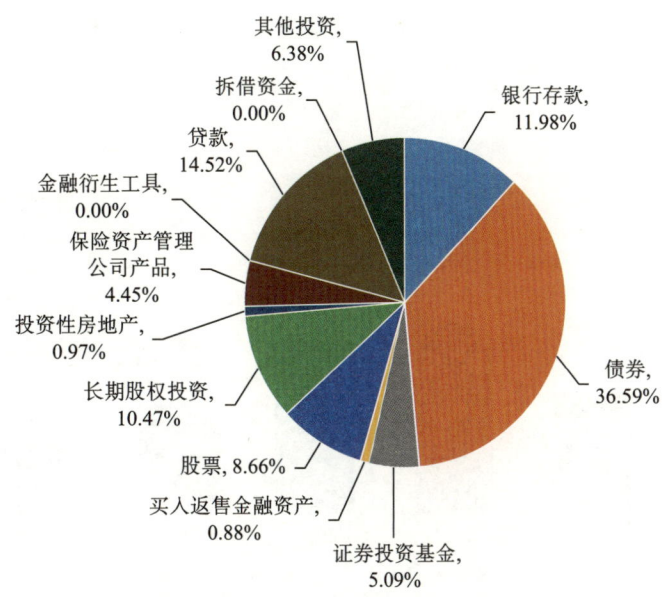

图 1-46　2020 年末保险资金资产配置详细情况

整体来看，2020 年保险机构对大类资产的调整策略主要包括三个方面：一是减少收益率较低、投资期限较长的银行存款类、投资性房地产类资产；二是增加股票配置，把握市场机会适时调整仓位；三是增加债券资产配置，调整债券资产配置结构，增加国债配置，减少金融债和企业债配置。

（四）保险资金运用收益情况

2020 年，保险资金运用累计实现收益 10 987.22 亿元，同比增长 24.51%，资金运用投资收益率为 5.41%，比上一年提升 0.47 个百分点。

从大类资产配置上，银行存款和债券占据保险资金配置的半壁江山，对收益的整体影响最大。数据显示，在 2020 年末保险资金运用余额中，银行存款 25 973 亿元，占比为 11.98%，投资收益率 3.72%；债券 79 329 亿元，占比为 36.59%，投资收益率为 4.09%。证券投资基金和股票是 2019 年投资收益率最高的两类资产，其中证券投资基金规模 11 040 亿元，规模比年初增长 17.16%，占保险资金运用余额的 5.09%，投资收益率为 12.19%；股票规模 18 781 亿元，规模比年初增长 25.69%，占保险资金运用余额的 8.66%，投资收益率达 0.87%。

长期股权投资是近年保险资金运用的重要方向。2020 年保险资金运用于长期股权投资的规模为 22 699 亿元，占保险资金运用余额的 10.47%，仅次于银行存款、债券、贷款占比，2020 年的投资收益率为 6.72%。此外，2020 年保险资金配置于投资性房地产的规模为 2 101 亿元，占比为 0.97%，收益率为 1.99%。

（五）保险资管产品情况

1. 保险资管产品注册情况

2020 年，共 31 家保险资管机构注册债权投资计划和股权投资计划共 446 只，合计注册规模

8 419.29 亿元（见图 1-47）。同期，10 家保险私募基金管理机构共注册 15 只保险私募基金，合计注册规模 1 339.15 亿元。

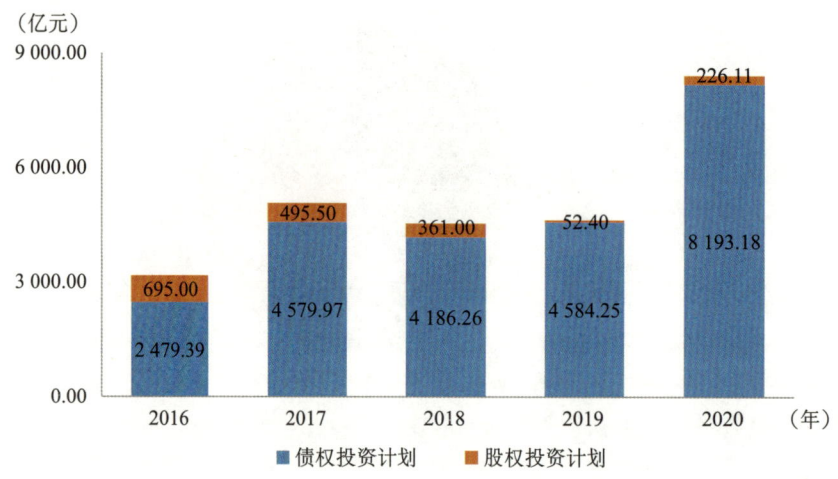

图 1-47　2016—2020 年保险资产管理产品注册情况

截至 2020 年末，31 家保险资产管理机构及 17 家保险私募基金管理人共登记（注册）债权投资计划、股权投资计划和保险私募基金 1 794 只，登记（注册）规模 41 559.58 亿元。其中：债权投资计划登记（注册）1 685 只，规模 35 017.94 亿元；股权投资计划登记（注册）72 只，规模 3 339.39 亿元；保险私募基金注册 37 只，规模 3 202.25 亿元。此外，组合类产品存续数量为 1 649 只、存续余额 22 226 亿元，规模同比增长 65%，整体增长明显。

2. 管理第三方资金[①]情况

2020 年，35 家保险资管机构管理的系统内保险资金规模占比近七成；管理的第三方资金来源呈现多样化，涵盖了第三方保险资金、银行资金、基本养老金、企业年金、职业年金等，且增长明显，占比提升 5 个百分点至 31%（见图 1-48）。

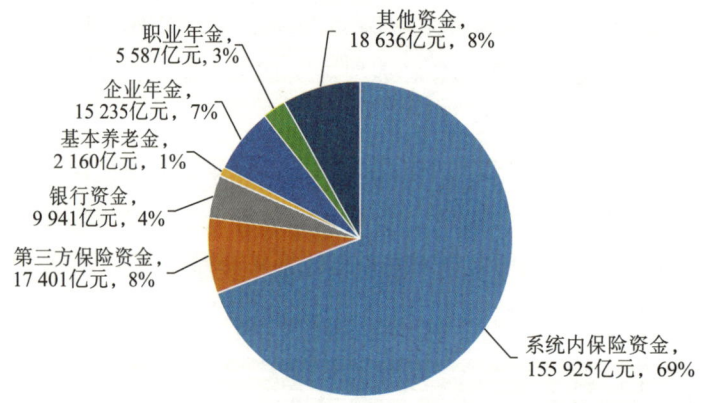

图 1-48　2020 年保险资管业资金来源结构

[①] 第三方资金为除去系统内保险资金以外的资金，包括第三方保险资金、银行资金、养老金和其他资金。

第二章
行业监管政策

在保险回归本源的大背景下，银保监会发布了《关于推动银行业和保险业高质量发展的指导意见》（银保监发〔2019〕52号），对推动保险业高质量发展提出明确目标和具体要求。一年来，监管部门从公司治理、消费者保护、风险防范等方面加强制度建设，针对财产险、人身险、保险中介、保险资金运用等业务领域的保险监管政策也相继出台，引导行业发挥保险保障功能、提高风险抵御能力、更好服务实体经济。

一、综合性监管政策

（一）统筹推动行业高质量发展

党的十九大以来，银行保险机构综合实力进一步增强，服务经济社会发展能力稳步提升，关键领域改革持续深化，防范化解金融风险取得明显成效。随着我国经济由高速增长阶段转向高质量发展阶段，金融供给与需求之间不平衡不适应的矛盾日益凸显，银行业和保险业高质量发展面临多重挑战。为深入贯彻落实以习近平同志为核心的党中央的决策部署，推动银行业和保险业高质量发展，更好服务现代化经济体系建设，2019年12月30日，银保监会发布《关于推动银行业和保险业高质量发展的指导意见》（银保监发〔2019〕52号），对推动银行业保险业高质量发展提出明确目标，从推动形成多层次、广覆盖、有差异的银行保险机构体系，完善服务实体经济和人民群众生活需要的金融产品体系，精准有效防范化解银行保险体系各类风险等方面提出具体要求。银保监发〔2019〕52号文件内容共七大要点：一是提出总体要求，包括指导思想、基本原则和发展目标。二是推动形成多层次、广覆盖、有差异的银行保险机构体系。三是完善服务实体经济和人民群众生活需要的金融产品体系。四是精准有效防范化解银行保险体系各类风险。五是建立健全中国特色现代金融企业制度。六是实现更高水平的对外开放。七是加强金融监管和廉洁金融建设。

2020年8月，为落实好银保监发〔2019〕52号文件，持续推动财产保险业向高质量发展转变，银保监会印发了《推动财产保险业高质量发展三年行动方案（2020—2022年）》。该方案是银保监会成立以来首次对财产保险业发展和监管出台规划，具有重要指导意义。方案共六部分，主要包括总体指导思想和目标原则、推动行业向转型发展、增强保险服务国民经济和社会民生能力、提升行业对外开放水平和国际影响力、聚焦高质量发展的监管政策和体制机制、强化各银保监局和各财产保险公司主体责任等。

专栏2-1　　行业风险总体可控

2020年，保险业偿付能力充足率指标保持在合理区间，风险综合评级结果保持稳定。截至2020年末，纳入偿付能力监管委员会审议的178家保险公司的平均综合偿付能力充足率为246.3%，同比下降1.4%；平均核心偿付能力充足率为234.3%，同比下降2.5%。人身险公司、财产险公司、再保险公司的平均综合偿付能力充足率分别为239.6%、277.9%和319.3%。2020年，保险业风险综合评级结果显示：风险小的A类公司为100家，风险较小的B类公司为71家，风险较大的C类公司为3家，风险严重的D类公司为3家。

专栏2-2　　保险业推进对外开放进程

保险业稳步扩大对外开放，2018年以来，首家外资独资保险控股公司安联（中国）保险控股、外资独资寿险公司友邦人寿保险有限公司等先后获准设立。2020年，外资保险市场保持增长态势，全年实现原保险保费收入3524.44亿元，同比增长12.43%，超中资保险公司6.80个百分点，其中：外资人身险公司保费收入3176.72亿元，同比增长13.27%；外资财产险公司保费收入347.72亿元，同比增长5.31%。外资保险公司市场占比为7.79%，同比提高0.62个百分点。

2020年，外资保险机构实收资本同比增加102.1亿元，增速为9.9%，超过中资保险机构6.4个百分点；实际资本同比增加463亿元，增速为13.9%，超过中资保险机构1.7个百分点。在北京市、上海市、深圳市、广东省外资保险公司相对集中的区域保险市场上，外资保险公司的市场份额分别为21.22%、20.83%、10.26%和11.69%。

专栏2-3　　保险业服务"双碳"目标情况

2018—2020年，保险业累计为全社会提供了45.03万亿元保额的绿色保险保障，支付了533.77亿元赔款，为实现碳达峰、碳中和目标做出重要贡献。

专栏 2-4　　　　　　　　　　绿色保险服务"双碳"目标

保险业聚焦环境污染治理需求，以环境污染责任保险为主体，创新丰富绿色保险体系，构建起覆盖林木、航运、种植业、养殖业、危险化学品、危险废物处置等多行业领域的丰富的绿色保险产品体系。

发挥保险风险管理专业优势，推动在提供传统风险保障的同时，为企业提供投保前和承保中的环境风险评估和检查服务，形成环责险等创新实践。

聚焦服务风电光伏产业发展，量身定制产品质量保证保险、太阳能光伏组件长期质量与功率保证保险等产品，为风电设备整机制造商、光伏企业及其上下游企业的质量风险提供充足风险保障，护航产业发展。

聚焦服务新能源汽车产业发展，探索新能源汽车保险，开发充电桩责任保险产品，完善新能源汽车基础设施保障，为新能源汽车推广夯实基础。

聚焦服务绿色建筑产业发展，探索发展绿色建筑保险，为低碳建筑节能效果提供风险保障。聚焦服务绿色农业发展，大力发展森林保险、草原保险，创新农业面源污染防范联动机制，积极探索保险助力生态产品价值实现机制，助力农业绿色发展。

（二）健全公司治理

2020年8月17日，银保监会印发《健全银行业保险业公司治理三年行动方案（2020—2022年）》以下简称《三年行动方案》，《三年行动方案》一是明确要坚持问题导向、标本兼治、分类施策、统筹推进的原则，聚焦主要问题、弥补制度短板、强化差异化监管、注重工作整体性和协同性；二是涉及总体要求、党的领导与公司治理融合、公司治理评估、股东行为规范、董事会等治理主体履职、激励约束机制、利益相关者保护、外部市场约束、监管能力建设、组织保障等方面；三是围绕公司治理各个方面规划了一系列重点工作安排，是2020—2022年我国银行业保险业公司治理监管的行动指南；四是将推动党的领导与公司治理有机融合放在首要位置，提出要将党的领导融入公司治理进一步制度化、规范化、程序化；五是借鉴国际先进经验，充分吸收了前期银保监会关于《二十国集团/经合组织公司治理原则》在我国银行业保险业实施情况的评价结果。《三年行动方案》的发布和有效实施，有力推动了银行保险机构稳步提升公司治理质效，切实增强风险抵御能力和经营可持续性。

（三）规范行政处罚

为统一规范机构改革后银行业和保险业行政处罚程序，提升金融违法违规成本，严肃整治金融市场乱象，防范化解金融风险，银保监会于2020年6月23日发布《中国银保监会行政处罚办法》》以下简称《行政处罚办法》。《行政处罚办法》着眼于规范行政处罚程序，提升行政处罚效能，提高执法公信力，对银行业和保险业行政处罚程序做了全面规范，重点包括以下方面：一是整合优化行政处罚工作机制。《行政处罚办法》整合优化了行政处罚程序，确立了行政处罚的基本原则，建立"查审分离"

的处罚工作机制，规定设立行政处罚委员会，明确了各部门职责。二是完善行政处罚工作流程。将实践中成熟的做法加以总结固化，加强工作环节之间的有机衔接，提高行政处罚工作效率。三是依法加大行政处罚力度。明确对屡查屡犯、不配合监管执法、危害后果严重，造成较为恶劣社会影响等行为，依法从重予以处罚，强调人员责任追究，强化行政处罚与党纪问责的衔接。四是充分保障当事人合法权益。做出处罚决定前，应当事先告知当事人拟做出行政处罚决定的事实、理由及依据，并告知其有陈述申辩权利，符合听证条件的，当事人可以依法申请听证，不得因当事人申辩而加重处罚。明确当事人对行政处罚决定不服的，有权提起行政复议或者行政诉讼。

（四）规范金融机构涉刑案件管理

为进一步规范和加强银行保险机构涉刑案件管理工作，建立责任明确、协调有序的工作机制，依法、及时、稳妥处置案件，中国银保监会于2020年6月2日发布《银行保险机构涉刑案件管理办法（试行）》，共六章五十五条，对银行保险机构涉刑案件的定义、分类、信息报送、案件处置、监督管理等方面进行明确。

《银行保险机构涉刑案件管理办法（试行）》从2020年7月1日起正式实施，保险专业中介机构同样适用此办法，自生效之日起，《中国银监会关于印发银行业金融机构案件处置三项制度的通知》（银监发〔2010〕111号）、《中国银监会关于修订银行业金融机构案件定义及案件分类的通知》（银监发〔2012〕61号）、《中国银监会办公厅关于银行业案件（风险）信息报送有关问题的通知》（银监办发〔2012〕102号）、《中国银监会办公厅关于印发银行业金融机构案件问责工作管理暂行办法的通知》（银监办发〔2013〕255号）、《中国银监会办公厅关于印发重大案件挂牌督办和案件（风险）分级督查督导办法的通知》（银监办发〔2014〕208号）、《中国银监会办公厅关于银行业重大案件（风险）约谈告诫有关事项的通知》（银监办发〔2015〕154号）、《中国保险监督管理委员会关于建立保险司法案件报告制度的通知》（保监发〔2009〕81号）和《关于加强保险案件信息处理工作的通知》（保监厅发〔2014〕37号）八个文件同时废止。

（五）预防从业人员金融违法

为进一步完善银行业保险业从业人员金融违法犯罪预防工作机制，防控银行保险机构案件风险，促进银行业保险业健康发展，2020年2月20日，《中国银保监会办公厅关于预防银行业保险业从业人员金融违法犯罪的指导意见》发布，主要预防以下重点领域的金融违法犯罪：严防信贷业务领域违法犯罪行为；严防同业业务领域违法犯罪行为；严防资产处置领域违法犯罪行为；严防资产管理业务领域违法犯罪行为；严防信用卡业务领域违法犯罪行为；严防现金管理领域违法犯罪行为；严防保险业务领域违法犯罪行为；严防第三方合作领域违法犯罪行为；严防金融市场领域违法犯罪行为；严防洗钱和恐怖融资相关违法犯罪行为；严防信息科技领域违法犯罪行为。

（六）规范和统一行政许可流程

为适应银行保险监管体制改革的需要，规范及统一银行业和保险业行政许可实施程序，提升行政审批工作科学性和规范性，同时保障申请人合法权利，2020年6月4日，银保监会发布《行政许可实施程序规定》（银保监会令〔2020〕7号，以下简称《程序规定》）。《程序规定》自2020年7月1日起施行。《程序规定》对行政许可实施程序做出了新的规定：首先，增加了中止审查和恢复审查程序。存在"申请人或相应行政许可事项直接关系人因涉嫌违法违规被行政机关调查，或者被司法机关侦查，尚未结案，对相应行政许可事项影响重大"等几种情形时，受理机关或决定机关可以中止审查，并在符合条件时恢复审查；其次，明确了申请人、利害关系人申请听证的权利和程序，进一步保证行政许可程序的完整性和对申请人、利害关系人权利保障的全面性。此外，申请人向受理机关提交申请材料、相关文书送达申请人、申请人提交书面说明解释等程序的文件传输方式中，均增加了"电子传输"方式，以深化"放管服"改革，推进"互联网＋政务服务"开展，提升银保监会行政审批的规范化、便利化水平。

（七）加强消费者保护

2020年3月1日，银保监会印发《银行业保险业消费投诉处理管理办法》，包含总则、组织管理、投诉处理、工作制度、监督管理、附则六大部分，共四十五条。《银行业保险业消费投诉管理办法》主要体现了以下特点：一是明确消费投诉事项。二是规定银行保险机构职责。三是明确投诉处理程序。四是完善投诉处理制度机制。五是便民高效化解投诉。六是强化监管督查和对外披露。办法的制定实施将进一步推动银行保险机构牢固树立以人民为中心的发展思想，畅通投诉渠道、提高处理效率，提升消费者对银行保险机构投诉处理工作满意度。同时，也将有利于银保监会及其派出机构强化监管为民理念，坚持依法履职，指导督促银行保险机构加强消费者权益保护，维护金融市场秩序，为推进国家治理体系和治理能力现代化做出贡献。

2020年9月18日，中国人民银行制定并发布《中国人民银行金融消费者权益保护实施办法》（中国人民银行令〔2020〕第5号），自2020年11月1日起施行。《中国人民银行金融消费者权益保护实施办法》共七章六十八条。第一章总则，主要对立法依据、适用范围及基本原则进行了规定。第二章金融机构行为规范，主要从银行、支付机构金融消费者权益保护顶层设计、全流程管控、信息披露和金融营销宣传等方面进行规范。第三章消费者金融信息保护，从消费者金融信息安全权角度，进一步强化了信息知情权和信息自主选择权。第四章金融消费争议解决，对争议解决的程序性规定以及非诉第三方解决机制进行了细化和完善。第五章监督与管理机制，根据人民银行新"三定"方案，就制度制定、协调机制、监管执法合作等进行明确。第六章法律责任，规定了银行、支付机构责任、高管责任以及人民银行工作人员责任。第七章附则，明确了参照适用的机构类型、解释权、生效和废止等内容。

二、财产险领域监管政策

（一）推进车险综合改革

2020年，银保监会对车险市场持续保持监管高压态势。车险综合改革正式实施，为消费者权益提供全面保护。9月，为贯彻以人民为中心的发展思想和高质量发展要求，深化金融供给侧结构性改革，更好维护消费者权益，实现车险高质量发展，银保监会发布了《关于实施车险综合改革的指导意见》。《关于实施车险综合改革的指导意见》以"保护消费者权益"为主要目标，短期内将"降价、增保、提质"作为阶段性目标。主要内容包括以下六个方面：一是提升交强险保障水平，提高交强险责任限额，优化道路交通事故费率浮动系数。二是拓展和优化商车险保障服务，提升责任限额，丰富商车险产品。三是健全商车险条款费率市场化形成机制，完善行业纯风险保费测算机制，合理下调附加费用率，逐步放开自主定价系数浮动范围等。四是改革车险产品准入和管理方式，将商车险示范产品的准入方式由审批制改为备案制。五是推进配套基础建设改革，全面推行车险实名缴费制度，积极推广电子保单制度。六是加强车险监管，完善费率回溯和产品纠偏机制、明确重点任务职责分工。2020年9月，银保监会接连发布《关于调整交强险责任限额和费率浮动系数的公告》和《示范型商车险精算规定》。《关于调整交强险责任限额和费率浮动系数的公告》通过提高新责任限额、平衡各地之间新费率浮动系数，贯彻落实《关于实施车险综合改革的指导意见》中关于提升交强险保障水平的要求。《示范型商车险精算规定》通过建立费率回溯和产品纠偏机制，明确保费不足准备金的评估标准，倒逼公司理性经营，达到完善车险精算制度，防范非理性竞争行为，推动车险高质量发展的目的。

> **专栏 2–5　　车险综合改革情况**
>
> 　　车险综合改革于2020年9月正式实施，车险业务总体实现"降价、增保、提质"。全年车险保费同比增长0.69%，增速较2019年下降3.83个百分点，第四季度车险保费由上年同期增长5.96%转为下降10.43%。具体来看2020年10月、11月和12月车险保费同比分别下降6.50%、11.35%和12.62%，降幅逐渐扩大。虽然市场规模放缓，但车险业务保障进一步增加，更好满足消费者的风险保障需求，车险全年提供风险保障323.80万亿元，同比增长28.32%，增速较2019年提高8.87个百分点。

（二）加强信保业务监管

为进一步加强信保业务监管，强化融资性信保操作规范，防范业务风险，保护保险消费者合法权益。2020年5月，银保监会发布了《信用保险和保证保险业务监管办法》。9月，银保监会印发《融资性信保业务保前管理操作指引》和《融资性信保业务保后管理操作指引》。《信用保险和保证保险业务监管办法》在经营条件、承保类型、禁止行为、承保限额等方面，对信保业务提出明确监管要求，在规范经营行为、防范金融交叉性风险、强化风险管控等方面发挥了积极作用。上述两个指引重点针对融资性信保业务保前风险管理和保后监测管理两大环节建立标准化操作规范，降低保险公司承保风险，强化保险公司风险管控基础。上述"一个《办法》、两个《指引》"的出台有助于实现"行业发展有标准，实施监管有抓手"的目的，有助于进一步促进融资性信保业务持续健康发展。

（三）健全农业险管理机制

为进一步深化农业险供给侧结构性改革，建立健全农业险业务经营条件管理机制，银保监会发布《关于进一步明确农业保险业务经营条件的通知》。《关于进一步明确农业保险业务经营条件的通知》主要内容有三点：一是明确农业险业务经营条件，从总公司和省级分公司两个层面分别制定农业险业务经营条件。二是提高农业险业务经营标准。通知从依法合规、风险管控能力、农业险服务能力、信息化水平等方面进一步提高了农业险经营标准。三是建立完善退出机制。通知作为完善农业险制度体系的重要制度安排，将进一步完善农业险业务经营条件管理机制，优化农业险机构布局，规范农业险市场秩序，有利于促进农业险持续健康发展。

专栏 2-6　　　　　　　　　农业险发展情况

随着政府对农业险政策支持力度的加大，农业险得到了逐步发展。2020 年，农业险原保费收入 814.93 亿元，同比增速 21.18%，占财产险业务的比例为 6.00%，同比上升 0.83 个百分点，为 1.89 亿户次农户提供风险保障 4.13 万亿元。截至 2020 年底，中国农业保险保费规模已经超越美国，跃居全球最大农业险市场。农业险在推进现代农业发展、促进乡村产业振兴、改进农村社会治理、保障农民收益等具有重要作用。

（四）规范责任保险经营

为进一步规范责任保险经营行为，促进责任保险业务持续健康发展，2020 年 12 月，银保监会发布《责任保险业务监管办法》，这是监管机构首次专门面向责任保险业务发布相关监管办法。责任保险承保边界方面，明确责任保险应当承保被保险人给第三者造成损害依法应负的赔偿责任；市场经营行为方面，明确不得存在未按规定使用经批准或备案的条款费率、销售误导、不正当竞争、违规承诺等行为；保险服务方面，明确保险公司提供保险服务，应当遵循合理性、必要性原则，以降低赔付风险为主要目的，不得随意扩大服务范围内容。《责任保险业务监管办法》有利于强化责任保险业务风险管控，提升责任保险业务质量，推动责任保险业务持续、健康、有序发展。

专栏 2-7　　　　财产险公司责任保险和短期健康险发展情况

责任险产品本身应用范围广、涉及领域多，又得益于政策利好、市场需求增长等因素，责任险业务实现了较快发展。责任险在维护社会稳定、促进经济社会发展等方面发挥着越来越重要的作用。2020 年，责任险原保费收入 901.13 亿元，同比增长 19.62%，占财产险业务的 6.63%，同比上升 0.84 个百分点（见表 2-1）。

表 2-1　　　　　　　　2020 年我国财产险行业非车险险种发展情况

险种	保费收入（亿元）	同比增速（%）	业务占比（%）
企业财产险	490.26	5.64	3.61
家庭财产险	90.79	-0.47	0.67
工程险	138.41	17.45	1.02
责任险	901.13	19.62	6.63
信用保险	204.88	2.46	1.51
保证保险	688.57	-18.38	5.07
船舶险	57.71	3.96	0.42
货物运输险	135.96	4.49	1.00
特殊风险	72.16	4.75	0.53
农业险	814.94	21.18	6.00
短期健康险	1 114.21	32.60	8.20
意外伤害险	540.90	2.72	3.98
其他险种	89.02	38.91	0.66
合计	5 338.93	10.58	39.30

2020 年，财产险公司非车险保费保持较高增速，同比增长 10.58%，占财产险业务的比重为 39.30%，较上年同期提高 2.21 个百分点。随着居民健康意识的提升，以及产品设计、定价更为合理，短期健康险市场需求持续攀升。2020 年，短期健康险原保费收入 1 114.21 亿元，同比增长 32.60%，占财产险业务的比重为 8.20%，同比上升 1.74 个百分点，成为非车险业务中增速最快的险种。

三、人身险领域监管政策

（一）推进意外险改革

2020 年 1 月 17 日，银保监会印发《关于加快推进意外险改革的意见》。一是推进市场化定价改革，包括健全精算体系，完善定价假设规定，建立产品价格回溯调整机制，编制意外险发生率表以及探索建立意外伤害发生率表动态修订机制。二是强化市场行为监管，包括开展市场清理整顿，制定统一的专项监管制度，建立健全信息披露机制和信息共享机制等。三是夯实发展根基，包括加快推进标准化建设，推动产品条款标准化、简单化、通俗化，建立反保险欺诈长效协作机制等。《关于加快推进意外险改革的意见》对深化意外险市场改革、提高意外险服务经济社会发展能力、增强广大群众获得感有重要意义。

（二）完善人身保险精算制度体系

2020 年 1 月 21 日，银保监会印发《普通型人身保险精算规定》。保险公司新开发的普通型人身保险产品须按《普通型人身保险精算规定》要求执行，在规定印发前已审批或备案的普通型人身保险产品可继续销售，但应按要求提取责任准备金。《普通型人身保险精算规定》是继分红寿险和万能保险精算规定之后的又一大单独的精算规定，与《分红保险精算规定》《万能保险精算规定》《投资连结保险精算规定》等共同构建涵盖各类产品形态的、基本健全完善的精算制度体系。《普通型人身保险精算规定》结合各类普通型产品的特点，通过差别设定产品定价参数和标准，支持风险保障类产品发展，推动降低产品价格，提升产品竞争力，更好满足消费者保险消费需求。

（三）强化人身保险法定责任准备金监管

2020年1月21日，银保监会印发《关于强化人身保险精算监管有关事项的通知》。一是进一步强化法定责任准备金监管。以责任准备金覆盖率为抓手，将其纳入非现场监测指标体系，并与产品监管等监管措施挂钩。二是规范分红寿险市场发展。修订完善分红寿险利益演示方法，明确了演示利率上限，统一红利分配比例。三是完善非现场监测机制。《关于强化人身保险精算监管有关事项的通知》对《中国保监会关于做好人身保险业有关数据报送工作的通知》中季度负债业务信息表内相关内容进行了调整，新增责任准备金覆盖率、万能保险账户基本情况、投连险账户基本情况等，加大负债业务监管力度，有助于引导人身保险业强化风险意识，守住不发生系统性风险底线，有利于防范行业利差损风险，推动人身保险业长期健康发展。

（四）重塑健康保障委托管理业务监管框架

2020年2月11日，银保监会印发《关于进一步规范健康保障委托管理业务有关事项的通知》，这是对保监会2008年印发的《关于健康保障委托管理业务有关事项的通知》的修订。一是明确保险公司开展健康保障委托管理业务的条件，充实委托内容。二是回归业务本源，取消产品备案。三是取消委托投资功能，规范管理费用。四是加强业务监管，防范潜在风险。《关于进一步规范健康保障委托管理业务有关事项的通知》的发布，对确保健康保障委托管理业务各方当事人的合法权益、满足人民群众多层次、多样化的健康保障需求将起到积极作用。

（五）鼓励长期医疗保险发展

2020年3月25日，银保监会发布《关于长期医疗保险产品费率调整有关问题的通知》。一是明确费率可调的长期医疗保险产品范围。二是明确费率调整的基本要求。三是明确产品条款及产品说明书相关内容。四是明确费率调整的信息披露要求。五是规范保险公司销售行为，明确对违规行为的监管措施。《关于长期医疗保险产品费率调整有关问题的通知》明确传达了鼓励发展长期医疗保险的积极信号，将有利于深化人身保险供给侧结构性改革，有效解决因被保险人健康状况变化或者产品停售而无法续保的风险，更好地保障消费者权益。

专栏2-8　　　　　　　　2020年健康险发展情况

2020年，实现健康险原保费收入8 172.71亿元，同比增长15.66%（见图2-1），与车险体量接近，在原保费收入中的占比继续提升，2020年超过18%（见图2-2），成为保险业提供保障的重要发力点,是保险市场仅次于寿险和车险的第三大险种。2020年,健康险提供风险保障1 833.11万亿元,同比增长50.26%,赔款和给付支出2 921.16亿元,同比增长24.23%,商业健康保险在服务"健康中国"、完善医保体系、支持健康产业等方面发挥了积极作用。

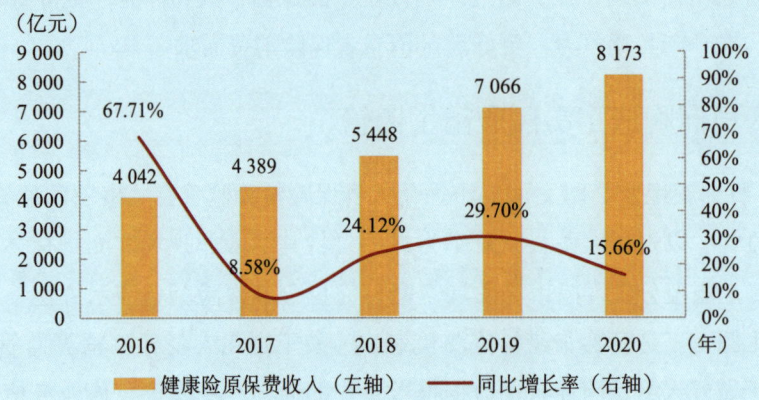

图2-1 全国健康险原保费收入及增长率

图2-2 健康险原保费占总保费比例

注:*代表调整主要涉及将和谐健康保险的保费收入剔除。

分公司类型看,财产险公司健康险业务近年保持高增长态势,2020年全年保费收入突破千亿元,实现1 114.21亿元,同比增长32.60%,从2017年连续4年增速超30%。人身险公司健康险业务实现7 058.50亿元,同比增长13.38%,依然保持较高增速,但较2019年同期放缓14.22个百分点,其中,短期健康险保费收入1 719.05亿元,同比增长11.11%,较2019年同期放缓19.65个百分点,长期健康险保费收入5 339.45亿元,同比增长14.13%,较2019年同期放缓12.46个百分点。

(六)完善健康管理服务监管制度

2020年9月6日,银保监会印发《关于规范保险公司健康管理服务的通知》。一是明确健康管理服务的概念和目的。二是提出健康管理服务应遵循的原则和要求。三是完善健康管理服务的运行规则。四是强化健康管理服务的监督管理。《关于规范保险公司健康管理服务的通知》在压实保险公司主体责任、明确保险公司开展健康管理服务的合规要求和内部问责机制的同时,注重发挥保险行业协会自律组织作用，支持其探索建立保险公司间健康管理业务交流平台和健康管理服务机构评价体系，并牵头组织行业制定管理、技术、数据等相关标准。

（七）夯实重大疾病保险发展基础

2020年11月5日，在保险业协会和中国医师协会合作修订完成《重大疾病保险的疾病定义使用规范（2020年修订版）》以及中国精算师协会修订完成《中国人身保险业重大疾病经验发生率表（2020）》等工作的基础上，银保监会印发《关于使用〈中国人身保险业重大疾病经验发生率表（2020）〉有关事项的通知》。一是规定2020年版重大疾病表为法定责任准备金评估基础的最低要求。二是明确2020年版重大疾病表对产品定价的参考作用。三是建立重大疾病经验发生率表动态修订机制。

此外，为落实党中央、国务院关于粤港澳大湾区建设的战略部署，银保监会还配套制定了2020年版定义粤港澳大湾区专属重疾险产品监管规则。

专栏2-9　　　　　　　　保险机构健康管理服务团体标准

2020年保险机构健康管理服务团体标准如表2-2所示：

表2-2　　　　　　　　2020年保险机构健康管理服务团体标准

标准编号	标准名称	标准适用范围
T/IAC CHAA 39.1—2020	《保险机构健康管理服务指引 第1部分：总则》	本标准确立了保险机构客户健康管理服务的体系和系统建设、服务的目标、人群划分、目标服务对象的选择、服务分类、服务基础构成成分选择、服务方式、服务方案设置、服务实施等的整体规划要求。 本标准适用于保险机构为保险客户提供健康管理服务的规划，服务于保险客户的健康管理机构、健康服务机构、医疗机构等可参考使用。
T/IAC CHAA 39.2—2020	《保险机构健康管理服务指引 第2部分：服务内容》	本标准规定了健康管理服务基础构成成分划分的依据、原则、十二项服务基础构成成分的代码方法、代码表，五种服务方式，以及健康管理服务的"矩阵模块分类法"（MM分类法）等内容。 本标准适用于保险机构为疾病保险、医疗保险等保险客户提供健康管理服务的内容和方式选择，服务于保险客户的健康管理机构、健康服务机构、医疗机构等可参考使用。
T/IAC CHAA 39.3—2020	《保险机构健康管理服务指引 第3部分：风险分类》	本标准规定了保险机构客户群的风险分类方法、高风险人群的选择依据、重病前症的判定与选择、重病前症分类、代码与定义等内容。 本标准适用于保险机构为疾病保险、医疗保险等保险客户提供健康管理服务的人群风险分类和管理，服务于保险客户的健康管理机构、健康服务机构、医疗机构等可参考使用。
T/IAC CHAA 39.4—2020	《保险机构健康管理服务指引 第4部分：方案设置》	本标准规定了保险机构健康管理服务方案的设置原则、方案的要素、设置方法、内容选择及服务方案的代码规则和分类，并以重病前症示例设置健康管理方案。 本标准适用于保险机构为疾病保险、医疗保险等保险客户提供健康管理服务的方案设置，服务于保险客户的健康管理机构、健康服务机构、医疗机构等可参考使用。

四、中介领域监管政策

（一）加强保险销售人员和保险中介机构从业人员管理

2020年5月12日，银保监会印发《关于落实保险公司主体责任　加强保险销售人员管理的通知》和《关于切实加强保险专业中介机构从业人员管理的通知》（以下简称"两个《通知》"）。"两个《通知》"是在《保险法》及保险代理人、经纪人、公估人三部监管规章等法律法规框架下，紧密结合2019年从业人员清核中发现的问题，紧扣保险机构管理责任这个关键点，对保险机构主体责任的条分细掼和明晰化。

《关于落实保险公司主体责任　加强保险销售人员管理的通知》分为全面提高认识、加强战略统筹、严格招录管理、严格培训管理、严格资质管理、严格从业管理、夯实基础管理、严格监管监督八个部分。该通知确立了落实法律责任、管理责任的基本原则，提出了健全管理架构体系、杜绝销售人员"带病"入岗、持续提升销售人员职业素养、建设销售人员销售能力分级体系、建立销售人员队伍诚信体系、持续治理销售人员数据质量、依法严厉处罚和严肃责任追究等任务。

《关于切实加强保险专业中介机构从业人员管理的通知》针对保险专业中介机构的特点和市场定位，从全面承担管理主体责任、加强统筹管理、严格招录管理、严格培训管理、建立销售能力分级体系、严格诚信管理、夯实基础管理、严格监管监督等方面进行了明确。

"两个《通知》"明确了销售能力分级的监管要求，支持保险行业自律组织发挥平台优势，推动销售人员销售能力分级工作，督促保险机构综合考察从业人员学历水平、从业年限、保险产品知识、诚信记录等情况，推进从业人员销售能力资质建设。

"两个《通知》"主旨都是强调保险机构对保险销售服务等保险从业人员依法承担从业人员相应业务活动的法律责任，强调保险机构依法对上述从业人员的管理主体责任，强调保险机构对上述从业人员的全过程、全环节管理要求。

（二）规范互联网保险业务

银保监会2020年6月22日、12月7日分别印发《关于规范互联网保险销售行为可回溯管理的通知》《互联网保险业务监管办法》。

《关于规范互联网保险销售行为可回溯管理的通知》主要包括以下五方面内容：一是明确互联网保险销售行为可回溯管理的定义和范围。二是明确销售页面和销售页面管理的定义。三是对保险机构互联网销售过程管理做出要求。四是明确可回溯内控管理。五是明确对融合业务和自助终端业务的管理要求，以及相关法律责任和实施时间。《关于规范互联网保险销售行为可回溯管理的通知》的发布有利于维护市场秩序、防范操作风险，进一步保障金融消费者知情权、自主选择权和公平交易权等基本权利。

《互联网保险业务监管办法》重点规范的内容包括：一是厘清互联网保险业务本质，明确制度适用和衔接政策。二是规定互联网保险业务经营要求，强化持牌经营原则，定义持牌机构自营网络平台，规定持牌机构经营条件,明确非持牌机构禁止行为。三是规范互联网保险营销宣传,规定管理要求和业务行为标准。四是全流程规范互联网保险售后服务,改善消费体验。五是按经营主体分类监管,在规定"基本业务规则"的基础上,针对互联网保险公司、保险公司、保险中介机构、互联网企业代理保险业务,分别规定了"特别业务规则"。六是创新完善监管政策和制度措施,做好政策实施过渡安排。《互联网保险业务监管办法》贯彻了中央加强金融监管、防范金融风险的要求,有助于规范互联网保险业务、推动保险业供给侧改革、促进保险业高质量发展。

专栏 2-10　人身险公司互联网保险发展情况

从互联网保险的保费规模来看,2020年人寿保险实现规模保费1 173.5亿元,同比减少3.2%;年金险实现规模保费490.1亿元,同比增长38.8%;健康险实现规模保费374.8亿元,同比增长58.8%;意外险实现规模保费72.4亿元,同比增长29.1%(见图2-3)。

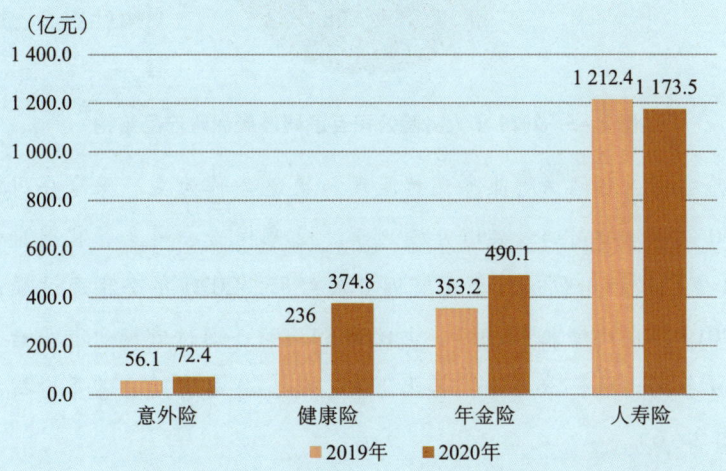

图 2-3　2019—2020 年人身险公司互联网保险各险种规模保费情况

2020年,人身险公司互联网健康保险继续保持增长态势,实现连续5年稳定增长,且在互联网人身保险中的占比不断提升(见图2-4)。

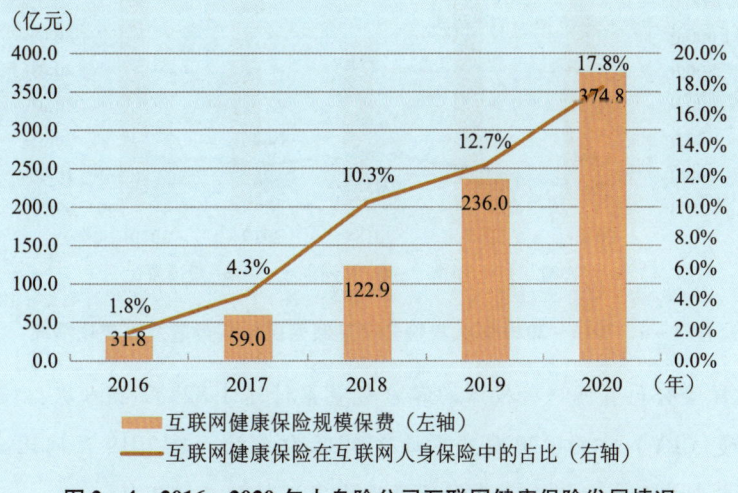

图 2-4　2016—2020 年人身险公司互联网健康保险发展情况

2020年，人身险公司互联网健康保险中，费用报销型医疗保险累计实现规模保费229.2亿元，同比增长58.3%，占互联网健康保险总规模保费的61.1%；重大疾病保险实现规模保费87.5亿元，同比增长60.6%，占比为23.3%；防癌保险实现规模保费20.8亿元，同比增长138.9%，占比为5.5%；护理保险实现规模保费1.1亿元，同比增长257.9%，占比为0.3%（见图2-5）。

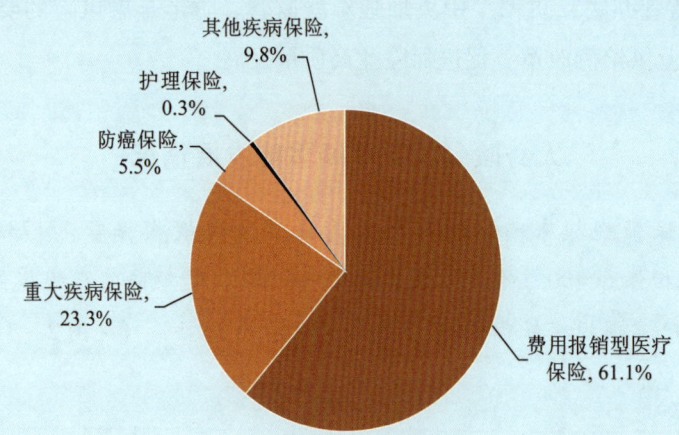

图2-5　2020年人身险公司互联网健康保险产品结构

2020年，人身险公司互联网保险业务仍然呈现与渠道合作为主、保险公司官网自营为辅的经营模式。据统计，60家保险公司通过渠道开展业务，52家保险公司采取官网自营和渠道合作"双管齐下"的模式，1家保险公司仅通过公司官网开展经营。2020年全年通过渠道累计实现规模保费1 787亿元，较2019年同比增长10.3%，占比为84.7%；通过官网自营平台累计实现规模保费323.8亿元，较2019年同比增长36.1%，占比为15.3%，公司官网自营平台规模保费已实现连续5年平稳增长（见图2-6）。

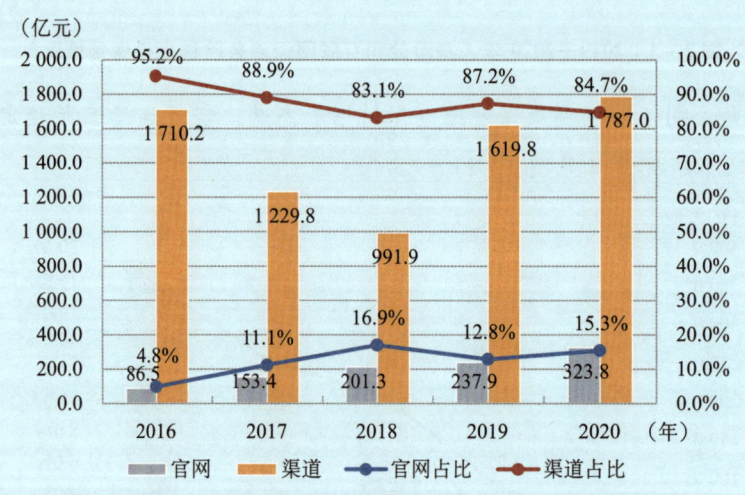

图2-6　2016—2020年人身险公司互联网保险各渠道发展变化情况

2020年，通过保险公司官网进行投保的客户数量累计达1 824.2万人次，较2019年同比增长75.6%。在官网流量（PV）方面，2020年累计达47.5亿人次，较2019年同比减少22.8%，排名第一、第二位的平安人寿和太平洋人寿官网流量均出现不同程度的下降。

> **专栏 2-11　　　　　财产险公司互联网保险发展情况**
>
> 　　2020年，互联网车险累计保费收入220.60亿元，同比下降19.64%，占比为27.65%，较2019年下降5.09个百分点；互联网非车险累计保费收入577.35亿元，同比增长2.35%，占比为72.35%。在非车险高速增长，特别是退运险、意外险等产品热销的背景下，财产险公司互联网保险整体件均保费逐年下降，从2014年的25.18元/单降至2020年的2.07元/单。此外，虽然财产险公司互联网保险业务渗透率出现下降，由2015年峰值9.12%下降至2020年的5.87%，但是互联网非车险渗透率呈现持续增长态势，从2014年的1.10%增至2020年的10.81%。
>
> 　　互联网保险第三方渠道业务占比突破70%，保险公司自营平台业务占比下降。2020年第三方①渠道累计保费收入593.23亿元，占比为74.34%，较2019年同期增加5.45个百分点，其中，通过保险专业中介机构实现累计保费收入为257.95亿元，占比为32.33%，通过第三方网络平台实现累计保费收入为335.28亿元，占比为42.02%。

（三）理顺保险代理人监管体系，加强代理人监管力度

2020年11月12日，银保监会印发《保险代理人监管规定》，将保险专业代理机构、保险兼业代理机构和个人保险代理人纳入同一部规章进行规范调整，建立了相对统一的基本监管标准和规则，涉及机构多、人员广。《保险代理人监管规定》对保险专业代理机构的要求主要有以下四方面：一是加强市场准入管理。二是加强分支机构管控。三是理顺后置审批流程。四是提升最低注册资本。《保险代理人监管规定》对保险兼业代理机构的要求主要有以下三方面：一是明确准入条件。二是完善退出机制。三是设置相应罚则。《保险代理人监管规定》首次提出了"独立个人保险代理人"概念，明确了"保险代理机构从业人员"的概念。《保险代理人监管规定》解决了保险代理人法律关系不清、监管体系不明、管理标准不统一的问题，巩固了近年来乱象治理成果，落实了保险中介市场改革中完善准入退出管理、鼓励推动变革创新、强化机构自我管控、加强监督管理等工作任务。

2020年12月29日，银保监会印发《关于发展独立个人保险代理人有关事项的通知》。作为《保险代理人监管规定》的配套性文件，《关于发展独立个人保险代理人有关事项的通知》对"建立独立个人保险代理人制度"内容进行细化和补充，主要从独立个人保险代理人定位、条件标准、行为规范、选拔机制、公司管理、监督管理等方面提出具体的监管规则，明确独立个人保险代理人不隶属团队、自主独立开展保险销售的本质特征，严格规定人员基本条件及选拔机制，着力规范人员从业行为，强调保险公司管控责任及监管部门监管责任，规定保险专业代理、保险经纪机构及其从业人员可参照执行独立个人保险代理人政策。

---

① 第三方包括第三方网络平台和专业保险中介机构。

五、保险资金运用领域监管政策

（一）统一保险资产管理产品监管标准，规范保险资产管理产品业务发展

为规范保险资产管理产品业务发展，统一保险资产管理产品监管标准，引导保险机构更好服务实体经济，有效防范金融风险，2020年3月18日，银保监会制定了《保险资产管理产品管理暂行办法》。《保险资产管理产品管理暂行办法》共八章六十六条，包括：总则，产品当事人，产品发行、存续与终止，产品投资与管理，信息披露与报告，风险管理，监督管理以及附则。主要内容包括以下六个方面：一是明确产品定位和形式。二是明确产品发行机制。三是严格规范产品运作。四是压实产品发行人责任。五是强化产品服务机构职责。六是完善产品风险管理机制。七是落实穿透监管。

《保险资产管理产品管理暂行办法》有利于规范保险资产管理产品业务发展，拓宽保险资金等长期资金的配置空间和投资渠道；有利于统一保险资产管理产品监管规则，补齐监管短板，强化事中事后监管；有利于深化金融供给侧结构性改革，发挥保险资产管理产品优势，引导长期资金参与资本市场，支持基础设施项目建设，提升服务实体经济质效。

为细化《保险资产管理产品管理暂行办法》相关规定，银保监会发布《组合类保险资产管理产品实施细则》《债权投资计划实施细则》和《股权投资计划实施细则》三个细则。《组合类保险资产管理产品实施细则》共十八条，主要内容包括明确产品登记时限、细化产品投资范围、严格规范面向合格自然人销售行为、强化事中事后监管措施等。《债权投资计划实施细则》共十八条，主要内容包括明确产品登记时限、统一基础设施和非基础设施类不动产债权投资计划的资质条件及业务管理要求、适当拓宽债权投资计划资金用途、完善信用增级等交易结构设计以及风险管理机制等。《股权投资计划实施细则》共十七条，主要内容包括明确产品登记时限、适当拓展投资资产范围、设置产品投资比例要求、明确禁止行为以及强化信息披露要求等。

上述三个细则针对不同类别保险资产管理产品的特点，对《关于规范金融机构资产管理业务的指导意见》和《保险资产管理产品管理暂行办法》有关要求做了进一步细化，有利于对三类产品实施差异化监管，有利于促进保险资产管理产品业务规范健康发展，也有利于维护资产管理行业公平良性竞争环境，更好保护投资者合法权益。

> **专栏2-12　　保险资金大类资产配置变化情况**
>
> 在监管政策的引领下，从2013年开始，银行存款占保险资金运用余额的比重呈下降趋势，其他投资比重呈上升趋势。从2013年开始，中国保监会开始按照"银行存款、债券、股票和证券投资基金、其他投资"四大类的口径公开发布保险资金大类资产配置情况。监管数据显示，2013—2017年银行存款配置占比呈单边下降趋势，由2013年的29.45%降至2017年的12.92%，2018—2019年配置占比有所回升，分别为14.85%和13.62%，2020年占比回落至11.98%；2013—2016年

债券投资配置占比呈单边下降趋势，由2013年的43.42%降至2016年的32.15%，2017—2019年配置占比保持在34%左右，2020年有所提升，至36.59%；2013—2017年其他投资占比呈单边上升趋势，由2013年的16.90%升至2017年的40.19%，2018—2020年配置占比小幅下跌，2020年底为37.67%；股票和证券投资基金的投资占比直接受资本市场表现的影响，总体呈现稳步提升态势（见图2-7）。

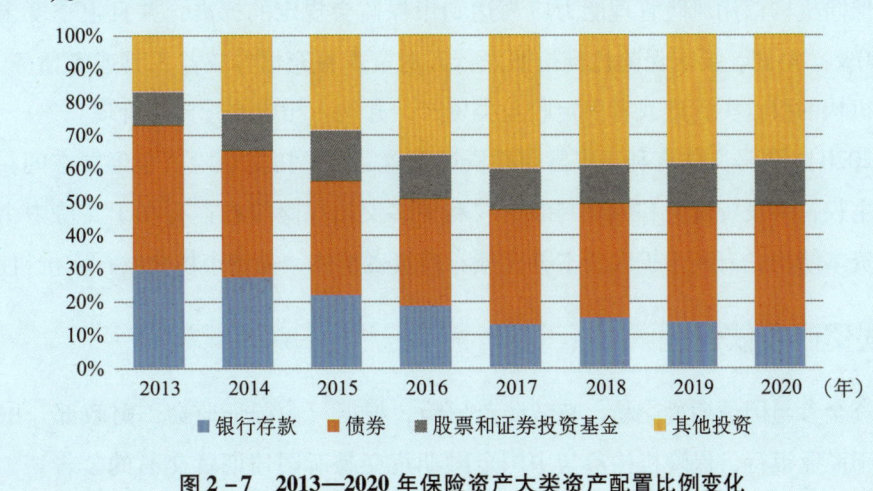

图2-7 2013—2020年保险资产大类资产配置比例变化

（二）促进市场化债转股健康发展

为促进市场化债转股健康发展，规范金融资产投资公司资产管理业务，依法保护投资者合法权益，按照《国务院关于积极稳妥降低企业杠杆率的意见》（国发〔2016〕54号）、《中国人民银行、中国银保监会、中国证监会、国家外汇管理局关于规范金融机构资产管理业务的指导意见》（银发〔2018〕106号）、《金融资产投资公司管理办法（试行）》（银保监会令2018年第4号）等相关规定，2020年4月16日，银保监会印发了《关于金融资产投资公司开展资产管理业务有关事项的通知》（银保监发〔2020〕12号）。

《关于金融资产投资公司开展资产管理业务有关事项的通知》从总体要求、资金募集、投资运作、登记托管、信息披露与报送等方面明确金融资产投资公司开展资产管理业务的有关事项。根据《关于金融资产投资公司开展资产管理业务有关事项的通知》，金融资产投资公司开展资产管理业务，是指其接受投资者委托，设立债转股投资计划并担任管理人，依照法律法规和债转股投资计划合同的约定，对受托的投资者财产进行投资和管理。债转股投资计划应当主要投资于市场化债转股资产，包括以实现市场化债转股为目的的债权、可转换债券、债转股专项债券、普通股、优先股、债转优先股等资产。

（三）拓宽银行资本补充渠道

为贯彻落实金融委相关会议精神，进一步拓宽银行资本补充渠道，扩大保险资金运用空间，银保监会对《关于保险资金投资银行资本补充债券有关事项的通知》（银保监发〔2019〕7号）进行了修订，并于2020年5月20日制定了新一版《关于保险资金投资银行资本补充债券有关事项的通知》（银保监发〔2020〕17号）。

银保监发〔2020〕17号文件主要内容包括：第一，放宽保险资金投资的资本补充债券发行人条件。取消发行人总资产不低于1万亿元，净资产不低于500亿元的要求；将发行人"核心一级资本充足率不低于8%，一级资本充足率不低于9%，资本充足率不低于11%"的要求调整为"资本充足率符合监管规定"；取消发行人外部信用等级AAA级的要求。第二，取消可投债券的外部信用等级要求。取消可投资的二级资本债券的债项评级（AAA级）和无固定期限资本债券的债项评级（AA+级）要求。第三，明确保险机构信用风险管理能力应当达到银保监会规定的标准，并且上季度末偿付能力充足率不得低于120%。第四，要求保险机构按照发行人对资本补充债券权益工具或者债务工具的分类，相应确认为保险机构的权益类资产或者固定收益类资产，并纳入相应监管比例管理。

银保监发〔2020〕17号文件有利于丰富保险资产配置品种，拓宽保险资金配置空间；有利于扩大保险机构投资自主权，将投资价值和风险判断的权利更多交给保险机构；有利于支持中小银行多渠道补充资本，优化资本结构；有利于扩大资本补充债券投资者群体，完善市场化发行定价机制。

（四）加强资产负债管理

为支持保险资金参与国债期货交易，有效防范风险，根据《中国证监会 财政部 中国人民银行 中国银保监会关于商业银行、保险机构参与中国金融期货交易所国债期货交易的公告》（证监会公告〔2020〕12号）的精神，银保监会于2020年6月23日制定《保险资金参与国债期货交易规定》，并同步修订《保险资金参与金融衍生产品交易办法》和《保险资金参与股指期货交易规定》。

《保险资金参与国债期货交易规定》共十七条，主要包括以下五个方面的内容：一是明确参与目的与期限，保险资金参与国债期货应以对冲风险为目的，不得用于投机目的。二是明确保险资金参与方式，保险资金应以资产组合形式参与并开立交易账户，实行账户、资产、交易、核算等的独立管理，严格进行风险隔离。三是规定卖出及买入合约限额，控制杠杆比例，强化流动性风险管理。四是强化操作、技术、合规风险管控。五是明确监督管理和报告有关事项。

《保险资金参与金融衍生产品交易办法》由原来的三十六条增加为三十七条。调整的内容包括以下四个方面：一是明确保险资金运用衍生品的目的，删除期限限制，具体期限根据衍生品种另行制定。二是强化资产负债管理和偿付能力导向，根据风险特征的差异，分别设定保险公司委托参与和自行参与的要求。三是新增保险资金参与衍生品交易的总杠杆率要求。四是严控内幕交易、操纵证券和利益输送等行为。

《保险资金参与股指期货交易规定》调整的内容包括以下三个方面：一是调整对冲期限、卖出及买入合约限额和流动性管理相关要求。二是明确合同权责约定，委托投资和发行资管产品应在合同或指引中列明交易目的、比例限制、估值方法、信息披露、风险控制、责任承担等事项。三是增加回溯报告，保险机构参与股指期货须每半年报告买入计划与实际执行的偏差。

《保险资金参与国债期货交易规定》的发布，进一步丰富了保险资金运用风险对冲工具，有利于保险公司加强资产负债管理，增强风险抵御能力。同时，《保险资金参与金融衍生产品交易办法》《保险资金参与股指期货交易规定》的修订，统一了监管口径，完善了保险资金参与金融衍生品交易的监管规制体系，有利于扩大保险机构的选择权，也有利于夯实保险机构履行全面风险管理的主体责任，强化风险意识，持续加强风险管理能力建设。

> **专栏 2–13　　　　　　　　　　保险资金投资收益情况**
>
> 2004—2020 年，保险资金累计实现投资收益 7.17 万亿元，平均每年实现收益超过 4 481 亿元，平均年化收益率超过 5%。从长期维度看，这样的投资收益来之不易，资产端稳定良好的投资业绩对于支持保险公司改善偿付能力、实现财务稳健和提升保险产品竞争力和保险公司利润，都发挥了重要作用。2012—2020 年保险资金运用投资收益情况如图 2–8 所示。
>
>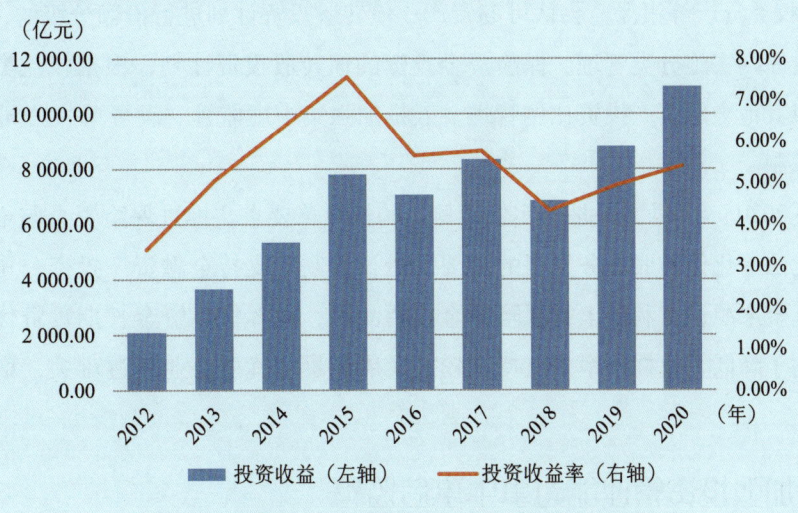
>
> 图 2–8　2012—2020 年保险资金运用投资收益情况

（五）优化权益类资产配置监管

为进一步深化保险资金运用市场化改革，引导保险资金更好服务实体经济，积极发挥保险机构作为资本市场重要机构投资者的作用，提升保险公司资金运用的自主决策空间，2020 年 7 月 17 日，银保监会制定了《关于优化保险公司权益类资产配置监管有关事项的通知》（银保监办发〔2020〕63 号）。

银保监办发〔2020〕63 号文件共有十二条，主要内容：一是设置差异化的权益类资产投资监管比例。二是强化对重点公司的监管。三是增加集中度风险监管指标。四是引导保险公司开展审慎投资和稳健投资。

银保监办发〔2020〕63 号文件的发布实施是贯彻落实党中央、国务院"六稳"要求的重要举措，对促进保险资金稳健投资和完善保险资金运用监管具有重要的积极意义，有利于进一步推进保险资金运用的市场化改革，拓宽保险资金投资的自主决策空间；有利于探索建立差异化的监管机制，提高保险资金运用监管工作的针对性、精准性和有效性，切实防范重点公司和重点品种风险；有利于引导保险公司开展价值投资、长期投资和审慎投资，为实体经济和资本市场提供更多资本性资金。

（六）支持市场化法治化债转股业务

为贯彻落实中央经济工作会议精神和政府工作报告部署，提升保险资金服务实体经济质效，优化保险资产配置结构，支持市场化、法治化债转股业务，2020年9月4日，银保监会制定了《关于保险资金投资债转股投资计划有关事项的通知》（银保监办发〔2020〕82号）。

银保监办发〔2020〕82号文件的主要内容：一是明确监管依据。保险资金投资债转股投资计划，纳入《中国保监会关于保险资金投资有关金融产品的通知》（保监发〔2012〕91号）管理。二是明确发行人条件。保险资金投资的债转股投资计划，其发行人应当公司治理良好、经营审慎稳健、具有良好的守法合规记录和较强的投资管理能力。三是明确投资范围。保险资金投资的债转股投资计划，投向市场化债转股资产原则上不低于净资产的60%，可投资的其他资产包括合同约定的存款（包括大额存单）、标准化债权类资产等银保监会认可的资产；债转股投资计划进行份额分级的，应当为优先级份额。四是按照穿透原则实施分类管理。保险资金投资的债转股投资计划，根据权益类资产的比例相应纳入权益类资产或其他金融资产投资比例管理。五是加强集中度监管。设置单一公司50%和集团合计80%的投资比例限制。

银保监办发〔2020〕82号文件是落实供给侧结构性改革要求、推进保险资金与金融资产投资公司合作、促进市场化法治化债转股业务发展的重要举措，有利于支持金融资产投资公司债转股业务，进一步拓宽债转股资金来源；有利于丰富保险资金投资品种，发挥保险资金长期投资优势，更好服务实体经济发展；有利于降低企业杠杆率，支持有较好发展前景的优质企业渡过难关，增强经济中长期发展韧性。

（七）持续加强投资管理能力事中事后监管

为持续推进简政放权，推动优化营商环境，进一步深化保险资金运用市场化改革，2020年9月30日，银保监会印发了《关于优化保险机构投资管理能力监管有关事项的通知》（银保监发〔2020〕45号）。

银保监发〔2020〕45号文件由正文和七项附件构成：正文主要规定了保险机构投资管理能力自评估、管理和信息披露的基本要求；附件对各项投资管理能力的具体建设标准进行了细化要求。一方面，优化整合保险机构投资管理能力，细化能力建设标准要求。调整后，保险机构投资管理能力共有信用风险管理能力、股票投资管理能力、股权投资管理能力、不动产投资管理能力、衍生品运用管理能力、债权投资计划产品管理能力、股权投资计划产品管理能力等七类。另一方面，进一步深化"放管服"改革，取消投资管理能力备案管理，将保险机构投资管理能力管理方式调整为公司自评估、信息披露和持续监管相结合，对信息披露的内容、形式、方式、频次等进行了明确，并规定了违规情形和责任，全面压实保险机构主体责任。

银保监发〔2020〕45号文件的发布实施是银保监会贯彻落实党中央、国务院关于深化"放管服"改革，推动优化营商环境的重要举措，是对保险机构现有投资管理能力监管框架的优化完善，对于进一步推进保险资金运用市场化改革、提高保险机构自主投资决策效率意义重大，有利于推进保险机构持续、全面强化投资管理能力建设，以及激发保险资金投资活力，更好支持实体经济和资本市场发展。

专栏 2–14　　　　　　　保险公司投资管理能力建设情况

根据银保监发〔2020〕45 号文件有关要求，截至 2021 年 3 月 31 日，110 家保险公司具备的信用风险管理、股票投资、股权投资、不动产投资和衍生品运用管理能力共计 249 项，其中 40 项为银保监发〔2020〕45 号文件发布后新增；94 家保险公司暂未具备任何投资管理能力。

从投资管理能力类型看，截至 2021 年 3 月 31 日，具备信用风险管理能力的保险公司有 75 家，其中银保监发〔2020〕45 号文件发布后新增 12 家；具备股票投资管理能力的保险公司有 33 家，其中银保监发〔2020〕45 号文件发布后新增 4 家；具备股权投资管理能力的保险公司有 85 家（包含间接股权投资管理能力 28 家），其中银保监发〔2020〕45 号文件发布后新增 15 家（包含间接股权投资管理能力 8 家）；具备不动产投资管理能力的保险公司有 52 家（包含不动产金融产品投资管理能力 7 家），其中银保监发〔2020〕45 号文件发布后新增 9 家（包含不动产金融产品投资管理能力 1 家）；具备衍生品运用管理能力的保险公司有 4 家，均为股指期货管理能力（见图 2–9）。从投资管理能力数量看，截至 2021 年 3 月 31 日，具备 5 项投资管理能力的保险公司有 1 家，具备 4 项投资管理能力的有 15 家，具备 3 项投资管理能力的有 24 家，具备 2 项投资管理能力的有 42 家，具备 1 项投资管理能力的有 28 家。

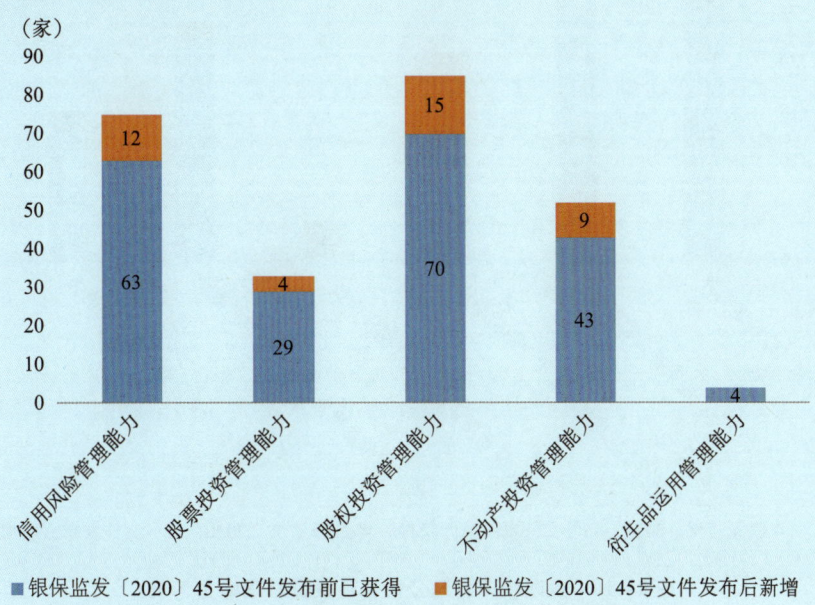

图 2–9　保险公司各项投资管理能力情况

专栏 2–15　　　　　　保险资产管理公司投资管理能力建设情况

截至 2021 年 3 月 31 日，共 28 家保险资产管理公司披露投资管理能力建设及自评估情况 121 项，其中首次披露 12 项、半年度披露 109 项。具备的信用风险管理能力、股票投资管理能力、衍生品运用管理能力（股指期货）、衍生品运用管理能力（国债期货）、债券投资计划产品管理能力、股权投资计划产品管理能力共计118项，其中12项为银保监发〔2020〕45号文件发布后新增。

从投资管理能力类型看，截至2021年3月31日，具备信用风险管理能力的保险资产管理公司有28家，其中银保监发〔2020〕45号文件发布后新增2家；具备股票投资管理能力的保险资产管理公司有26家，全部为银保监发〔2020〕45号文件发布之前获得；具备衍生品运用管理能力（股指期货）的保险资产管理公司有21家，其中银保监发〔2020〕45号文件发布后新增2家；具备衍生品运用管理能力（国债期货）的保险资产管理公司有4家，全部为银保监发〔2020〕45号文件发布后新增；具备债券投资计划产品管理能力的保险资产管理公司有24家，其中银保监发〔2020〕45号文件发布后新增2家；具备股权投资计划产品管理能力的保险资产管理公司有15家，其中银保监发〔2020〕45号文件发布后新增2家（见图2-10）。从投资管理能力数量看，截至2021年3月31日，具备6项投资管理能力的保险资产管理公司有4家，具备5项投资管理能力的有9家，具备4项投资管理能力的有8家，具备3项投资管理能力的有4家，具备2项投资管理能力的有2家，具备1项投资管理能力的有1家。

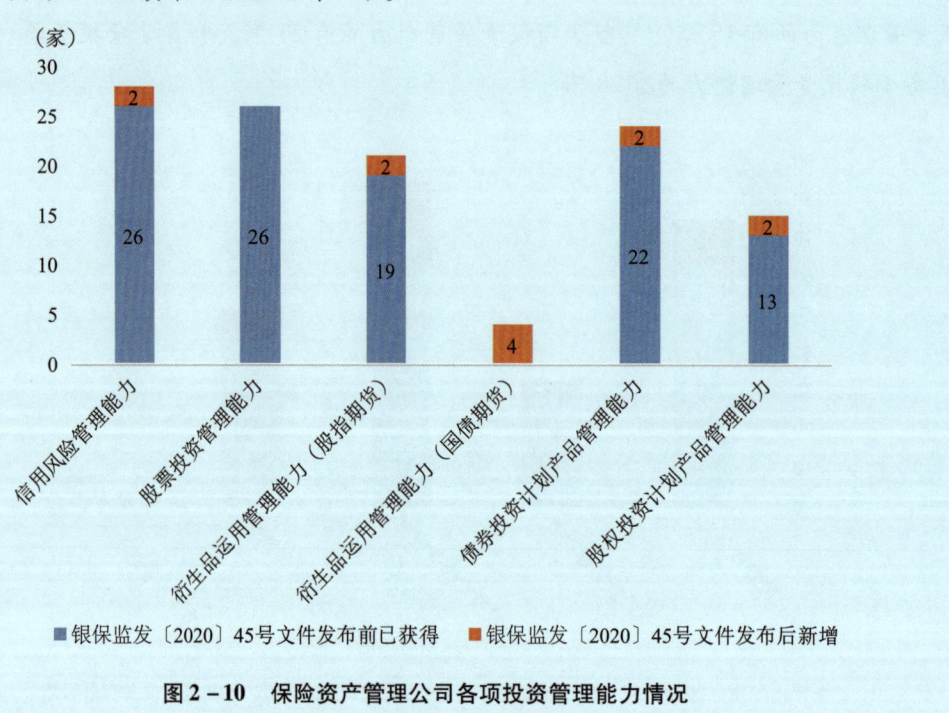

图2-10 保险资产管理公司各项投资管理能力情况

（八）规范保险资金直接投资未上市企业股权行为

为贯彻落实国务院常务会议精神，加大保险资金对实体经济股权融资支持力度，提升社会直接融资比重，2020年11月12日，银保监会制定了《关于保险资金财务性股权投资有关事项的通知》（银保监发〔2020〕54号）。

银保监发〔2020〕54号文件共十条，核心内容是取消保险资金财务性股权投资的行业限制，通过

"负面清单+正面引导"机制,提升保险资金服务实体经济能力。主要内容包括:一是明确财务性股权投资的概念,保险机构及其关联方对所投资企业不构成控制或共同控制的,即为财务性股权投资。二是取消财务性股权投资行业限于保险类企业、非保险类金融企业和与保险业务相关的养老、医疗等特定企业要求,允许保险机构自主选择投资行业范围,扩大保险资金股权投资选择面。三是建立财务性股权投资负面清单,禁止保险资金投资存在十类情形的企业,同时鼓励保险资金开展市场化、法治化债转股项目。四是明确资金性质要求,允许保险机构运用自有资金和责任准备金开展财务性股权投资。五是加强风险控制,要求保险机构承担开展财务性股权投资的主体责任,完善股权投资管理制度,加强股权投资管理能力建设,审慎开展投资运作,不得利用股权投资开展内幕交易或利益输送。六是强化监督管理,规定保险机构开展财务性股权投资应当履行有关报告义务,违反规定开展投资的,银保监会将依法采取监管措施或给予相应行政处罚。

保险资金开展的股权投资在满足行业资产配置需要、分散投资风险的同时,为战略性新兴产业等现代产业体系发展提供了长期稳定资金,促进了产业整合和优化升级。

六、金融科技领域监管政策

2020年10月21日,中国人民银行正式发布《金融科技创新应用测试规范》(JR/T 0198-2020)、《金融科技创新安全通用规范》(JR/T 0199-2020)、《金融科技创新风险监控规范》(JR/T 0120-2020)三项金融行业标准。

《金融科技创新应用测试规范》从事前公示声明、事中投诉监督、事后评价结束等全生命周期对金融科技创新监管工具的运行流程进行规范,明确声明书格式、测试流程、风控机制、评价方式等方面要求,为金融管理部门、自律组织、持牌金融机构、科技公司等开展创新测试提供依据。

《金融科技创新安全通用规范》从交易安全、服务质量、算法安全、架构安全、网络安全、业务连续性保障等方面,明确对金融科技创新相关科技产品的基础性、通用性要求,为金融科技创新应用健康上线把好安全关口。

《金融科技创新风险监控规范》明确了金融科技创新风险的监控框架、对象、流程和机制,要求采用机构报送、接口采集、自动探测、信息共享等方式实时分析创新应用运行状况,实现对潜在风险动态探测和综合评估,确保金融科技创新应用的风险总体可控。

第三章
服务实体经济情况

2020年，保险业深入贯彻落实党中央、国务院关于金融保险业改革发展的决策部署，贯彻落实银保监会《关于推动银行业和保险业高质量发展的指导意见》，增强保险保障功能。2020年，保险业在服务国家重大战略、促进"六稳""六保"、赋能实体经济，抗击疫情支持复工复产、巩固脱贫成果、助力乡村振兴、推进绿色保险发展等多方面发挥着重要作用，积极融入新发展格局，充分发挥保险保障功能，提供保险金额8 710万亿元，同比增长34.6%，赔付支出1.4万亿元，同比增长7.9%。

一、全力服务疫情防控和复工复产

面对突如其来的新冠肺炎疫情，保险业坚决贯彻习近平总书记关于疫情防控和支持复工复产的重要讲话和指示批示精神，贯彻落实党中央、国务院和银保监会、地方政府的相关通知要求，充分发挥保险保障功能，迅速响应，全力投入疫情防控和支持经济社会发展。

（一）迅速响应，把支持疫情防控作为当前最重要的工作

2020年春节，银保监会发出《关于加强银行业保险业金融服务配合做好新型冠状病毒感染的肺炎疫情防控工作的通知》。大年初二，保险业协会向全体会员单位发布了《充分发挥保险保障功能 全力支持疫情防控工作》的倡议书，全国36家省级保险行业协会第一时间转发或发布应对疫情倡议书。各公司把做好疫情防控作为最重要的工作来抓，成立以总公司"一把手"为组长的疫情防控工作领导

小组,统筹协调疫情防控。下属单位也相应成立由"一把手"任组长的疫情防控工作小组,负责各地分支机构的疫情防控工作。认真贯彻落实银保监会党委相关通知要求,坚持党员干部带头、党员干部走进一线,充分发挥基层党组织和广大党员干部在疫情防控工作的作用。

(二) 开通绿色服务通道,确保应赔尽赔、能赔快赔

各保险公司在新冠肺炎疫情发生后第一时间开通绿色服务通道,优先办理受疫情影响的出险客户,取消纸质理赔申请,利用互联网、手机 App 等开展"7×24 小时"线上理赔服务,最大限度简化流程,提高理赔效率,确保应赔尽赔、能赔快赔。与此同时,通过取消定点医院限制、自费药和诊疗项目限制、等待期限制、免保单等措施,扩展部分保险责任,将新型冠状病毒感染肺炎纳入保险理赔范围。

专栏3-1　　　　　　　　财产险公司服务疫情防控情况

财产险公司严格落实银保监会《关于做好财产保险业新型冠状病毒感染肺炎疫情保险理赔服务和保险产品开发有关工作的通知》要求,新冠肺炎疫情高峰期间,从推出新产品和扩展已有产品责任两个角度出发,财产险公司新注册涉及新冠肺炎的保险产品312件,扩展新冠肺炎的已有产品496件,产品类别覆盖短期健康险、意外险、责任险、企财险等险种,为疫情防控提供切实的风险保障。

新冠肺炎疫情期间,财产险公司积极服务民生,护航保障"菜篮子""米袋子"稳产保供,创新绿叶菜价格保险机制,加大保险力度,做到"抢种补种"农户"愿保尽保"。同时,通过向包括参与抗击新冠肺炎疫情的疾控和医务人员及家属等,免费赠送责任险、意外险、健康险等保险产品的方式,为广大抗疫人员提供风险保障,积极履行社会责任。

(三) 发挥行业优势,向一线工作人员捐赠专属保险产品

保险业充分发挥保险保障功能,迅速开发出专属保险产品,免费赠送给疫情防控的一线工作人员。赠送对象主要包括:参与抗击新冠肺炎疫情的疾控和医务人员及家属,援建火神山医院的员工及建筑工人,维护基础设施(电力)的一线工人,抗击疫情一线的警察、武警、政府工作人员、社区工作者、新闻工作者、志愿者等。根据保险业协会会员单位报送信息,截至2020年4月底,保险业向在一线参与疫情防控的各类人员捐赠专属保险产品,累计理赔18万件,累计赔付金额超过4亿元。

专栏3-2　　　　　　　　人身险公司服务疫情防控情况

人身险行业基于自身业务特点,向新冠肺炎疫情一线的医护、疾控、公务员、武警官兵、媒体记者、志愿者等捐助医疗保险,并扩展已有保险产品的责任,在抗疫过程中起到重要作用。人身险公司实施的具体措施包括开通24小时客户报案热线、开设理赔绿色通道、取消药品限制、取消诊疗项目限制、取消定点医院限制、取消等待期限制、取消免赔额、主动排查出险客户、修改部分条款将新型冠状病毒感染肺炎纳入理赔范围等。一些专业健康险公司、保险公司旗下互联网医疗平台则发挥自身特有的健康资源优势,组织医学专家,为市民、客户、员工及家属提供健康咨询和就医指导服务。

（四）拓展保险保障责任，积极服务企业复工复产

各人身险公司将多款保险产品，在原有保障责任的基础上增加感染新冠肺炎造成的医疗和伤残或身故责任，满足复工企业员工的健康保障需求，取消部分赔付限制，力争快赔。各财产险公司根据各省市的实际情况，为受疫情影响较大、涉及车险的有关行业和企业提供差异化的支持政策，对受疫情影响的制造业，交通运输、住宿餐饮、批发零售、文化旅游等行业延长责任险业务期限。初步统计，仅在湖北省境内延长车险保障期限，就惠及近700万辆机动车等。对疫情期间企业复工复产存在的各种风险，保险行业积极创新保险产品，为企业解除后顾之忧。如，人保财险、平安产险、太保产险等公司推出海南省复工复产企业疫情防控综合保险，国寿集团推出为复工复产的企事业单位员工提供风险保障的"关爱保"团体保险方案。

（五）加强出口信用保险，支持外贸企业发展

中国信保紧急出台进口预付款保险专项政策，针对疫情防控物资的进口需求，下放承保权限、放宽承保条件、简化承保流程、提高审批效率；针对世界卫生组织宣布新冠肺炎疫情构成国际关注的突发公共卫生事件，定期发布信息和操作建议，及时向客户提示风险。人保集团适当降低贸易信用险、关税保证险等险种的保险费率和最低收费，降幅最高达15%；对中小微企业允许分期缴付保险费或暂缓1—3个月缴纳保险费。

（六）发扬大爱精神，广泛开展捐款捐物等活动

在重大疫情面前，保险业充分发扬大爱精神，通过捐款捐物、专项招聘、保障防疫物质等方式，履行保险行业社会责任。根据保险业协会会员单位报送信息，截至2020年4月底，保险行业累计捐款捐物达3.76亿元。其中，通过湖北省慈善总会、武汉市慈善总会等，为疫情防控累计捐款2.75亿元；向全国各地，特别是武汉市及湖北省各地市捐赠防护服、防护镜、复用隔离服、口罩、药品、呼吸机等医用物资，折合金额为1.01亿元。

二、全方位服务脱贫攻坚战略

2020年是全面建成小康社会和打赢脱贫攻坚战的收官之年，也是收官"十三五"和布局"十四五"的关键之年。保险业充分发挥行业优势，积极创新农业险产品、探索保险扶贫模式、提升保险保障水平，深度参与脱贫攻坚工作，在助力精准脱贫扶贫方面发挥了重要作用。

（一）创新农业险产品

农业险是防范化解农业生产经营风险的重要工具，在脱贫攻坚战略中可以发挥重要作用。保险行业积极对标扶贫工作要求，聚焦贫困地区、贫困人口脱贫需求，加大农业农村扶贫产品开发和创新力度。据保险业协会会员单位交流数据，截至2020年9月底，农业险经营机构累计开发可用于扶贫的产品超过1 500个。

从农业险扶贫覆盖范围来看，从传统的种植险、养殖险、林业险全领域覆盖，拓展到小额人身保险、融资保证保险、"防贫保"等农业农村专属保险，农业险覆盖面在不断扩大。探索发展"农业保险+"等创新发展新方向，重点探索地方特色农产品保险、天气指数保险、价格指数保险、"保险+期货"、收入保险等创新领域，针对农户日益增长的风险保障需求因地制宜开展产品创新，建立了多层次农业险产品体系，险种涉及粮食、油料、牲畜、家禽、水产、蔬果、林木七类主要农业产业。

从扶贫产品标的属性来看，在积极开发基于中央补贴险种开发的农业险扶贫产品的同时，大力开发基于地方特色开发的农业险扶贫产品。当前具有地方特色的农业险产品已经近1 000个，占比超过60%。

从保险产品类型来看，从传统的物化成本保险拓展到全成本保险、价格保险、收入保险、气象指数保险和产量保险等，保障水平不断提升。大力推广粮食作物附加保额型保险产品，满足规模型生产主体的增加保障要求。积极落地小麦、玉米制种保险政策，强化对种业的保障程度。针对高标准农田重点建设区域，推广耕地地力指数保险，为"藏粮于地"政策提供了可行的保障。

专栏3-3　　　　　　　　　　农业险发展情况

2020年，农业险保费收入814.93亿元，为1.89亿户次农户提供风险保障4.13万亿元，我国农业险保费规模已经超越美国，跃居全球最大农业险市场。2020年，农业险为农村新业态发展降低风险、为现代农业产业园区提供保障、为生态环保研究贡献力量、为乡村治理能力现代化拓展新功能、为新型经营主体的快速发展提供支持。

农业险领域，科技赋能不断加强。智能感知、智能分析、智能控制等数字技术加快向农业险渗透，探索了以遥感技术为内核的"空天地"一体化的种植业精准承保理赔模式，以物联网、区块链、AI智能为内核的养殖险精准承保模式。

（二）探索保险扶贫模式

在服务脱贫攻坚战略中，保险业充分发挥精准程度高、杠杆作用大、适用范围广等行业优势，结合贫困地区、贫困人口的不同特点和资源禀赋，探索出一批符合实际、行之有效的保险扶贫模式。

一是支持地方特色产业发展模式。针对贫困地区农业生产规模化不足、竞争力不强、"有特色无品牌"等问题，积极发展农产品溯源保险、质量保险等，推动建立农产品提档升级，服务贫困地区农业转型发展。

二是深度介入产业链模式。针对农业发展涵盖产前、产中、产后的全产业链提升的需要，保险深度介入农业产业链，针对产业发展流程特点，为农业生产、加工、储运、销售等环节提供全方位的保险保障。

三是涵盖一揽子涉农保险模式。除常见的种植险等农业险产品外，建立包含农产品价格保险、人身意外伤害险、疾病健康险、贷款保证保险、家庭财产险与责任险等多类险种，可为贫困户提供全方位保障。

四是强化扶贫向防贫转变模式。针对完成脱贫任务后,工作重心将从扶贫转向防贫防返贫等方面,保险业充分发挥风险管理等行业优势,针对疾病、灾害等致贫因素推出多样性的保险产品,筑起"截流闸"和"拦水坝",从源头上有效预防贫困发生。

(三)提升保险保障水平

近年来,保险业深入贯彻落实党中央、国务院决策部署,围绕服务农业现代化和助力实施乡村振兴战略,持续推动农业险高质量发展,以扩面、增品、提标为重点,积极推动大灾保险、完全成本保险和收入保险、地方优势特色产品以奖代补试点工作,发布三大主粮成本保险行业基准纯风险损失率,制定了三大主粮成本保险示范条款,保险业服务脱贫攻坚战略的能力不断提升。

根据保险业协会会员单位交流数据,2016—2019 年,农业险累计为 9 840 万户次建档立卡贫困户、不稳定脱贫户提供风险保障 9 121 亿元,累计为 3 031 万户次受灾农户支付赔款 230.38 亿元,有力防止因灾致贫、因灾返贫。

一是保障水平显著提高。2015—2019 年,扶贫类农业险保额从 18.63 亿元增加到 1.13 万亿元,增长了 606 倍;扶贫类农业险累计为贫困地区支付赔款 47.96 亿元。

二是覆盖范围不断扩大。参保贫困户从 2015 年的 40.57 万户次,增加到 2019 年的 443.28 万户次,增长了 9.93 倍。2015—2019 年,扶贫类农业险累计为 446.25 万户次贫困户提供赔付,参保贫困户受益率由 12% 提高到 27%。

三是扶贫质量大幅提升。2015—2019 年,农业险扶贫扩面与提标并举,扶贫类农业险单位保额逐级增加,风险保障水平提升显著。中央补贴种植险扶贫平均保额由 2015 年的 18.38 元/亩,增加到 2019 年的 663.94 元/亩。

三、多层次服务民生保障建设

随着经济社会发展,人民群众的健康、养老等问题,日益成为社会关注的焦点。"十四五"规划强调,健全多层次社会保障体系,全面推进"健康中国"建设。保险业充分发挥自身经济补偿、风险管理等优势,在服务国家健康、养老等发展战略中发挥了积极作用。

(一)全力服务"健康中国"建设

2016 年,中共中央、国务院发布《"健康中国 2030"规划纲要》,指出:积极发展商业健康保险,到 2030 年,现代商业健康保险服务业进一步发展,商业健康保险赔付支出占卫生总费用比重显著提高。

近年来,保险业加快健康保险产品创新,开发了疾病险、医疗险、护理险和失能收入损失险四类商业健康保险,推出"惠民保"等普惠型产品和针对特定人群的"特药险""特病险"产品,为人民群众提供多样化、个性化的健康保障选择。根据近年来重大疾病发生特点,及时调整发布新的重大疾病定义及重大疾病经验发生率,为人民群众提供更好的重大疾病保障。积极开发与健康管理服务相关健康保险产品,探索开展健康体检、慢病管理、诊疗绿色通道等健康管理新模式。2020 年,商业健康保险保费收入 8 173 亿元,"十三五"期间年均增长 27.66%;健康险业务赔付 2 921 亿元,"十三五"期间年均增长 30.80%。2012—2020 年,我国商业健康险赔付占全国卫生总费用的比重,从 1% 上升到 4%。

> **专栏 3-4　　人身险公司发展保障型产品情况**
>
> 2020 年,人身险公司大力发展寿险(定期寿险和终身寿险等)、意外险、医疗险(报销型医疗险和赔偿型医疗险)、重疾险(定期重疾险和终身重疾险)等保障型产品。
>
> 2020 年,寿险产品中,普通寿险保费收入增长 14.41%,在人身险原保费收入中占比为 38.03%,同比增加 2.45 个百分点,取代分红寿险成为 2020 年占比最大的产品。分红寿险保费收入同比减少 6.89%,在人身险原保费收入中的占比降至 35.60%,2019 年占比为 40.93%。万能保险和投资相连保险的占比合计不到 1%。
>
> 同时,人身险行业还将健康险延伸到健康管理服务,不仅要让群众看得上病、看得起病,更要让他们少得病、不得病。人身险公司通过延长健康险的服务链条,为城乡困难群众提供公共卫生、疾病管理、健康教育等服务,提升群众的身体素质和健康意识。

(二)积极服务养老保障体系

根据第七次全国人口普查主要数据,我国 60 岁及以上人口为 2.64 亿,占总人口的 18.70%,其中 65 岁及以上人口为 1.91 亿,占总人口的 13.50%,人口老龄化程度进一步加深。人口老龄化是社会发展的重要趋势,也是今后较长一段时期我国的基本国情。

为适应人口老龄化和养老保障体系建设的需要,保险业稳步推进个人税收递延型商业养老保险试点,积极探索发展养老保障第三支柱。大力推动商业养老保险,2020 年,商业养老年金保险保费收入 712 亿元,积累超过 5 800 亿元的保险责任准备金。个人税收递延型商业养老保险试点进展平稳。截至 2020 年末,共有 23 家保险公司参与试点,19 家公司出单,累计实现保费收入 4.3 亿元,参保人数 4.9 万人。具有养老属性的商业保险已积累责任准备金约 3.3 万亿元。一些大型保险公司开始布局"保险+医养"领域,为老年人提供涵盖风险保障、财务规划、医疗诊治、养老看护等综合养老方案。

> **专栏 3-5　　保险公司参与养老第三支柱建设情况**
>
> 在当前基本养老金面临较大缺口、养老服务供给不足的情况下,保险公司发挥自身优势,推出保障型终身寿险、年金险、健康险、意外险等商业养老保险产品,为老年人提供身故、养老、疾病、医疗、意外等方面的保障,积极参与养老保险第三支柱建设,分散保险责任,缓解基本养老保险基金的压力。此外,人身险行业还面向未来,加大对医疗、养老资源的投入和整合,多管齐下构建全方位的养老金融和服务体系。

专栏 3-6　　　　　　　　　人身险公司发展"医养结合"业务

2020年,"保险+养老"成为人身险公司业务发展的重要方向。国寿、平安、泰康等人身险"头部"企业均已布局养老社区。据不完全统计,已经有10家保险机构投资了47个养老社区项目,床位数超过8.4万个。在人口老龄化背景下,人身险公司提供金融、医疗、照护为一体的综合养老服务将成为大势所趋。

(三) 全面参与基本医保经办业务

近年来,保险业充分发挥保险精算、风险管理等优势,积极经办或承办基本医保、大病保险、长期护理保险等,为提升基本医疗保障管理水平和运行效率发挥行业价值。截至2020年末,18家保险公司在全国31个省(自治区、直辖市)开展了大病保险业务,覆盖了12.2亿城乡居民(包含部分城镇职工)。大病保险制度实施以来,累计赔付5 535.88万人,全国大病患者实际报销比例在基本医保的基础上平均提升了10—15个百分点,最高报销金额为111.6万元,有效缓解了城乡居民"因病致贫""因病返贫"问题,对维护社会稳定、推动社会发展有积极意义。

深度参与长期护理保险试点工作。长期护理险试点自2016年在15个城市启动,2020年9月试点范围扩大,截至2020年底在49个城市进行了试点,覆盖近1.2亿参保人,基金收入近200亿元,累计有136万人受益。试点地区在推进长期护理保险中有力促进了护理体系的发展,近3 000家养老机构和护理机构纳入了长期护理保险的定点服务机制,同时吸收社会投资253亿元,新增相关就业岗位131万个。

四、全渠道服务社会治理体系

近年来,保险业坚持回归保险保障本源,发挥好经济"减震器"和社会"稳定器"作用,为经济社会发展提供风险保障和长期稳定资金,在服务国家治理体系和治理能力现代化中发挥了更加积极的作用。

(一) 全面服务道路交通安全和通行效率

近年来,保险业加快推进商业车险综合改革,不断提升保险保障能力。据保险业协会会员单位交流数据,2020年,全国机动车保险承保5.4亿件,同比增长8.6%;提供风险保障323.8万亿元,同比增长28.3%;已决赔款4 557.8亿元,同比增长2.5%。用市场的手段、保险的办法服务道路交通安全、化解社会矛盾,体现了保险的社会管理功能。

一是保障能力不断提升。2020年车险综合改革实施后,短期内对消费者做到"三个基本",即"价格基本上只降不升,保障基本上只增不减,服务基本上只优不差"。

二是服务效率不断提升。逐步建立"财产损失无责赔付简化处理机制""重大人伤事故提前结案处理机制""财产损失互碰自赔处理机制"和"直接向受害人支付赔款机制",运转高效,形成覆盖财产损失及人身伤亡快速理赔的完整体系,事故处理效率不断提升。

三是服务能力不断提升。电子保单、线上理赔、警保联动等新技术、新模式的不断涌现,服务人群不断扩大,不仅提升了车险理赔的速度和效率,还对打击保险欺诈、提高广大群众的幸福感和满意度起到了积极的促进作用。

四是辅助社会管理成效显著。在全国建立交强险费率与交通事故记录挂钩的浮动机制,多个省市建立酒驾与交强险费率联系浮动的制度,提高了驾驶人员的安全驾驶意识,对于降低交通事故的发生率起到积极作用。

(二)全面助力社会治理创新

充分发挥保险事前风险预防、事中风险控制、事后理赔服务等功能作用,大力发展环境污染、医疗责任、食品安全、安全生产、建筑工程、社区综合治理等领域的责任保险,用经济杠杆化解民事纠纷,为全社会治理提供风险保障。2020 年,责任保险为全社会提供风险保障 2 767.48 万亿元,比"十三五"初期提高近 30 倍。

环境污染责任保险是社会化治理制度的核心组成部分,保险机制参与环境治理和生态建设,有助于提升企业环境风险管理水平。通过开展"保险+科技+服务",已经成为保护生态文明长效工作机制的重要组成部分。据保险业协会会员单位交流数据,2020 年保险业为环境污染提供风险保额达到 5.39 万亿元。

(三)积极参与国家防灾减灾体系

我国是世界上自然灾害影响最严重的国家之一。据应急管理部发布信息,2020 年我国自然灾害共造成 1.38 亿人次受灾,直接经济损失 3 701.5 亿元。发展巨灾保险事关人民群众生命财产安全和国家长治久安。在党中央、国务院和监管部门的领导下,保险业加快发展巨灾保险。2015 年 4 月,中国城乡居民住宅地震巨灾保险共同体成立。2017 年 7 月,正式发布城乡居民住宅地震保险示范产品。建立保险业重大灾害事故应急处置机制,为 2019 年"利奇马"台风赔付 87.57 亿元,为 2020 年汛期水灾赔付 53.60 亿元,在应对 2020 年新冠肺炎疫情中发挥了积极作用。截至 2020 年底,地震巨灾保险共同体累计为全国 1 281 万户次城乡居民提供超过 5 250 亿元的巨灾风险保障。此外,广东省、浙江省宁波市等全国 15 个省市推动开展了地方性巨灾保险试点,指导行业结合地方巨灾风险特点,提供差异化、特色化、定制化风险保障。

五、为实体经济发展提供长期稳定的资金来源

保险资金具有期限长、规模大、稳定性高、投资渠道多元等独特优势,已成为推动实体经济发展、服务国家战略、服务民生建设的重要资金来源。

（一）拓宽保险资金服务领域

截至2020年末，保险资金运用余额为20.71万亿元，较"十三五"初期增长85%。保险业聚焦国家重大项目建设，充分发挥保险资金规模大、期限长、来源稳等优势，提升保险资金服务实体经济的能力。针对交通、能源、不动产以及国家重大项目建设的投入水平的不断提高，支持"一带一路"建设、长江经济带发展、京津冀协同发展的相关投资规模分别达到1.3万亿元、6 000亿元和2 500亿元。截至2020年9月，保险资金长期股权投资规模为2.2万亿元，投资额占A股市场的3.44%，占我国债券市场的6.49%。

> **专栏3-7　　　　　　　　　保险资金服务国家重大项目**
>
> "十三五"以来，保险资金聚焦创新驱动发展战略，为打好关键核心技术攻坚战、实施国家重大科技项目、提升产业链供应链现代化水平提供保险保障。如"平安—京沪高铁股权投资计划"由平安集团牵头的保险联合体进行了高达160亿元的初期投资并最终金额累计达到260亿元；"华泰—中国商飞债权投资计划"150亿元支持国产大飞机的研发；"平安养老—中集蓝鲸基础设施债权投资计划"50亿元建设超深水双钻塔潜式钻井平台等。在民生建设方面，发起设立股权、债权计划参与长租市场，通过股权类产品投向绿色环保等产业的基金规模达430亿元，投向医养健康产业的基金规模达310亿元。

> **专栏3-8　　　　　　　　　保险资金助力武汉疫后重振**
>
> 2020年12月，为充分发挥保险资金优势，助力武汉疫后重振，保险业协会组织中国人寿资产管理有限公司、人保资本投资管理有限公司、平安资产管理有限责任公司等13家保险机构，与武汉经济技术开发区、武汉临空港经济技术开发区、湖北省科技投资集团有限公司等13家地方政府和企业进行对接，签约17个项目，将在棚户区改造、保障房建设、市政基建开发、建设全国金融总部、养老社区服务、医疗健康管理等方面开展深度合作，投资总额超过500亿元。

（二）创新保险资金运用方式

"十三五"期间，保险资产管理机构通过发行普惠金融领域的专属资管产品，将保险产品的风险识别化解功能与保险资金投资运用专业技术有机结合，服务小微企业和脱贫攻坚战略。针对周期性重资产另类项目的个性化诉求，设立了永续债权投资计划、股权投资计划和资产支持专项计划等保险资管创新类产品，服务实体经济发展。

截至2020年10月末，保险资金通过债券、股票和非公开市场投资为实体经济融资18万亿元。其中，保险资产管理公司通过债权投资计划、股权投资计划等方式，直接对接"两新一重"（新型基础设施建设、新型城镇化建设和交通水利等重大工程建设）等项目的融资需求，产品累计登记（注册）规模达3.8万亿元。

第四章
发展展望

2020年,保险行业持续回归保障本源,不断优化业务结构,保持了平稳健康运行。站位新发展阶段,贯彻新发展理念,服务新发展格局,保险业发展机遇大于各种挑战,内外压力强化转型动力,在服务国家重大战略和经济社会发展、服务国家治理体系和治理能力现代化中将大有可为。

一、保险行业发展趋势判断

"十四五"时期,保险业发展既面临外部因素和自身转型的挑战,又迎来行业高质量发展的重大机遇。

当前,我国进入新发展阶段,加快推进经济社会高质量发展,经济增长速度由高速增长转为中高速。与经济社会发展相适应,自改革开放复业后,我国保险业经过了40余年的高速增长、恢复性增长,也迎来了从高速发展向高质量发展的转型关键期。从外部因素看,支撑行业高速发展的一些险种(如商业车险等)增速可能放缓;经济下行压力加大,叠加新冠肺炎疫情影响,实体经济发展承压、金融风险交织,对行业风险管理提出更高要求;受长期低利率、人口老龄化等因素影响,保险资金运用也面临较大挑战。从自身发展看,长期以来高速发展下掩盖的行业粗放式增长模式的弊病日益暴露,在监管政策加快推进行业规范发展下,产品同质化、激进式经营、"拼价格""拼人头""拼手续费"等将难以为继,部分中小保险公司经营困难,转型发展势在必行,但同时也要加强转型期的风险管控。从行业发展的重大机遇看,主要有以下五个方面:

（一）宏观经济和国家政策支持行业发展

当今世界处于百年未有之大变局，尽管新冠肺炎疫情对国民经济产生巨大冲击，但我国经济长期稳中向好的基本趋势没有改变。2020 年，我国 GDP 迈上百万亿元新台阶，同比增长 2.3%，是全球主要经济体中唯一实现正增长的经济体。我国已全面建成小康社会，正在向社会主义现代化强国迈进，这将成为未来保险行业发展的强有力支撑。

"十四五"规划和二〇三五年远景目标中 15 次提及"保险"，对农业险、三支柱养老保险和长期护理保险等方面提出了明确的建议。当前，我国积极实施乡村振兴、人口老龄化、"健康中国"、科技创新、区域发展、绿色金融、"双碳"目标等国家重大战略。党中央、国务院，以及有关国家部委在相关政策文件中，进一步明确了保险业的重要作用，为保险业长期健康发展奠定坚实基础。

（二）行业自身仍存在较大增长空间

中国保险业经过复业后 40 多年的快速发展，已经成为全球第二大保险市场，保险密度以及保险深度都较之前有较大提升，然而我国的保险密度和保险深度与世界成熟市场相比仍有较大差距。一方面，从服务国家战略层面看，我国巨灾保险、责任保险、农业险、健康养老保险等，还有较大的发展空间，有些还处在发展的起步阶段。另一方面，从服务人民生产生活看，随着居民收入增加和财富累积，以及中等收入群体的扩大，居民消费升级，生老病死、衣食住行、体育文娱等各个领域的保险服务将成为保障人民群众美好生活的必需品，保险业在着力解决不平衡、不充分的保险产品供给与人民群众日益迸发的保险需求之间矛盾的同时，也将迎来巨大的发展机遇。

（三）监管政策引领行业高质量发展

2020 年，银保监会发布《关于推动银行业和保险业高质量发展的指导意见》，明确了行业高质量发展的总体目标和具体任务。随后，银保监会出台了一系列相关领域的监管政策文件，如实施车险综合改革、规范非车财产险业务、改革和规范意健险、规范互联网保险发展、整治部分领域市场乱象、加强公司治理、防范金融风险等。这些监管政策的落地实施，将不断推动行业规范发展、高质量发展。

（四）数字化转型带来发展新机遇

通过加强保险科技应用，加快数字化转型，推进行业提质增效已经成为行业共识。另外，监管部门还就财产险线上化发展提出了明确要求。新冠肺炎疫情之下，行业加快了数字化转型步伐。大数据、人工智能、云计算、区块链等先进技术愈发成熟，为保险公司在产品研发、营销渠道、核保理赔、经营管理、风险管理等方面运用科技赋能，提供了新的发展机遇，也将进一步推进行业增强保障水平、提升服务能力、节省经营成本。

（五）对外开放将进一步激发市场活力

尽管受到新冠肺炎疫情影响，我国仍坚持全方位对外开放，推动国内国际双循环发展格局。保险业在金融业中对外开放的时间最早、力度最大。保险行业先后放开人身险公司外资持股比例、放开外资经营保险代理业务和保险公估业务、放开外资保险经纪公司经营范围、批准设立首家外资独资保险控股公司和外资独资寿险公司。进一步扩大对外开放将吸引更多优质外资保险机构进入中国市场，带来先进的经营理念，扩大保险产品和服务的有效供给，进一步激发市场活力。

二、财产险行业发展展望

2020年，车险综合改革落地实施，车险保费出现负增长。非车险业务快速发展，但产品创新总体不足，部分领域竞争激烈。粗放式的经营模式依然存在，行业综合成本率较高，部分中小财产险公司转型困难较大。承保业务的风险、跨行业的金融风险、自身转型的风险等交织，风险管理的能力需要不断加强。

"十四五"时期，随着新冠肺炎疫情逐步得到控制，经济增长新旧动能加快转换，现代保险监管体系不断健全，财产险行业将继续保持较快发展速度，转型升级步伐持续加快，服务国家重大战略和国家治理体系的能力不断提升。

（一）为国家重大战略构建风险保障

围绕以"新基建"为代表的先进制造业和现代化产业体系，进一步发挥企财险、工程险、责任险、意外险的保险保障作用，防范化解实体经济面临的风险，为国家重大项目和实体经济稳定运行提供配套的风险保障综合解决方案和金融服务。针对重点领域和薄弱环节，中小微企业融资难和融资贵等问题，充分发挥保险保障和增信功能，服务实体经济发展。

车险业务方面，随着市场化条款费率形成机制的逐步建立，变革有望进一步推动财产险公司优化业务结构、提升服务质量，通过转型升级，实现动能转换，对未来车险行业将产生较为深远的影响；非车险业务方面，大力规范整治重点业务，同时进一步明确农业险业务的经营条件和改善农业险再保风险分摊机制。

（二）为人民生产生活提供高质量保险服务

围绕客户重体验、重服务的需求，保险公司将在理赔支付的基础上，拓展"产品+服务"生态圈，为客户提供更加便捷和高质量的保险体验。

一是优化车险服务体验。车险综合改革已经明确了相关各项车险服务，部分公司已经在实践中建立了服务采购、客户分发、提供服务、反馈建议等闭环流程。二是拓宽健康险服务领域。保险公司将以客户为中心，立足于客户群特征和关键需求，深入挖掘痛点、断点和阻点，提供健康管理服务，包括门诊挂号、专家会诊、资金垫付等。三是家居生活服务领域。大力发展家庭财产保险、宠物保险、文化体育、旅游等保险，与家居服务、文化消费结合起来，充分发挥保障与服务的良性互动作用。

（三）在实现"双碳"目标中发挥保险功能

保险业持续推进绿色保险创新与发展，一方面，以碳达峰、碳中和目标为出发点整合创新保险产品，大力发展环境责任保险、巨灾保险、农业险等，积极为新能源供应、新能源产业等提供全面的风险保障；另一方面，创新服务模式积极引入科技手段，提升相关产业客户的风控能力，引导资金等其他金融工具向绿色产业倾斜，最终助力实现碳达峰、碳中和目标。

从碳达峰、碳中和战略带来的广阔空间来看，绿色保险将大有可为，丰富保障类型、扩大保障范围、拓宽服务领域，在加快助推经济社会绿色低碳发展、加强气候及环境风险管理、服务高质量发展中发挥着越来越重要的作用。在提供保险保障的同时，创新"保险+服务""保险+科技"等模式，形成风险预警、防灾减损、快处快赔等全流程风险管理服务通道，构建多场景、全方位的绿色保险产品和服务体系。

三、人身险行业发展展望

2020年，在新冠肺炎疫情等因素的影响下，人身险行业产品营销受困，代理人产能整体下降、人员流失比较严重。健康险发展速度放缓，保险赔付支出增加。产品创新和服务创新存在不足，同质化竞争加剧。保险服务能力与消费者预期存在差异，个别互联网平台不规范发展、"退保黑产"等现象，影响了行业健康发展。

"十四五"时期，人身险行业将面临重大发展机遇。

（一）商业养老险面临巨大发展空间

"十四五"规划明确提出，发展多层次、多支柱养老保险体系，健全重大疾病医疗保险和救助制度，稳步建立长期护理保险制度，积极发展商业医疗保险。

在人口老龄化背景下，养老保险第一支柱将面临较大压力，第二、第三支柱将发挥越来越重要的作用，养老险、长期护理险等商业保险将面临巨大的需求空间。人身险公司可以通过积极参与第三支柱养老保险，开发可支持长期化、年金化、定制化领取的保险产品和服务，有效满足企业年金、职业年金参加人员和其他金融产品消费者的养老金领取需求。

（二）保险与大健康将深度融合

人身险公司通过自建、参股、战略合作、并购等方式进入医疗服务和健康管理领域，与大健康产业深度融合，从提供直接的理赔服务转向提供全周期健康管理方案，从"病后赔付"到"提前预防"，积极构筑健康生态，延展保险服务内涵。

随着大数据技术的发展，以全流程多场景为特点的大健康管理模式将进一步盛行。保险的金融属性将为大健康发展提供持续的金融和客户资源，更快地建立大健康产业发展所需的软硬件基础设施，吸引外部投资者，促进大健康产业的可持续发展。

（三）科技赋能带来全新机遇

随着大数据、人工智能、云计算、区块链等先进技术越发成熟，人身险公司迎来新的发展机遇。

在产品开发方面，应用大数据助力产品研发，可以更准确地进行用户画像，生成用户洞察，针对特定场景和消费者需求推出合适的保险产品，满足消费者个性化需求，提升服务体验。

在市场营销方面，面对新冠肺炎疫情防控，可以大力发展线上营销渠道，整合前端的流量入口和后端保险生态资源，加强监管合规，改善用户体验。

在健康险领域，人身险公司可以通过医疗数据共享，实现健康险产品的精准开发及业务的风险管理。通过大数据技术，实现更加精准的产品定价，切实为消费者的健康保驾护航。

在风险管理方面，人身险公司可以应用大数据和区块链技术防范保险欺诈，也可以通过构建更加先进的风险分析模型，基于实时数据进行情景分析，加强风险监测。

（四）对外开放激发市场活力

近年来，我国先后放开人身险公司外资持股比例、放开外资经营保险代理业务和保险公估业务、放开外资保险经纪公司经营范围、批准设立首家外资独资保险控股公司和外资独资寿险公司。截至2020年底，外资在人身险市场的份额已经达到10.03%，呈稳步上行趋势。

进一步扩大对外开放将吸引更多优质外资保险机构进入中国市场，带来先进的经营理念，凭借其境外母公司在研发、人才和技术等方面的优势，扩大保险产品和服务的有效供给，进一步激发市场活力。

除了与"走进来"的外资加强合作，人身险公司也将积极"走出去"，提升金融服务水平和国际竞争力，借鉴采纳相关国际准则。围绕国家"一带一路"倡议，在境外中资企业集中地有序发展，同时加强对反洗钱、反恐怖融资、反逃税、反腐败等重点领域的合规管理。

四、保险中介渠道发展展望

2020年，保险中介渠道经受了新冠肺炎疫情的严重考验，渠道保费收入实现了稳步增长，对整个保险行业的持续发展发挥了重要的作用，但渠道自身还存在一些问题，主要包括专业服务能力不强，中介从业人员整体素质有待进一步提高，具有良好职业操守和专业素养人才比较缺乏，渠道发展模式较为粗放，经营行为存在短期化现象，风险管理的专业职能发挥有限等。

"十四五"时期，在市场机制和监管政策的共同推动下，保险中介市场将加快高质量发展。

（一）中介市场加快规范健康发展

2020年，银保监会先后发布《保险代理人监管规定》《保险中介机构信息化工作监管办法》等一系列规章办法，促进了保险中介监管法律制度体系协调统一，深化保险中介市场改革，有助于规范保险中介机构信息化工作、提高保险中介机构经营管理水平，不断推动保险中介行业高质量发展。

《互联网保险业务监管办法》的出台有力支持了保险科技和互联网保险业务发展，对规范中介互联网业务、减少企业违规风险、促进渠道回归保险本源起到积极推动和引导作用，为保险中介行业带来新的机遇。

2020年底，银保监会出台《关于发展独立个人保险代理人有关事项的通知》，切实引导转变保险营销发展模式，助力保险机构建设专业化、职业化和稳定化的销售人员队伍，为营销体制改革创新提供了制度基础与政策依据。

（二）科技创新提升中介市场效率

当前互联网、人工智能、大数据等科技手段越来越多应用于行业，对保险业态的改变也越来越显著。尤其是新冠肺炎疫情发生以来，保险业借助科技手段积极创新。

一方面，升级改造线上服务工具，在个人代理人渠道辅助一线提升作业效率，优化客户体验，提高公司在人员筛选和培育方面的水平和效率。银保业务开始运用数据分析、用户画像等技术推进精准营销，打通网站、微信、App等服务平台，提升服务效率和质量。专业中介公司逐步推动线上化客户服务，推进内部运营线上化转型，运用科技手段实现营销与理赔等在线服务。

另一方面，互联网保险渠道与中介渠道在融合发展，个人代理人通过互联网丰富获客来源，互联网借助代理人专业优势提高用户的转化率和黏性，传统银保业务也呈现"线下转线上，网点转线上"的明显趋势等。

（三）市场竞争加速中介市场转型升级

保险消费者在不断成熟，对于保险的理解也不再简单等同于某个保险产品，已逐步开始从全生命周期的风险管理和财务规划角度看待保险服务，这也倒逼中介渠道逐步转型为以服务客户风险保障需求、提升客户价值为主导的可持续发展模式，实现行业服务能力不断优质化。

保险专业中介机构可以依托第三方集合平台在未来家庭保险配置方面发挥专业和综合优势；个人代理人渠道充分发挥自身与消费者"面对面"沟通交流的优势，专注于向消费者提供复杂全面的保险保障和终生财务规划，满足消费者对综合金融服务的多样化需求。同时，发展压力的加大，促使保险机构提升精细化经营和销售团队治理能力，加强和完善中介渠道从人才遴选、能力培养到职业规划全流程的选人育人用人机制，提升队伍服务水平和专业技能。

五、保险资金运用展望

当前，保险资金运用面临一些挑战。例如，长端名义利率持续下行带来的利差损、应对气候变化导致传统能源行业资产价格下调、人口老龄化可能诱发投资需求下降。同时，权益市场大幅波动，非标领域"优质资产荒"，部分企业信用风险上升，行业保费增速放缓，也在考验保险资金投资能力。

"十四五"时期，贯彻落实"十四五"规划，服务双循环新格局，服务国家重大战略，服务"双碳"目标，保险资金运用面临发展新机遇。

（一）积极参与另类等非传统领域的投资

人口结构的变化、低利率背景下保险资金需要增加权益投资、另类投资，其投资品种期限较长，一般都会跨越经济周期，能够较好地符合保险资金追求长期稳定收益的诉求。在"后疫情"时代，要关注实质性信用风险，顺应政策导向，重点开发以"新基建"为投资方向的资产管理产品；加大创新力度，灵活运用永续型产品、供应链金融产品等满足企业的多元化融资需求，丰富保险资产管理机构另类产品的配置选择。

在国家大力推动养老、健康服务产业发展的背景下，"大健康"领域资金需求量大、投资回报期长，恰与寿险资金的特点相契合。同时，通过投资市场广阔的"大健康"领域，整合养老和健康产业链，促进保险公司不断增强产品创新能力和综合服务能力，为客户提供"一站式"服务。

（二）探索 ESG 投资

绿色可持续投资不仅是一种社会责任的体现，也是一项可持续性的和具备长期价值的投资活动。新冠肺炎疫情加速了环境、社会、公司治理（ESG）投资的趋势。新冠肺炎疫情使人们更加关注健康和安全，当投资者努力甄别最能经受此次疫情冲击的企业时，ESG 策略以及其对"黑天鹅"事件的充足准备受到了前所未有的关注。同时，疫情下 ESG 主题投资回报远超上证综合指数，尽管市场持续动荡，在美国上市的 ESG 相关基金仍录得创纪录的资金流入。

（三）深度参与财富管理市场

《保险资产管理产品管理暂行办法》明确了保险资产管理定位，拓宽了保险资产管理业务范围和投资者范围，尤其是将投资者范围拓展到了个人合格投资者，为保险资产管理机构业务逐步扩展到财富管理业务提供了政策环境。

当前我国居民金融总资产已达到 160 万亿元，其中 90 多万亿元为银行存款，而且绝大多数低于一年期限。未来保险资产管理将在加强管理长久期资金的能力、绝对收益获取能力、大类资产配置能力、另类投资和股权投资能力方面继续发力，深度参与财富管理市场。

同时，基本养老金和企业年金稳定增长，职业年金成为养老金业务的"新蓝海"，第三支柱有待启动。银保监会正在推动的四大养老金融产品的试点，第三支柱建设过程中，投资咨询和投资顾问将有较大发展，这对于养老保险公司、养老金管理公司、保险资产管理公司都是重要的能力输出途径。

专题报告

一、保险业统筹推进疫情防控和支持经济社会发展情况的报告

新冠肺炎疫情暴发以来，保险业坚决贯彻习近平总书记关于疫情防控和支持复工复产的重要讲话和指示批示精神，贯彻落实党中央、国务院和银保监会、地方政府的相关通知要求，充分发挥保险保障功能，迅速响应，全力投入疫情防控和支持经济社会发展，向全社会彰显保险业的行业价值和社会责任。

（一）迅速响应，全力支持疫情防控工作

保险业积极落实疫情防控要求，开辟绿色服务通道，捐赠专属保险保障，开展捐款捐物活动，强化疫情防控物资保障，积极履行社会责任，取得阶段性成效。

1. 开通绿色服务通道，确保疫情期间应赔尽赔、能赔快赔

新冠肺炎疫情发生后，及时、便捷的保险赔付是全社会对保险业的首要期待。各保险公司在疫情发生后第一时间开通绿色服务通道，采取多项措施，确保应赔尽赔、能赔快赔。一是主动排查客户、及时提供服务。积极与卫生防疫部门沟通，主动排查出险客户，第一时间取得联系。为客户提供全天候多形式报案渠道、专人辅助服务和全程指导。二是开通绿色通道、缩短理赔时间。优先办理受疫情影响的出险客户，取消纸质理赔申请，利用互联网、手机 App 等开展"7×24 小时"线上理赔服务，

最大限度简化流程，提高理赔效率。三是扩大理赔范围、放宽赔付标准。采取取消定点医院限制、自费药和诊疗项目限制、等待期限制、免保单等措施，扩展部分保险责任，将新型冠状病毒感染肺炎纳入理赔范围。四是开展特案预赔服务。采用预付保险金等方式，结合实际调整经营规划，加强现金流预测管理，确保满期给付和理赔资金充足，为出险客户提供及时的资金支持。五是加强非接触远程服务。实行非接触远程服务模式，覆盖呼入、呼出和微信在线服务等。普遍采用远程线上视频查勘收集资料，并采用电子化方式开展新单犹豫期回访，确保各项服务及时有效不间断。

2. 捐赠专属保险产品，为一线疫情防控工作人员提供专属保障

广大一线医护工作者、后勤保障人员等舍小家、为大家，为打赢疫情防控攻坚战承担了风险。保险业充分发挥保险保障功能，迅速开发出专属保险产品，免费赠送给疫情防控的一线工作人员。赠送对象主要包括参与抗击新冠肺炎疫情的疾控和医务人员及家属，援建火神山医院的员工及建筑工人，维护基础设施（电力）的一线工人，抗击疫情一线的警察、武警、政府工作人员、社区工作者、新闻工作者、武汉爱心车队司机、志愿者等。专属保险产品的保障具有范围广、内容多样等特点，涵盖意外、失能、疾病等保险责任。既包含因感染新冠肺炎导致的身故、残疾、医疗等赔偿责任，也包含如免费为因感染肺炎导致身故的援助人员子女提供教育金，减轻一线抗疫人员的后顾之忧。

保险公司先后与湖北省各地卫健委、武汉市政府、武汉市慈善总会等机构签署承保协议，统一为在湖北及武汉地区抗击疫情的一线医护人员（含外地援鄂人员）捐赠保险，保障责任涵盖因罹患新冠肺炎导致的身故、残疾、重疾、住院津贴等多项责任。截至 2020 年 4 月 10 日，保险业向在一线参与疫情防控的各类人员捐赠专属保险产品累计理赔 176 739 件，累计赔付金额 3.472 亿元。

3. 发挥行业资源优势，直接参与一线疫情防控

2020 年 2 月初，武汉抗疫进入最关键阶段，医疗救治资源最为紧缺，泰康集团主动请战，将投资 40 亿元、原计划 2020 年 4 月开业的泰康同济（武汉）医院投入抗疫。经中央领导批准，2 月 14 日该医院被正式确定为参照火神山医院模式运行的新冠肺炎救治定点医院，由军队支援承担确诊患者医疗救治任务。泰康同济（武汉）医院累计投入 200 张轻症和 860 张重症床位，截至 4 月 5 日，医院已累计收治 2 060 人，收治量仅次于火神山医院与金银潭医院，收治患者病死率在全市最低，全体医护人员零感染。长江财险作为总部设在武汉的保险公司，专门成立由共产党员组成的抗击新冠肺炎疫情突击队、预备队，根据湖北省国资委部署，安排各队队员到本人居住地所在社区报到，听从社区统一安排，帮助社区做好疫情防控工作。

4. 开展捐款捐物等活动，彰显保险行业社会责任

一方有难、八方支援，是中华民族的传统美德。保险业作为一个管理风险、解难济困的行业，在疫情面前，充分发扬大爱精神，通过捐款捐物、专项招聘、保障防疫物质等方式，履行保险行业社会责任。

一是踊跃捐款捐物。根据保险业协会会员单位报送信息，截至 4 月 10 日，保险行业累计捐款捐物达3.76亿元。其中，通过湖北省慈善总会、武汉市慈善总会等，为疫情防控累计捐款2.75亿元；向全国各地，特别是武汉及湖北各地捐赠防护服、防护镜、复用隔离服、口罩、药品、呼吸机等医用物资，折合1.01亿元。二是组织专项招聘。为贯彻党中央、国务院关于"稳就业"有关精神，保险业协会在山东、江西、四川三省联合多家高校及地方协会组织开展面向2020届大学毕业生的保险专场线上招聘活动，提供就业岗位3 000余个。三是强化抗疫物质保障。财险公司利用分支机构触及面广的特点，主动对接全国口罩、防护服、呼吸机等重要医用物资和生活物资生产、运输骨干企业保险需求，提供费率优惠和优质保险服务。

5. 加强自身疫情防控，保障保险服务顺畅

随着疫情防控工作逐步向好态势不断巩固，保险业认真落实党中央、国务院、银保监会和地方政府的相关工作要求，基本上采用"轮岗制+远程办公"模式，稳步推进员工复工，保障保险服务顺畅。根据保险业协会会员单位调研情况，截至2020年3月中旬，82家财产险公司（含3家再保险公司）实际复工率达到98.44%，其中在职场办公的复工率达到63.36%；84家人身险公司的实际复工率基本接近100%，其中在职场办公的复工率50%（含）以上的公司达到46家。

（二）加强创新，积极服务企业复工复产

在助力疫情防控的同时，保险业充分发挥保险保障功能，通过开发专属产品、拓展保障责任、推出增值服务、提供资金支持等方式，强化保险服务，积极服务企业复工复产，推动重大项目开工建设，加强民营小微企业帮扶力度，加大外贸企业支持，取得阶段性成效。

1. 开发专属保险产品

针对疫情期间企业复工复产存在的各种风险，保险行业积极创新保险产品，为企业解除后顾之忧。截至2020年4月10日，财险公司新注册涉及新冠病毒感染肺炎的保险产品312件，产品类别包括短期健康险、意外险、责任险、企业财产险等险种。一是开发针对企业的专属保险产品。例如：人保财险、平安产险、太保产险等公司作为主承保人，推出海南复工复产企业疫情防控综合保。二是开发针对员工的专属保险产品。例如：国寿集团推出"关爱保"团体保险方案，在方案中增加了新冠肺炎保障责任，交费在基准费率基础上降幅超过80%，为26万人提供风险保障530.43亿元。三是支持特殊行业复工复产。例如：国寿财险湖北分公司服务疫情防控必需、公共事业运行必需、群众生活必需及其他涉及重要国计民生的四类"停不得"企业复工复产，对已参保或即将参保安全生产责任保险的企业免费扩展保险责任、开通绿色通道、简化理赔流程，缓解企业由于疫情所致的各种不可抗拒的风险。

2. 拓宽保险保障责任

一是拓宽意健险保障责任。在原有意外险产品基础上新增感染新冠病毒后身故或致残的赔付责任，同时取消30天观察期、取消免赔额、提前预付赔款、取消医院级别限制，力争快赔。二是拓宽车险保障服务。各财产险公司根据各省市的实际情况，因地制宜制定了给予因疫情影响的有关物流企业和营

业性车辆等不见费出单、停驶顺延等车险政策支持实施细则，对受疫情影响较大、涉及车险的有关行业和企业提供差异化的支持政策。三是延长各类企业财产险责任险业务期限。浙江省等地保险企业，对受疫情影响的制造业、交通运输、住宿餐饮、批发零售、文化旅游等行业相关企业投保的企财险、雇主责任险、承运人责任险、食品安全责任险、公众责任险等险种，根据实际情况延长保险期限；对因疫情停办的各类节日仪式、文艺演出、体育比赛等公众活动，相关险种给予退保。

3. 支持重大项目建设

一是支持重点防疫项目。国寿集团通过信托计划向湖北抗疫"主战场"企业提供30亿元信托贷款，向参与火神山、雷神山医院建设的企业投资40亿元。二是支持铁路建设。平安养老为支持湖北宜昌紫云地方铁路项目建设，注册"平安养老—湖北交投紫云铁路基础设施债权投资计划"，拟投资规模14.62亿元，为奋战在抗疫一线的当地企业提供资金支持。三是支持能源项目。平安资管为支持湖北某能源项目建设，利用线上评审、移动审批，完成10亿元的某能源集团债权投资计划和2亿元的某普惠金融项目顺利募集缴款，及时为相关企业提供应急资金支持。四是支持生态建设。人保财险积极对接三峡集团，为位于武汉蔡甸区、新洲区和东湖高新区的"长江大保护"3个项目开工建设提供风险保障。该项目总投资达75.9亿元，是三峡集团新增"长江大保护"195个项目中的一部分。五是支持春耕备耕。人保财险顺应春季农业生产需要，强化农险科技支撑作用，大力推广应用农业险"天空地"一体化服务体系，通过输出线上化、智能化、数字化、专业化的农险解决方案，切实保障农险服务质量和时效。

4. 帮扶民营小微企业

一是为小微企业赠送专属保险。人保健康向3 000万人免费赠送每人10万元"新冠病毒肺炎特别保险保障"，为投保客户复工免除后顾之忧。二是开发小微企业综合保障。宁波推出全国首个专门帮扶小微企业的政策性复工防疫保险，政府补贴50%的保费，为5 000家小微企业提供风险保障5亿元。三是实施小微企业缓交保费政策。平安产险推出小微企业客户缓交续保保费的新举措，保险止期为2020年1月1日至5月31日的小微企业客户，可以办理保费缓交。投保地址在湖北省外，最长可缓交续保保费1个月；投保地址在湖北省内，最长可缓交续保保费3个月。四是推出营业中断险。大地保险在营业中断险的基础上，推出了"企福保"系列产品，为超过5 210家中小微企业提供31.62亿元的保险保障，助力中小微企业复工复产。五是为小微企业融资提供支持。太保集团第一时间提供自助保单贷款服务，支持复工复产资金融通，为44万人次的客户提供申请保单质押贷款金额为207亿元。六是为小微企业减免租金。国寿集团积极支持中小微企业发展，累计为中小微企业减免租金约900万元，延缓收取租金约1 083万元。

5. 加大外贸企业支持

一是加强出口信用保险。中国信保紧急出台进口预付款保险专项政策，针对疫情防控物资的进口需求，下放承保权限、放宽承保条件、简化承保流程、提高审批效率；针对世界卫生组织宣布新冠肺炎疫情构成国际关注的突发公共卫生事件，定期发布信息和操作建议，及时向客户提示风险；指导企业排查在手订单、关注履约风险、留存必要证据，保护理赔、追偿权益。二是助力全球疫情防控。泰康集团联合多家企业开启"全球援助计划"，从泰康大健康生态体系内多方筹措物资，通过泰康溢彩公益基金会向疫情严重的韩国、伊朗、意大利、德国等，捐赠防疫物资超700万元，同时组织动员医疗人员对滞留海外的留学生提供远程医疗支持。三是支持海外项目复工复产。为帮助江西"走出去"企业海外项目有序复工复产，人保财险联合江西省商务厅免费为全省"走出去"企业海外项目中方人员投保新冠肺炎传染病保险，预计为全省 17 000 名海外项目中方人员提供 3.57 亿元保险保障。

（三）主要经验体会

1. 回归本源是行业安身立命之本

疫情期间，保险业充分发挥杠杆作用和风险保障功能，为一线抗疫人员赠送风险保障，为广大保险客户提供及时、便利的保险服务，为企业复工复产解除后顾之忧，体现了保险业的社会价值和行业优势，进一步提升了行业的社会形象。这也进一步证实了保险保障是行业的根本价值和立身之本。为此，保险业只有不断强化保险保障功能，围绕为政府、企业和个人需要，提供更全面、更丰富、更高保障的保险产品和服务，才能不断推进转型升级和高质量发展。

2. 改革创新是行业发展的迫切需要

疫情期间，保险业开发了各种特色的专属保险产品，开展了各种各样的增值服务，为行业进一步加强产品创新、坚持"以客户为中心"的服务提供有益的借鉴和思考。进一步推进保险业高质量发展，需要不断推进改革创新，加强行业基础建设，努力优化产品供给，建立更加科学合理的风险定价体系，提升承保和理赔的服务效率和水平，充分满足各类市场主体对风险管理的多元化需求，提升行业整体从业人员的专业能力。只有这样，保险业才能从容应对各种风险，实现高质量、可持续发展。

3. 科技赋能是行业转型升级的重要方向

此次疫情既让科技赋能的重要作用愈发凸显，也是倒逼保险业加快数字化转型的重要契机。保险企业一是做好传统销售队伍转型升级。转变传统销售模式，促进个人自展，线上展业，推动队伍管理、培训数字化等管理方式转变。二是强化科技支撑。提升经营管理数字化水平，加快服务、风控等领域数字化转型节奏。三是加强模式创新。面对疫情带来的远程医疗健康管理、国家治理体系等领域的机遇，继续加快推进健康险、治理保险等领域的科技创新，积极推进探索"保险＋科技＋服务"模式。

4. 监管统领的联动机制是应对重大风险的组织保障

面对新冠肺炎疫情这种重大突发公共卫生事件，保险业能够调动全行业力量，迅速、高效、精准、有力地为疫情防控和复工复产提供风险保障，也在于监管部门的统领，包括监管部门、协会、公司的全行业应对重大风险联动机制发挥了重要作用。重大突发事件是低频和高风险事件，当前需要立足脚下、着手长远，在监管部门的领导下，不断健全完善现有的、日常的行业联系沟通机制，建立应对重大风险预案，畅通沟通渠道，提高沟通效率，从容应对风险挑战。

5. 行业协会是应对风险和稳定市场的重要力量

疫情发生后，保险业协会和全国各省级保险协会第一时间发布倡议书，为会员单位服务疫情防控工作提供了可操作的指导性建议。为维护疫情期间市场经营秩序，各行业协会密切关注市场动态，制定疫情期间自律规范。保险业协会发挥财产保险注册产品自律机制重要作用，及时对疫情期间噱头炒作或违反政策规定的产品提出自律建议，维护了市场秩序。各行业协会不断健全车险自律约束机制，加强同业监管和协会巡查，增强市场透明度，推动各地保险机构合理制定机构绩效考核指标，促进了市场稳定。

当前，我国疫情防控阶段性成效进一步巩固，复工复产取得重要进展，经济社会运行秩序加快恢复。下一步，保险业将继续强化"四个意识"、增强"四个自信"、做到"两个维护"，坚决把思想和行动统一到习近平总书记重要讲话精神和党中央决策部署上来，贯彻落实银保监会各项决策部署，增强忧患意识，强化保障功能，勇担社会责任，全力服务大局。

（四）政策建议

对保险业来说，疫情给业务增速带来的冲击是暂时的，但对产品服务创新、商业模式变革、群众保障需求、行业社会定位等的影响是深远的，由此催生或显化了一些体制机制层面的改革需求，都离不开政策层面的支持。为此，提出以下建议：

1. 构建突发公共卫生事件巨灾保险机制

新冠肺炎疫情这样大范围的病毒感染，造成的经济、社会、人力等损失非常大，属于发生概率低、损失程度高的巨灾风险事件。从中央到地方各级政府为疫情防控需要及时筹措巨额资金，从而对财政预算刚性和平衡造成冲击。建议由银保监会牵头，推动构建我国突发公共卫生事件巨灾保险机制，与政府部门合作探索"保险+社会管理"机制，以湖北武汉为试点探索开发重大疾病巨灾指数保险，建立包括基础保障、商业保险、再保支持、资本市场联动、政府兜底的多层次的社会联防联动机制，助力国家公共卫生应急管理体系。

2. 以更大力度发展高质量商业健康保险

生命健康是人民群众最基本的生存需求，疫情直接损害人民群众的生命安全和身体健康，而商业健康保险有助于帮助群众更快更好获取医疗健康服务。疫情期间，商业健康保险的逆势强劲增长就是突出例证。但是，目前商业健康保险发展仍存在两大瓶颈：一是税优健康险优惠力度不足；二是健康数据信息割裂严重。建议由银保监会牵头，与财政、社保等部门沟通，扩大税优产品种类，提高税收优惠力度，以增强群众购买力、提升健康保障水平；与卫生健康主管部门对接，打通保险业与医疗健康机构之间的数据壁垒，建立起医保联动的数据共享机制，更好发挥健康保险保障功能。

3. 深入推进保险行业自身市场化改革

疫情期间，保险业虽然积极履行社会责任，但自身风险管理能力、服务保障能力与社会需要，特别是重大风险事件考验要求还存在不适应的情况，根源在于我国保险业发展水平还处于初级阶段，有待进一步推进市场化改革。一是加强保险业基础信息平台建设，在风险事件的事前预防和事中管理上发挥更大作用，为政府决策提供更科学的依据，为行业中小公司信息化支出减负。加强与公安交管部门沟通，落地交强险电子保单使用，加大与交通违章信息平台的对接使用。二是创新完善业务规范。例如：加快出台"互联网保险业务监管办法"，扩大允许线上销售的产品范围，为保险业数字化转型释放政策红利。建议监管部门对年金险相关产品精算规定进行评估，适当放开即期年金开发；优化国债750天加权平均折现率规则。三是稳步推进车险综合改革。建议稳步提升交强险限额；优化费率体系，建立基准保费常态化调整机制；推进汽车延保、新能源汽车车险增值服务条款化，加快车险创新产品评审；坚守"报行合一"，建立车险经营退出机制。

4. 对受疫情冲击的保险企业给予相应政策扶持

疫情期间，保险业主动承担社会责任，大力投入金融资源支持疫情防控和实体经济复工复产，但是自身保险业务也受到疫情冲击，多项业务出现大幅下滑，经营成本压力剧增，特别是中小保险企业压力尤为严重。为增强保险业支持疫情防控和复工复产的可持续服务能力，更好发挥保险保障功能，建议银保监会予以适当政策扶持：一是适当放宽相关服务标准。例如：允许使用远程方式开展"双录"、仅对关键环节进行录音等，在服务评价时酌情考虑疫情对回访、投诉、理赔时效的影响。二是适度开放分支机构开设限制。最大限度减少人员流动、避免单个营业网点人员过于密集的情况。三是争取相关税收优惠政策。对于受疫情影响严重地区的代理人和赠送的保险产品，减免增值税和个税。

二、关于中小保险公司经营状况的调研报告

为深入了解改革发展新阶段中小保险公司经营状况，保险业协会在认真分析近年来中小保险公司经营数据的基础上，2020年10月15日在深圳召开部分中小保险公司座谈会，围绕经营状况、面临的主要困难、相关意见建议等开展调研。华安保险、大家财险、国任保险、亚太财险、鼎和保险、富德财险、前海财险、富德生命人寿、前海人寿、恒大人寿、招商局仁和人寿11家保险公司负责人参加调研。调研情况报告如下：

（一）当前中小保险公司经营的总体状况

截至2020年8月，全国共有中小保险公司[①]169家，占行业主体的94.41%。其中：中小财产险公

[①] 参照行业一般的理解，中小财产险公司是指除"老三家"（人保、平安和太保）外的财产险公司；中小人身险公司是指"老七家"（国寿、平安、太保、新华、泰康、太平和人保）外的人身险公司。

司 85 家，占全部财产险公司的 96.59%。除经营综合业务的公司外，还包括安信、安华等 5 家专业农险公司，众安在线、泰康在线等 4 家互联网保险公司，4 家自保公司，1 家责任险公司和 1 家信用公司。中小人身险公司 84 家，占人身险公司的 92.31%。除经营综合业务的公司外，还有人保健康、平安健康等 7 家专业健康保险公司，平安养老、太平养老等 8 家专业养老保险公司。

中小人身险公司市场份额提升。2019 年，中小财产险公司实现保费收入 4 668.28 亿元，同比增长 10.43%，增幅比 2018 年提高 0.59 个百分点；市场占比为 35.86%，与 2018 年基本持平。中小人身险公司实现保费收入 11 806.19 亿元，同比增长 19.90%，增幅比 2018 年提高 30.70 个百分点；市场占比为 39.85%，较 2018 年提高 2.35 个百分点。

中小财产险公司资产规模缩水。截至 2019 年底，中小财产险公司资产合计 11 307.07 亿元，同比下降 11.43%，降幅比上年收窄 3.26 个百分点；市场占比为 49.29%，较期初下降 5.07 个百分点。中小人身险公司资产合计 63 081.21 亿元，同比增长 16.18%，增幅比 2018 年提高 7.66 个百分点；市场占比为 37.20%，与期初基本持平。

赔款与给付稳定增长。2019 年，中小财产险公司赔款支出 2 564.54 亿元，同比增长 11.21%；市场占比为 35.23%，较 2018 年略有下降。中小人身险公司赔款与给付支出 1 854.28 亿元，同比增长 10.13%；市场占比为 33.02%，较 2018 年提高 4.20 个百分点。

个险渠道大幅增长。2019 年，中小人身险公司个人代理渠道实现保费收入 2 513.98 亿元，同比增长 32.15%，增幅比上年提高 11.36 个百分点；占行业代理渠道比重为 14.59%，同比提高 2.28 个百分点。中小人身险公司银行邮政渠道实现保费收入 7 495.90 亿元，同比增长 13.71%，增幅比 2018 年提高 34.72 个百分点；占行业代理渠道的 83.51%，占比提高 1.44 个百分点。

新冠肺炎疫情对中小保险公司的影响总体可控，相关指标增长快于大型保险公司。新冠肺炎疫情给中小保险公司业务发展造成短暂冲击。随着疫情防控和复工复产的推进，到 2020 年第三季度，保险业务已经实现较大程度的恢复，中小保险公司主要业务指标总体快于大型保险公司。

从保费规模看，2020 年前三季度，中小财产险公司实现保费收入 3 820.26 亿元，同比增长 9.33%，同期"老三家"保费收入同比增长 7.93%；中小人身险公司实现保费收入 10 759.94 亿元，同比增长 10.52%，同期"老七家"保费收入同比仅增长 4.15%。

从资产规模看，截至 2020 年第三季度末，中小财产险公司资产合计 10 904.67 亿元，较年初下降 3.55%，同期"老三家"资产较年初增长 11.20%；中小人身险公司资产合计 73 752.36 亿元，较年初增长 16.92%，同期"老七家"资产较年初增长 10.07%。

（二）当前中小保险公司面临的主要困难和问题

1. 车险综合改革加深中小财产险公司经营压力

车险综合改革对财产险公司业务开展将产生较大影响，中小财产险公司压力更大。

一是车险保费和盈利短期承压。调研数据显示，改革后车险单均保费 1 383 元，较改革前下降 367 元/单，降幅为 21%，其中：商业险单均保费为 2 024 元，较改革前下降 777 元，降幅为 27.8%。二是销售竞争能力削弱。调研中各公司表示出担忧：车险综合改革后中小财产险公司单均保费大幅下降，赔付率大幅攀升，在激烈的市场竞争环境下，若坚守价值，则车险保费规模大幅萎缩；若不坚守价值，短期综合成本将超过110%，造成巨额亏损。三是定价能力弱，短期风险增大。车险综合改革中的部分附加险（例如：车轮损失特约险、医保外用药责任险、机动车增值服务特约条款，以及驾乘人员意外险中的附加超额医疗费用补偿险）需保险公司自主定价，中小保险公司缺乏数据测算基础，定价技术力量有限，难以设定合理、准确的基准费率。

2. 人身险公司渠道发展受限，持续发展乏力

从个险渠道看，2019年人身险公司营销员为765万人①，其中：7家大型保险公司609万人，平均每家近百万人；79家中小型保险公司为156万人，平均每家不足2万人。与大公司相比，中小公司销售人员规模和能力有较大差距，个险渠道发展困难。调研中，某中小人身险公司2020年前三季度个险新单规模保费为67亿元，同比下降7.3%，新单年标准保费为33.8亿元，同比下降17.3%，队伍规模14.6万人，较2019年同期减少0.6万人。基于个险渠道的不足，中小人身险公司大多以银保业务为主，个别中小保险公司银保渠道规模保费占比超过90%。

3. 经营成本居高不下，结构和价值难以平衡

多数中小保险公司处于发展初创期，业务规模较小，尚未实现规模效应，固定成本在整体成本中的占比处于较高水平，面临着较大的财务压力。2019年，中小财产险公司成本率为104.45%②，高于大型公司6.61个百分点；中小人身险公司新业务利润率为4.34%，低于大型公司5.48个百分点。调研显示：中小财产险公司固定成本率在15%或以上，比大公司高3—5个百分点。车险综合改革后，车险附加费用率为25%，固定成本相对较高使得中小财险公司在销售竞争能力上处于弱势，可投入的展业成本低于大公司。

规模相对较大的中小公司大多面临结构需优化的难题，结构较好的公司又普遍存在扩规模瓶颈。以中小人身险公司为例：有一定规模的中小人身险公司大多以银保渠道为主，产品以趸交业务、理财型产品为主，长期储蓄和风险保障型业务占比仍处于较低水平，业务内含价值普遍较低，结构亟待优化，而部分以个险营销为主渠道的中小保险公司，虽然业务结构良好，产品保障功能较强，但业务规模整体偏小。

4. 科技应用不足，产品定价和后续服务能力不强

近年来，大数据、云计算、人工智能等保险科技在行业创新发展中发挥着越来越重要的作用。各公司都在积极、全面地收集客户多维度数据，如信用等级、消费偏好、职业等，不断探究其与风险的关联性。以前看似不相关的信息数据都被逐渐重视，并应用于保险产品的定价。相比大型保险公司，

---

① 资料来源：中国保险行业协会会员单位交流数据。
② 资料来源：中国保险行业协会会员单位交流数据。

中小保险公司自身科技开发能力较弱，也很难吸引第三方科技公司与其形成战略合作引领行业创新，直接购买第三方科技公司产品又将产生高昂的技术购买费用。

受制于资金、人才、技术、规模等因素，中小保险公司普遍存在服务能力不足问题，具体表现为服务网点覆盖面不足、理赔服务人员配备不足、专业技术力量不足等；同时，保险公估行业竞争激烈，服务能力也参差不齐，尚未成为改善保险公司服务时效、提高服务质量的有效补充。

5. 投资能力不足，收益难以提升

由于人力、资产规模、资本金、风控等多方面资源劣势，中小保险公司在申请投资牌照和新业务资质方面面临较高的门槛限制，在投资范围和投资工具的选择上限制较多，能够实际运作的空间有限，更多局限在传统资本市场投资渠道，使得投资收益难以提升。2019 年，中小寿险公司综合投资收益率为 5.59%[①]，比寿险"老七家"低 1.09 个百分点。

6. 恶意投诉破坏市场环境，遏制险企发展

调研公司反映：2020 年以来，各地不同程度地暴发了恶意指导投诉情况。"投诉黑产"吸纳有从业经验的销售人员发布全额退保广告，获取客户信息并唆使客户投诉退费，从而获取高额手续费。前期，电销渠道为"投诉黑产"的重灾区，目前有从电销蔓延到其他渠道的迹象。恶意投诉给市场信用环境带来极大的负面影响，也给保险公司正常风控和催收带来较大压力。

（三）促进中小保险公司健康发展的思路

市场主体多元化是成熟保险市场包容性发展、规范性经营的重要标志之一。中小保险公司应紧紧抓住贯彻落实中央实施"十四五"规划和 2035 年远景规划的重要机遇，围绕保障本源、坚持守正创新、努力探索符合自身特色的差异化发展之路。

1. 回归保险保障本源

保险保障功能，是保险业的行业根基和社会价值。中小保险公司转型发展，必须加快推进回归保障本源，充分发挥保险的长期风险管理和保障功能，把为实体经济服务作为出发点和落脚点，全面提升服务效率和水平。进一步丰富保险产品和服务，进一步扩大保险覆盖面，在推动经济实现高质量发展的过程中，积极参与维护金融安全、服务实体经济、完善社会保障、分散社会风险等实践，更好满足人民群众和实体经济多样化的金融需求。调研显示，一些中小公司已经开始转型发展，加大期交、长期保障型产品开发力度，推动业务结构的转型升级。

2. 走差异化发展道路

中小保险公司要围绕贯彻落实"十四五"规划，研究制定本公司的战略，走差异化发展道路。大

---

① 资料来源：中国保险行业协会会员单位交流数据。

力发展农业保险，优化农业保险产品管理，加大农业产品开发创新。要围绕助力构筑重大灾害事故救助安全网、社会民生安全网、畅通经济循环安全网方面更好地服务双循环的发展格局。同时，要深度参与国家养老保障体系建设，加快布局商业养老，从战略层面构筑金融保险、资产管理、康养服务三大业务体系，缓解我国养老保障体系三支柱的结构性失衡矛盾。调研显示，一些中小公司把技术创新与行业结构调整、转变发展方式紧密结合起来，着力在关系国计民生的重点领域取得一定成效，例如：某中小财产险公司坚持专业化发展，聚焦能源产业价值链和能源生态系统，将保险保障融入电网资产全周期，积极服务电网主业和实体经济。

3. 大力推进轻资产运营模式

中小保险公司缺乏竞争优势，很大程度是因为规模小，无法有效分摊固定成本带来的劣势，因此应优化公司固定成本，施行轻资产发展策略。可借助中介力量，整合各类资源，实现核心业务内包、非核心业务外包，变部分固定成本为变动成本，增加盈利空间。同时，也可以借助科学的、系统的管理，减少冗余人力，用扁平化的组织结构代替传统的金字塔结构，从而减少固定成本。

4. 加大保险科技应用

在科技巨头、大型保险公司持续投入的大环境下，中小保险公司应厘清认识，做好规划。组织架构方面，保险科技不应只是后台支持部门，要与前、中台建立更多直接联系，前台部门探索更多元的目标考核体系，中、后台部门尽早评估保险科技的影响，持续、深入推进变革。科技建设方面，可借助第三方科技赋能平台，以第三方力量提高科技赋能的灵活性、可操作性和便利性，推动公司业务及管理的数据化、网络化和智能化。

（四）当前保险业协会服务中小保险公司的举措

保险业协会充分吸纳调研中收集的意见和建议，当前和今后一段时期，将聚焦主责主业，着力做好以下工作：

1. 针对新一轮综合车险改革对中小保险公司的冲击和影响，强化车险自律职能

切实做好商业车险示范条款的修订工作，积极开发新能源汽车和汽车延保保险专属条款，服务中小保险公司创新。认真履行全国车险自律办公室职能，组织签署自律公约，报送车险违规线索，促进车险市场的公平竞争。

2. 针对行业反映的一些市场乱象等问题，加强示范条款、行业标准、信息披露等工作

在非车财险领域，加快制修订责任保险、信用保证保险、农业保险、旅游意外保险等示范条款，加强备案类注册产品自查自律，服务中小保险公司守正创新，避免价格战。在人身险领域，与中国医师协会联合发布《重大疾病保险的疾病定义使用规范（2020年修订版）》。组织行业开展人身保险产品信息披露制度课题研究，助力中小保险公司产品创新。在保险中介领域，推动建设销售人员销售能力

资质分级和诚信执业相关技术标准，建立银（邮）保通接口行业标准，助力中小保险公司建设销售渠道。在资金运用领域，认真落实《关于优化保险机构投资管理能力监管有关事项的通知》要求，开发建设了投资管理能力信息披露系统，帮助中小保险公司提升投资管理能力。

3. 针对行业反映的保险欺诈等问题，从风险提示、经验交流、教育培训等方面做好服务工作

针对社会上一些机构或个人诱导消费者委托其代理"全额退保"等问题，及时发布《关于防范"代理全额退保"有关风险的提示》。针对当前车险理赔欺诈职业化、专业化、团伙化等问题，组织行业完成《车险理赔团伙欺诈风险管控研究报告》，帮助中小财产险公司提升反欺诈能力。定期组织核保理赔专业人员培训，不断提升中小保险公司核保理赔人员素质。下一步，保险业协会将发挥大数据等保险科技在反欺诈中的应用，积极沟通公安、交管、医疗机构、中国银保信等部门，维护中小保险公司合法权益。

4. 针对行业反映的缺乏数据信息等方面的问题，进一步加强行业数据交流分享

继续编发行业统计月报、数据信息参考、数据手册等统计资料，提高统计资料的质量，为会员公司了解行业状况提供数据支持。加大数据研究开发力度，定期组织保险市场分析会，发布季度分析报告，编辑年度《中国保险业发展报告》，为会员公司提供数据参考。认真总结 2017 年以来开展保险公司法人机构评价工作的经验，积极反映会员单位的意见建议，优化指标体系，为保险公司对标行业先进提供基础数据。

5. 加强行业价值和社会责任等方面的宣传，为行业发展营造良好的社会氛围

新冠肺炎疫情发生后，保险业协会第一时间召开党委会，向全体会员单位发布倡议书，组织信息报送和专题研究，开展"抗疫"专项服务，全面宣传行业服务疫情防控和复工复产等情况。持续举办"7·8 保险公众宣传日"，组织行业助力脱贫攻坚战略。

（五）对监管部门的意见建议

在调研中，各中小保险公司对监管部门提出意见建议，希望监管部门给与相应的政策引导和支持。

1. 实施差异化监管

随着监管制度的不断深化发展，分类监管已经日益成为重要方式之一。由于一些监管政策和考核标准对银行和保险机构、对大中小保险公司一体适用，在实施中往往对中小保险公司不利。

建议监管部门结合工作实际，选择在部分领域探索对中小保险公司实施差异化试点。例如：考虑到中小保险公司保费规模和保单数量较小，对服务评价指标里的"亿元保费投诉量"和"万张保单投诉量"实施与大公司差异化的考核标准。在贯彻落实《关于银行保险机构员工履职回避工作的指导意见》中，酌情考虑保险行业的展业属性和中小保险公司人才队伍建设状况，进一步完善成长地回避制度实施细则，对相关限制措施实施差异化监管，比如放宽机构关键人员的调整期限等。

2. 建立健全创新保护机制

创新保险产品和服务，是中小保险公司转型发展、差异化发展的必然选择。由于保险产品的特殊性和我国保险产品保护机制的不健全，同时现行政策对保险产品创新的限制或不明确等因素，导致新产品开发难度较大。

建议监管部门在充分论证和调研的基础上，逐步放开中小保险公司开发电话销售和网络销售等新商业车险产品。根据行业发展实际，加快研究制定创新产品开发管理细则。同时，加强对保险产品的创新保护力度。例如，建立专门针对中小保险公司的创新产品审批绿色通道，对保险公司报批并投入市场的创新产品设置至少两年的保护期。

3. 适当减免或延缓缴纳部分行政事业性收费

当前，在新冠肺炎疫情和车险综合改革双重背景下，部分行政事业型费用对于中小保险公司的经营产生较大压力。建议监管部门减免或延缓缴纳疫情期间（2020年上半年）中小保险公司保险保障基金和交强险救助基金，适当下调缴纳保险保障基金和交强险救助基金的比例。同时，建立中小保险公司费用优惠机制，适当下调行业信息平台收费标准，例如：车险信息平台使用费、保单登记平台数据使用费等，降低中小保险公司的缴纳负担。

三、2020年度及2021年第一季度商业健康保险发展形势调研报告

为深入了解健康保险业的发展情况及转型举措，及时反映行业发展诉求，保险业协会开展了2020全年及2021年第一季度年健康险发展形势调研工作。调研通过经营数据分析和书面调研报告的形式，就行业经营情况、发展形势预判、面临挑战及建议三项内容展开了研究。调研共收到149家公司（73家寿险、7家健康险、3家养老险、66家财产险公司）的反馈材料。本报告呈现主要分析结果，并结合保险业协会《2020年"后疫情"时期商业健康保险发展情况调研报告》（以下简称《2020年"后疫情"报告》），对健康险发展情况进行总结和梳理。

（一）2020年及2021年第一季度健康险业务发展情况

1. 整体情况

2020年及2021年第一季度，参与调研的公司健康险保费收入总计分别为6 841亿元和2 240亿元。由于调研的业务范围不包括基本医保经办、大病承办和长期护理保险试点服务等政府委托业务，并且没有收到所有公司的反馈材料，调研数据与银保监会公布的经营情况表数据（2020年度及2021年第一季度分别为8 173亿元和3 066亿元）相比有一定差距，但仍基本反映了商业健康保险的发展概貌。此外，从保费增速来看，调研公司2020年度及2021年第一季度同比分别增长16.4%和18.2%，略高于监管公布的行业数据结果（监管数据显示增速分别为15.7%和16.1%）。

从各类型公司的保费增速来看（见表1），财产险公司2020年上半年高速增长，虽然其增速自下半年以来持续下降，但仍高于人身险公司。在人身险公司中，专业健康险公司增速较快，但波动也较大；寿险公司则保持了平稳增长。

表1　　　　　　　　　　　　　　不同业务类型公司保费收入增速　　　　　　　　　　　　　　单位：%

公司类型	2020年第二季度	2020年第四季度	2021年第一季度
财产险公司	91.00	43.32	31.14
健康险公司	19.01	53.77	17.98
寿险公司	13.01	12.50	16.53
养老险公司		6.29	21.82

由于人身险公司和财产险公司的健康险业务在产品特点、管理模式等方面存在较大不同，以下就两类公司的经营情况分别展开分析。

2. 人身险公司业务发展情况

参与调研的人身险公司2020年全年及2021年第一季度的健康险保费收入分别为6 249亿元和1 980亿元，同比增速分别为14.4%和16.8%。

（1）主要发展特点

整体来看，人身险公司健康险业务呈现以下特点：

一是市场持续以疾病保险（重疾险）为主，但同时，医疗保险的占比持续提升。从保费增速来看，医疗险、疾病险两大主要险种自2020年下半年以来均取得了有力增长。

二是从主要业务维度来看，个人和团体业务、短期和长期业务都保持了基本同步稳健的增长。在保险期限方面，新单保费在2020上半年同比小幅下降，但降幅到年末几乎缩小为0，而2021年第一季度则出现有力反弹。与此同时，续期保费增速持续下滑。

三是细分重疾险的增长结构，2020年长期重疾险的新单业务持续萎缩，其源头是非健康险公司重疾险新单保费的负增长。虽然专业健康险的新单业务高速增长，但由于业务规模太小，无法抵消行业整体下滑的趋势。2021年第一季度，很大程度上受到重疾新定义发布前后的市场调整的影响，两类公司均实现长期新单保费高速正增长，带动整个疾病险同比有力增长。

四是细分医疗险的增长结构，健康险和非健康险公司的短期医疗险保费收入自2020年以来同步保持中速增长的趋势。在长期医疗保险方面，新单保费2021年第一季度出现迅速上升，表明银保监会《关于长期医疗保险产品费率调整有关问题的通知》的监管规定出台后，健康险市场迈出了朝保障长期化方向发展的第一步。值得注意的是，这一长期新单保费的上升主要来源于非健康险公司，专业健康险公司则持续负增长。

五是在增长模式方面，长期医疗险和长期重疾险均呈现由业务量（承保人次）拉动的特点，且医疗险的业务量驱动力度更为显著。在短期医疗险业务中，健康险公司和非健康险公司的增长模式发生分化。健康险公司自2020年上半年业务量强劲增长后，下半年以来呈现人均保费驱动的模式，业务量增速十分不稳定，而非健康险公司的增长模式则基本相反，短期医疗险主要由业务量增长拉动。

六是各险种的渠道保费增长结构发生了一定分化。个人代理渠道经2020年上半年新冠肺炎疫情冲击后逐渐恢复，2020年全年及2021年第一季度均获得了稳定增长。专业代理和保险经纪渠道是2020年医疗险和疾病险保费增长的重要推动力，到了2021年第一季度，医疗保险的重要增长源头是专业代理和其他兼业代理渠道，而保险经纪业务对疾病险发展的重要性则大幅提升。

细分公司类型来看，2020年，除养老险公司外，健康险和寿险公司都在各个渠道取得了较为可观的保费增长。2021年第一季度，上述三类公司的增长结构发生了较大变化，各类公司都出现各自增长特别强劲的渠道：健康险公司的专业代理、其他兼业、银行邮政渠道高速增长，增速均在500%以上；寿险公司增速最高的为保险经纪、专业代理业务；养老险公司增速最高的为个人代理业务。

七是与2020年全年相比，2021年第一季度个人医疗险和个人疾病险的件均赔付金额均大幅下降，疾病保险的下降幅度尤为显著，而团体业务件均赔付则相对稳定。这是因为人身险公司健康险业务的季节性规律，还是因为在人群、产品、理赔政策等方面发生的变化，须积累更多的时间序列数据进行进一步研究。

（2）发展情况分析

①主要业务维度保费结构。比较2020年上半年、2020年全年、2021年第一季度的市场结构（见表2），疾病保险（重疾险）的保费占比几乎保持一致，约为整体保费收入的70%，医疗保险占比略有上升，而护理保险有较大下降，从2020年上半年的近11%下降至2021年第一季度的1.51%。护理保险的业务规模较小，并且仅有几家公司经营，这些公司的策略或业务情况的变化导致护理保险的市场占比和保费增速均发生较大波动。

从增长情况来看，两大主要险种整体都保持了较为稳定且良好的保费增速。

表2　人身险公司险种保费结构及增速　单位：%

一、各险种保费结构	2020年上半年	2020年全年	2021年第一季度
医疗保险	22.98	27.27	29.92
疾病保险	66.05	71.17	68.46
其中：重疾险	59.64	63.97	61.71
护理保险	10.92	1.48	1.51
失能收入保险	0.02	0.04	0.04
医疗意外保险	0.03	0.04	0.07
二、各险种保费增速	2020年上半年	2020年全年	2021年第一季度
医疗保险	16.62	13.70	15.32
疾病保险	13.79	13.60	18.33
其中：重疾险	14.27	13.97	18.94
护理保险	9.69	97.60	-13.44
失能收入保险	-9.93	33.86	5.24
医疗意外保险	9.66	5.75	87.90

比较上述三个时点的数据，人身险公司健康险业务在个人/团体业务、短期/长期、新单/续期三个维度的业务结构也未发生显著变化，因此表3仅显示各业务维度的保费增长情况。主要分析结果包括：一是个人业务保持稳健增长，团体业务在2020年下半年增速滑落后，2021年第一季度出现高速增长；二是短期和长期业务基本同步稳健增长；三是新单保费在2020年上半年同比小幅下降，但降幅到年末几乎缩小为0，而2021年第一季度则出现有力反弹。与此同时，续期保费增速出现持续下滑。

表3　　　　　　　　　　　　　人身险公司主要业务维度增长情况　　　　　　　　　　　　单位:%

业务类型	2020年上半年	2020年全年	2021年第一季度
个人业务	14.22	15.44	16.11
团体业务	10.23	5.51	20.66
保险期限	2020年上半年	2020年全年	2021年第一季度
短期业务	13.71	12.95	14.86
长期业务	13.87	14.69	17.42
保单年度	2020年上半年	2020年全年	2021年第一季度
新单	-3.86	-0.84	21.46
续期	32.14	27.81	13.21

②主要险种结构性增长情况。中国银保监会密集出台《关于使用重大疾病保险的疾病定义有关事项的通知》《关于长期医疗保险产品费率调整有关问题的通知》《关于规范短期健康保险业务有关问题的通知》等管理规定，对医疗险和重疾险的经营产生巨大影响。为反映监管政策的影响，我们聚焦这两大主要险种，分析其结构性增长情况及增长模式。

表4显示主要险种保费的结构性增长情况。对比三个观测时点的新单保费增速，重疾险在2020年始终负增长，其核心是长期重疾险新单业务的萎缩。2021年第一季度，很大程度上是因为受到重疾新定义发布前后的市场调整的影响，长期重疾险新单保费收入大幅上升，带动整个疾病险同比有力增长。然而，市场过渡完成后，消费者对新产品的需求如何、重疾险保费收入是否会受到其他长期健康保险的影响，这些都是行业十分关心的问题。我们将在2021年下半年的健康险调研中重点关注重疾险的发展形势。

表4　　　　　　　　　　　　　　各险种保费结构性增速　　　　　　　　　　　　　　单位:%

一、2020年上半年	短期	长期新单	长期续期
医疗保险	19.34	-41.87	57.84
疾病保险	27.34	-23.65	30.43
其中:重疾险	31.41	-24.58	32.67
二、2020年全年	短期	长期新单	长期续期
医疗保险	12.58	-0.32	76.83
疾病保险	15.05	-18.92	25.95
其中:重疾险	19.11	-20.19	27.44
三、2021年第一季度	短期	长期新单	长期续期
医疗保险	14.09	10.65	35.09
疾病保险	13.63	46.43	12.19
其中:重疾险	12.16	45.32	12.99

此外，表4还显示2021年第一季度长期医疗保险新单保费迅速上升，表明有关长期费率可调医疗险的监管规定出台后，健康险市场迈出了朝保障长期化方向发展的第一步。当前短期医疗险的保费增速并未受到显著影响。长期医疗险业务的逐渐成熟是否会带动医疗险保费高速增长，不同保险期限的医疗险是否会出现差异化发展，是我们需高度关注的另一个重要问题。

表5和图1进一步细分了不同类型公司各险种的增长结构。可以发现：

第一，在短期医疗险业务方面，健康险和非健康险公司的增长结构极为相似，保费收入自2020年以来保持中速增长的趋势。

第二，在长期医疗险业务方面，长期新单保费在2021年第一季度的上升主要来源于非健康险公司，专业健康险公司则持续负增长。但健康险公司的长期续期保费高速增长，增速远高于非健康险公司，这是推动其医疗险保费整体上升的主要因素。

第三，在重疾险方面，2020年市场长期新单业务负增长的源头是非健康险公司的重疾险新单保费的萎缩，虽然专业健康险的新单业务高速增长，但由于非健康险公司的业务规模较大，其仍无法抵消行业整体下滑的趋势。进入2021年第一季度，两类公司均实现长期新单保费高速正增长。在续期业务中，健康险公司保费增速出现显著上升，非健康险公司的增速则持续下降。

表5　　　　　　　　　　　　　各类型公司结构性增速　　　　　　　　　　　　单位：%

一、专业健康险公司			
2020年上半年	短期	长期新单	长期续期
医疗保险	53.31	-36.45	204.39
疾病保险	32.75	114.53	68.14
其中：重疾险	39.33	127.91	13.83
2020年全年	短期	长期新单	长期续期
医疗保险	26.23	-3.61	469.27
疾病保险	54.34	86.29	82.02
其中：重疾险	79.43	66.55	60.29
2021年第一季度	短期	长期新单	长期续期
医疗保险	19.60	-13.76	106.54
疾病保险	6.60	150.60	78.50
其中：重疾险	-2.42	66.05	58.20
二、非健康险公司			
2020年上半年	短期	长期新单	长期续期
医疗保险	16.54	-42.79	40.30
疾病保险	26.75	-24.66	30.28
其中：重疾险	30.62	-25.70	32.75

续表

2020年全年	短期	长期新单	长期续期
医疗保险	19.61	0.30	35.49
疾病保险	18.76	-20.29	25.70
其中：重疾险	*15.50*	*-21.10*	*27.29*
2021年第一季度	**短期**	**长期新单**	**长期续期**
医疗保险	13.18	16.06	9.90
疾病保险	14.50	44.02	11.88
其中：重疾险	*14.22*	*44.93*	*12.77*

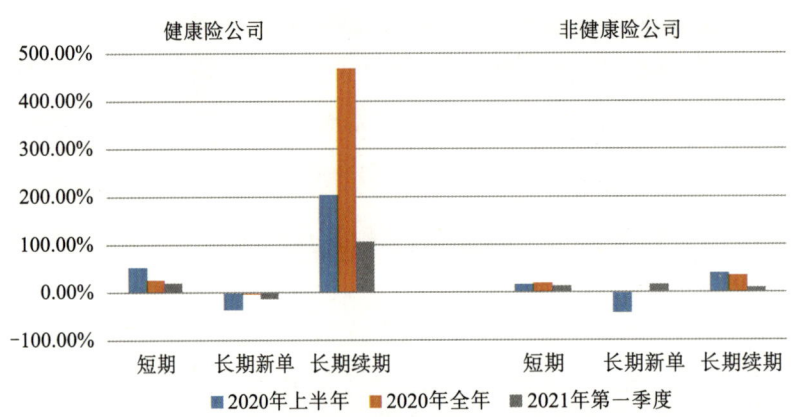

图1A　医疗险结构性增速

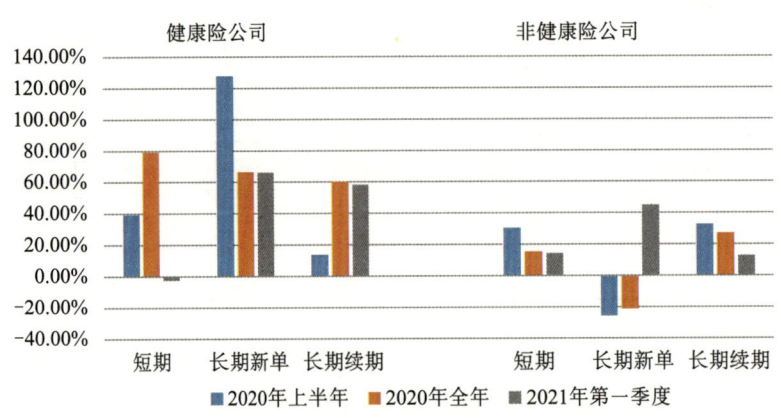

图1B　重疾险结构性增速

③主要险种增长模式。本《报告》沿用2020年"后疫情"报告的方法，通过比较承保人次、人均保费的同比增速，分析2020年半年度、2020年全年、2021年第一季度健康险市场的增长驱动模式。图2A和图2B分别显示专业健康险及非健康险公司短期及长期的医疗险和重疾险的增长模式，其中弹性系数为承保人次增速与人均保费增速之比的绝对值，反映业务量变动相对于人均保费变动的幅度。

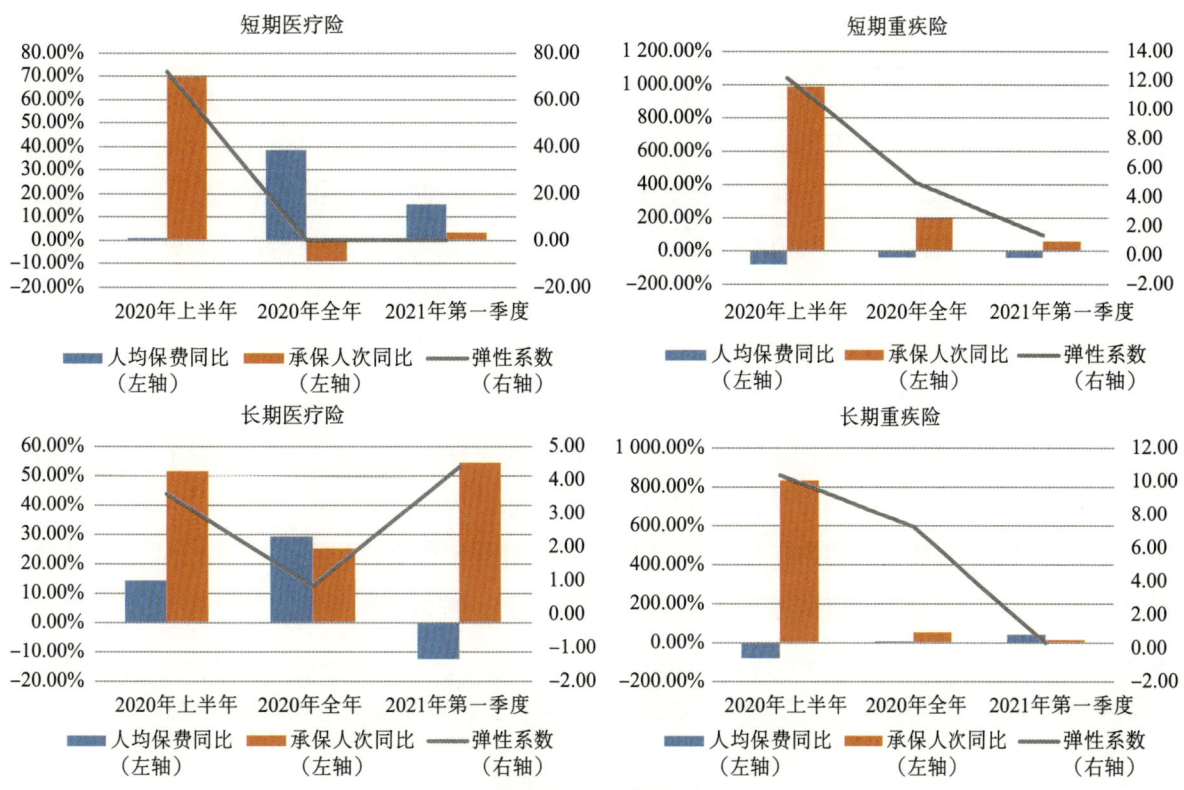

图 2A 健康险公司增长模式

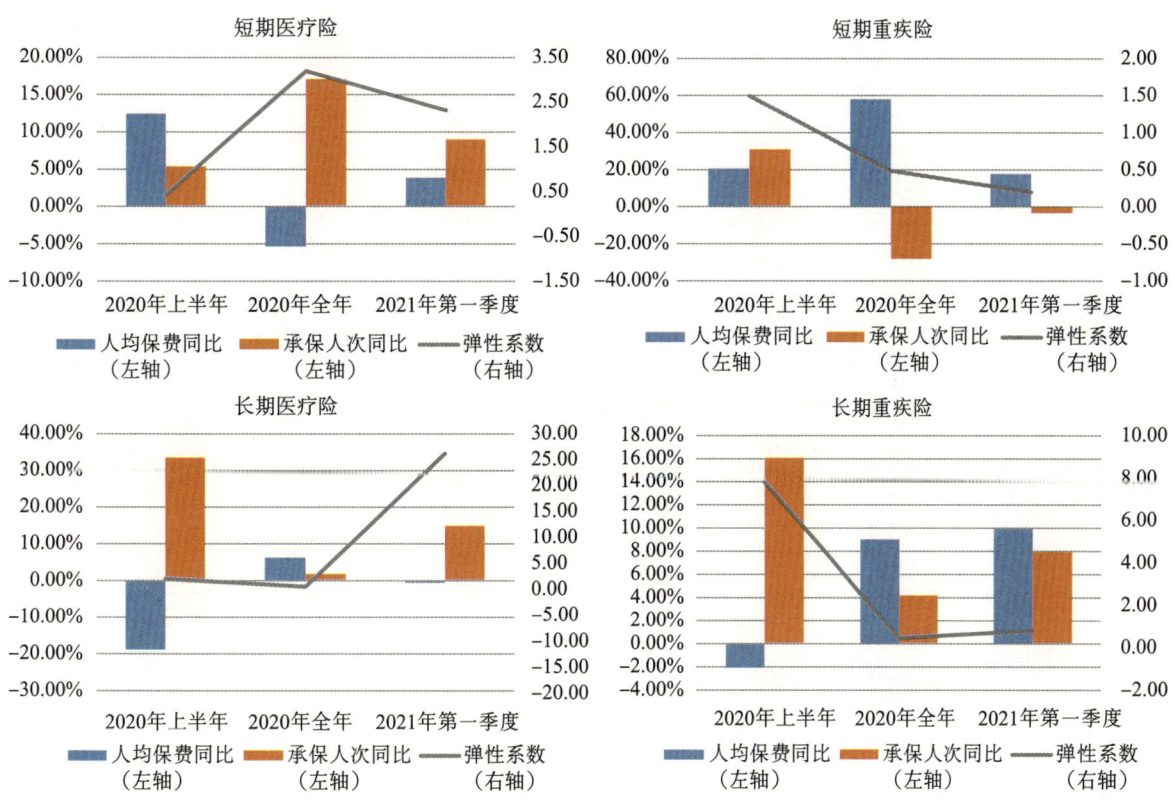

图 2B 非健康险公司增长模式

比较图2A和图2B，可以发现：

一是在短期医疗险业务中，健康险公司和非健康险公司的增长模式发生分化。健康险公司自2020年上半年业务量强劲增长后，下半年以来呈现人均保费驱动的模式，业务量增速十分不稳定，非健康险公司的增长模式则基本相反，短期医疗险主要由业务量增长拉动。

二是长期医疗险呈现较为鲜明的由业务量拉动的特点。承保人次始终保持正增长，而人均保费增速的波动较大，在某些阶段出现了负增长（如2020年上半年非健康险公司业务、2021年第一季度健康险公司业务），并且增速变动的幅度也远小于承保人次。

三是长期重疾险同样呈现业务量驱动增长的特点，但与长期医疗险相比，增长模式更为均衡。其业务量在2020年上半年出现迅猛上升，尤其是健康险公司承保人次同比上升7倍以上，而下半年以来，业务量增速趋缓，人均保费与业务量同时增长，弹性系数大幅下降。

四是整体来看，健康险公司的业务波动幅度较大，其弹性系数偏离1的概率远高于非健康险公司。其原因可能较为复杂，涉及销售渠道、目标客群、产品设计、理赔政策等多方面因素，是须进一步跟踪关注的问题。

④渠道结构[①]。整体来看，人身险公司健康险业务以个人代理渠道为主（见表6）。

表6 各险种保费渠道结构 单位：%

一、整体	直销	个人代理	专业代理	银行邮政	其他兼业	经纪业务
2020年全年	11.43	78.14	3.75	1.57	2.57	2.55
2021年第一季度	13.73	71.77	5.26	1.72	2.88	4.66
二、分公司类型	直销	个人代理	专业代理	银行邮政	其他兼业	经纪业务
2020年全年						
健康险公司	55.88	5.89	7.49	1.78	19.99	8.97
寿险公司	7.68	84.61	3.59	1.60	0.74	1.78
养老险公司	51.33	0.02	1.86	0.31	30.61	15.86
2021年第一季度						
健康险公司	36.10	6.71	22.17	4.52	19.54	10.96
寿险公司	10.66	79.30	4.09	1.55	0.82	3.58
养老险公司	51.65	0.36	1.64	0.25	24.78	21.33
经纪业务						
2020年全年						
医疗保险	26.84	57.22	2.47	0.72	7.81	4.94
疾病保险	5.38	86.30	4.25	1.87	0.58	1.62
其中：重疾险	5.23	86.48	4.48	1.63	0.56	1.63
护理保险	41.51	47.14	1.93	8.24	0.96	0.23
失能收入保险	45.78	31.11	1.53	0.21	1.45	19.92
医疗意外保险	75.42	0.57	2.65	1.42	-9.29	29.23

① 本次调研中一小部分公司未报送渠道保费数据，本部分展示的是在剔除了以上公司数据后的结果。

续表

三、分险种	直销	个人代理	专业代理	银行邮政	其他兼业	经纪业务
2021年第一季度						
医疗保险	30.62	46.65	5.56	0.61	8.10	8.46
疾病保险	5.74	83.63	5.16	1.89	0.59	3.00
其中：重疾险	5.66	83.72	5.45	1.61	0.56	3.01
护理保险	53.16	13.45	2.06	30.93	0.30	0.11
失能收入保险	61.75	34.84	1.11	0.16	0.60	1.53
医疗意外保险	62.01	1.41	8.33	0.91	6.75	20.59

分公司类型来看，寿险公司高度依赖个人代理渠道；健康险和养老险两类专业公司的结构更为分散，其主要业务来源为公司直销，其他依次为其他兼业、保险经纪渠道。

分险种来看，疾病保险（重疾险）保费收入集中于个人代理渠道，医疗保险主要业务来源为个人代理、公司直销渠道。此外，直销在护理、失能收入损失、医疗意外保险三类小险种的销售中发挥了主要作用。

比较2020年末和2021年第一季度，行业渠道结构基本稳定，但专业健康险公司出现较大调整，直销业务虽然仍为其主要保费收入来源，占比却下降了近20个百分点，同时专业代理业务占比大幅提升至22.2%。

从保费增速来看（见表7），个人代理渠道经2020年上半年新冠肺炎疫情冲击后逐渐恢复，2020年全年及2021年第一季度均获得了11%—12%的稳定增长。在其他渠道中，增速由高到低依次为专业代理（2021年第一季度同比上升121.73%）、其他兼业代理（2021年第一季度同比上升80.04%）、经纪业务（2020年全年及2021年第一季度均同比增长45%左右）。

表7　　　　　　　　　　　　分渠道结构性增长情况　　　　　　　　　　　　单位：%

一、整体	直销	个人代理	专业代理	银行邮政	其他兼业	经纪业务
2020年全年	12.85	12.80	50.30	7.09	14.55	47.29
2021年第一季度	11.20	11.92	121.73	32.68	80.04	44.21
二、分公司类型	直销	个人代理	专业代理	银行邮政	其他兼业	经纪业务
2020年全年						
健康险公司	33.56	22.69	160.89	31.66	36.73	51.51
寿险公司	6.11	12.77	43.82	5.88	12.05	59.68
养老险公司	11.89	-9.97	7.22	-4.57	-3.78	10.89
2021年第一季度						
健康险公司	-21.09	80.32	1 174.55	546.44	615.38	-36.94
寿险公司	20.87	11.63	66.26	12.92	0.56	131.59
养老险公司	31.13	3 811.86	30.56	-6.53	17.13	6.58

续表

三、分险种	直销	个人代理	专业代理	银行邮政	其他兼业	经纪业务
2020年全年						
医疗保险	16.54	14.06	59.83	4.64	17.00	30.05
疾病保险	5.61	12.49	50.38	11.13	6.01	75.71
其中：重疾险	5.97	12.70	52.99	13.93	11.13	73.00
护理保险	33.67	6.44	-81.99	-66.72	-16.56	-9.84
失能收入保险	-4.12	78.85	-1.87	6.22	-74.50	-9.33
医疗意外保险	166.99	386.51	-79.17	-9.95	-214.27	22.14
2021年第一季度						
医疗保险	7.96	6.74	335.16	8.51	119.77	4.26
疾病保险	13.27	13.30	79.12	16.95	-8.29	168.79
其中：重疾险	14.39	13.91	79.40	18.14	-5.12	165.42
护理保险	114.69	-6.34	465.95	2 264.27	8.96	104.07
失能收入保险	-20.61	173.62	-6.03	14.98	-75.70	113.73
医疗意外保险	194.95	1 715.32	636.99	63.49	-85.66	-223.88

从细分公司类型来看，2020年，除养老险公司外，健康险和寿险公司都在各个渠道取得了较为可观的保费正增长。2021年第一季度，上述三类公司的增长结构发生了较大变化，各类公司都出现各自增长特别强劲的渠道：健康险公司的直销业务和经纪业务萎缩，专业代理（1 174.55%）、其他兼业（615.38%）、银行邮政（546.44%）渠道高速增长；寿险公司实现所有渠道的保费正增长，养老险公司除银行邮政渠道外均实现保费正增长，其中寿险公司增速最高的为保险经纪（131.59%），其次为专业代理业务（66.26%），养老险公司增速最高的为个人代理业务（3 811.86%）。

从细分险种来看，各险种的渠道保费增长结构也发生了一定分化。专业代理和保险经纪渠道是2020年医疗险和疾病险保费增长的重要推动力，而到了2021年第一季度，医疗保险的重要增长源头是专业代理和其他兼业代理渠道，保险经纪业务对疾病险发展的重要性大幅提升。

⑤赔付情况。2020年全年及2021年第一季度，参与调研人身险公司的健康险赔付支出分别为1 361亿元和413亿元。表8显示了2020年上半年以来，细分险种、保单期限的赔付支出以及当年赔付支出除以当年保费收入得出的简单赔付比例。

表8　　　　　　　　　　分险种赔付支出及赔付比例

2020年上半年	整体（亿元）	整体赔付比例（%）	短期业务（亿元）	短期赔付比例（%）	长期业务（亿元）	长期赔付比例（%）
行业整体	554.82	14.71	233.35	23.64	321.46	11.54
医疗保险	291.19	33.57	207.15	36.06	84.04	28.68
疾病保险	257.72	10.35	24.03	47.42	233.68	9.58
其中：重疾险	227.46	10.12	22.15	56.21	205.31	9.30
护理保险	4.91	1.18	1.21	0.34	3.70	6.82
失能收入保险	0.47	70.66	0.47	82.05	0.00	3.67
医疗意外保险	0.53	52.45	0.49	51.18	0.04	76.65

续表

2020年全年	整体（亿元）	整体赔付比例（%）	短期业务（亿元）	短期赔付比例（%）	长期业务（亿元）	长期赔付比例（%）
行业整体	1 361.43	21.79	631.78	52.02	729.64	14.49
医疗保险	749.76	44.01	560.11	50.18	189.65	32.28
疾病保险	601.21	13.52	67.12	75.74	534.08	12.25
其中：重疾险	*527.23*	*13.19*	*54.79*	*76.27*	*472.44*	*12.04*
护理保险	8.69	9.41	2.79	61.73	5.91	6.72
失能收入保险	1.40	54.51	1.39	58.63	0.00	2.46
医疗意外保险	0.36	12.98	0.36	12.97	0.00	—
2021年第一季度	整体（亿元）	整体赔付比例（%）	短期业务（亿元）	短期赔付比例（%）	长期业务（亿元）	长期赔付比例（%）
行业整体	412.57	20.84	189.72	40.23	222.84	14.78
医疗保险	217.84	36.78	163.64	38.54	54.20	32.33
疾病保险	188.53	13.91	23.92	61.65	164.61	12.50
其中：重疾险	*163.73*	*13.40*	*20.47*	*64.53*	*143.26*	*12.04*
护理保险	5.57	18.61	1.54	25.18	4.03	16.92
失能收入保险	0.42	53.42	0.41	56.09	0.00	8.98
医疗意外保险	0.21	15.22	0.21	15.22	0.00	—

从件均赔付情况来看（见表9），与2020年全年相比，2021年第一季度个人医疗险和个人疾病险的件均赔付金额均大幅下降，疾病保险的下降幅度尤为显著，团体业务件均赔付则相对稳定。这是因为行业的季节性规律，还是因为在人群、产品、理赔政策等方面发生的变化，我们未来将积累更多的时间序列数据予以进一步观察。

表9　　　　　　　　　　　各险种件均赔付支出　　　　　　　　　　　单位：元

2020年全年	合计	个人业务	团体业务
医疗保险	1 121.8	2 157.8	769.7
疾病保险	58 631.3	58 100.4	63 616.5
其中：重疾险	*60 951.3*	*59 197.6*	*82 315.9*
护理保险	1 725.5	483 014.0	555.2
失能收入保险	10 476.3	37 018.0	9 658.9
医疗意外保险	3 308.2	1 570.6	—
2021年第一季度	合计	个人业务	团体业务
医疗保险	719.8	665.2	786.8
疾病保险	1 374.8	1 212.4	66 806.4
其中：重疾险	*1 196.2*	*1 050.9*	*88 060.3*
护理保险	3 159.9	1 077 631.6	876.9
失能收入保险	9 554.4	92 893.4	7 797.0
医疗意外保险	9 670.1	1 804.9	—

3. 财产险公司业务发展情况

2020年及2021年第一季度，参与调研的财产险公司健康险累计保费收入591.44亿元及264亿元，同比增速分别为43.32%及31.14%，累计赔付支出分别为299.38亿元和80.53亿元。

（1）主要发展特点

整体来看，财产险公司健康险业务呈现以下特点：

一是财产险公司整体保费增速高于人身险公司，但传统公司和互联网公司在增长情况方面出现较大分化。

传统财产险公司在分险种、分渠道、个人/团体业务等维度均实现全面增长。

互联网公司在经历了2020年的高速增长后，2021年第一季度出现保费萎缩，其源头是主营业务——个人医疗险业务的负增长。此外，互联网公司的渠道经营情况波动也较大，2020年末除了其他兼业渠道以外，所有渠道保费均正增长，而2021年第一季度，其他兼业、直销、专业代理三个渠道出现了不同程度的滑落。

二是财产险公司当期理赔支出除以当期原保费收入的赔付比例高于人身险公司。其中，医疗险赔付比例在2020年末高于人身险公司近10个百分点，到2021年第一季度出现下降，反而低于人身险公司；疾病保险赔付比例保持在50%左右的水平，且远高于人身险公司，反映了这两类公司业务结构的不同。

从件均赔付金额来看，财产险公司与人身险公司相似，2021年第一季度个人医疗险件均赔付金额大幅下降，团体业务则较为稳定；疾病保险无论是个人业务还是团体业务，财产险公司的件均赔付金额都出现较大幅度的上升。

（2）发展情况分析

①保费收入情况。从细分公司类型来看，传统财产险公司2020年全年保费收入为444.94亿元，同比上涨41.35%，2021年第一季度保费收入为224.28亿元，同比上涨49.98%；互联网保险公司2020年全年保费收入为146.5亿元，同比上涨49.69%，2021年第一季度保费收入为39.71亿元，同比负增长23.29%。

从业务类型来看，传统财产险公司以团体业务为主，2020年全年及2021年第一季度保费收入占比分别为67.38%及76.61%；互联网公司则以个人业务为主，保费占比分别为90.49%及93.88%。从增速来看，传统财产险公司的个人和团体业务均高速增长，特别是个人业务保费增速保持在100%左右，但互联网公司在经历了2020年的高速增长后，2021年第一季度保费全面萎缩，个人和团体业务分别下滑22.61%和32.46%。

从险种类别来看（见表10），2020年以来，传统财产险公司的所有险种都实现了保费高速增长，互联网保险公司则在2021年第一季度出现主营业务负增长，这也是导致其整体保费萎缩的根本原因。

表 10　　各险种保费增速　　单位:%

险种	2020 年全年			2021 年第一季度		
	整体	传统公司	互联网保险公司	整体	传统公司	互联网保险公司
医疗保险	41.51	38.86	49.27	28.44	48.32	-27.33
疾病保险	31.31	25.79	54.79	41.39	40.92	43.07
其中:重疾险	19.76	11.01	42.40	58.89	77.84	22.67
护理保险	216.25	216.25	—	609.35	609.35	—
失能收入保险	73.91	76.15	-87.94	106.34	106.79	-100.00
医疗意外保险	535.08	534.61	—	161.12	158.60	—

从渠道结构来看（见表11），行业整体在所有渠道均实现保费正增长，但不同类型公司的增长结构不同。传统财产险公司实现全面正增长，其中专业代理和保险经纪业务的增速最快。互联网公司的渠道经营情况波动较大：2020年末，除其他兼业渠道以外，所有渠道保费均正增长，特别是银行邮政渠道，增速高达7 452.21%；2021年第一季度，虽然银行邮政业务保持高速增长，但其他兼业、直销、专业代理渠道均出现不同程度滑落。

表 11　　各渠道保费增速　　单位:%

渠道	2020 年全年			2021 年第一季度		
	整体	传统公司	互联网保险公司	整体	传统公司	互联网保险公司
直销	26.10	25.34	29.38	20.64	38.46	-63.99
个人代理	44.33	44.32	—	32.59	32.54	—
专业代理	102.47	96.58	107.35	39.98	125.74	-3.53
银行邮政	10.94	8.84	7 452.21	4.55	2.64	301.93
其他兼业	27.61	32.66	-48.51	40.77	45.71	-75.12
经纪业务	83.32	124.68	24.86	68.75	105.32	21.50

②赔付情况。整体来看，财产险公司的赔付金额低于人身险公司，但当期理赔支出除以当期原保费收入的赔付比例却高于人身险公司（见表12）。其中，医疗险赔付比例在2020年末高于人身险公司近10个百分点，但到2021年第一季度出现下降，反而低于人身险公司；疾病保险赔付比例保持在50%左右的水平，且远高于人身险公司，反映出这两类公司业务结构的不同。

表 12　　分险种赔付支出及赔付比例

2020 年全年	赔付金额（亿元）	赔付比例（%）	2021 年第一季度	赔付金额（亿元）	赔付比例（%）
一、财产险公司					
行业整体	299.38	50.62	行业整体	80.53	30.51
医疗保险	267.25	53.42	医疗保险	71.14	29.84
疾病保险	27.48	50.35	疾病保险	8.58	45.13
其中:重疾险	19.17	59.02	其中:重疾险	6.26	48.16
护理保险	0.00	0.00	护理保险	0.00	0.00
失能收入保险	1.72	68.85	失能收入保险	0.55	29.54
医疗意外保险	0.53	52.67	医疗意外保险	0.21	78.48

续表

2020 年全年	赔付金额（亿元）	赔付比例（%）	2021 年第一季度	赔付金额（亿元）	赔付比例（%）
二、人身险公司					
行业整体	1 361.43	21.79	行业整体	412.57	20.84
医疗保险	749.76	44.01	医疗保险	217.84	36.78
疾病保险	601.21	13.52	疾病保险	188.53	13.91
其中：重疾险	527.23	13.19	其中：重疾险	163.73	13.40
护理保险	8.69	9.41	护理保险	5.57	18.61
失能收入保险	1.40	54.51	失能收入保险	0.42	53.42
医疗意外保险	0.36	12.98	医疗意外保险	0.21	15.22

从件均赔付金额来看（见表13），与2020年全年相比，2021年第一季度财产险公司个人医疗险件均赔付金额大幅下降，团体业务则较为稳定，这点与人身险公司十分相似。其疾病保险无论是个人业务还是团体业务，件均赔付金额都出现较大幅度上升。

表 13　　财产险公司各险种件均赔付支出　　单位：元

2020 年全年	合计	个人业务	团体业务
医疗保险	1 061.37	3 526.00	917.28
疾病保险	3 318.96	1 611.68	8 494.91
其中：重疾险	2 674.01	1 294.03	10 608.07
护理保险	—	—	—
失能收入保险	6 395.02	159 248.31	5 573.17
医疗意外保险	225.80	7 026.13	191.47
2021 年第一季度	合计	个人业务	团体业务
医疗保险	1 090.0	1 681.6	1 004.7
疾病保险	5 373.9	2 915.7	10 477.3
其中：重疾险	4 880.3	2 442.4	15 635.2
护理保险	—	—	—
失能收入保险	7 342.0	92 191.8	6 831.6
医疗意外保险	948.3	10 703.2	800.0

（二）发展形势研判及建议

1. 发展展望

调研公司反馈，2020年以来，随着利好政策的出台以及健康保障意识的激发，消费者在加强商业健康险需求的同时，对产品和服务内容也有了更高的要求。为满足市场需求，商业健康险快速发展，产品形态不断创新，保障属性和服务属性更加突出。"保险＋"成为行业共识，在"互联网＋""保险＋医药""保险＋科技""保险＋健康管理"等领域，各公司积极推进产业链合作，开展跨界融合。

展望未来，健康保险可能呈现以下发展趋势：

一是宏观来看，各项政策红利、需求红利和创新红利将持续释放，推动行业继续快速发展。

二是市场运行不断规范。监管部门密集出台一系列监管文件，对当前或未来可能有较快发展的医疗险、长期护理保险、城市定制型医疗险等业务建立健康险监管制度基础和行业经营规范，将保证商业健康险有序、健康发展。

三是不同人群的健康保障需求将明显分化。一方面，随着中高等收入群体快速崛起，集健康保险、健康管理于一体的高品质健康保障诉求潜力巨大；另一方面，目前我国个人医疗保障缺口依然较大，高保额、低保费、保大病的普惠型健康保险发展空间仍然很大。

四是基本医保与商业健康险的功能定位将更加清晰。特别是随着基本医保待遇清单制度、商业保险药品目录研究的推进，将进一步厘清基本医保和商业健康保险的边界。

五是技术创新的趋势更加明显，将进一步推动风控定价、服务效率、销售方式等方面的创新发展。

2. 面临的问题与挑战

除了产品供给不足、数据基础薄弱等行业长期面临的问题外，未来商业健康险更需要关注以下风险：

一是行业面临转型压力。2020—2021年，行业同时开展了重大疾病保险、短期健康保险产品升级改造等一系列调整工作，在经营稳定性、队伍培训成本、客户接受程度等方面都面临巨大的转型压力和成本。

二是创新业务面临较大不确定性。保障长期化、普惠化是行业必然的发展规律，然而实现发展目标的过程也充满风险。

比如，长期医疗险远期赔付率高，目前直保公司、再保公司都较为谨慎。由于缺乏诊疗、医疗通胀等数据的定价支持，针对不同细分市场人群的特定健康险产品开发难度较大。短期健康险市场未来可能会因为长期医疗险、各地城市定制型商业医疗险的发展受到较大冲击，市场竞争会日趋激烈，中介手续费上行等长期困扰行业发展的问题将愈发突出，"价格越来越低，成本越来越高"的情况将日益凸现。此外，惠民保类城市定制商业医疗险业务发展势头迅猛，市场竞争激烈，对商业保险公司的业务承办能力、精算定价能力、运营管理能力、风险管控能力等方面提出较高要求。

三是随着保险行业数字化进程的快速推进，如何将数字技术融入各业务领域中并实现商业模式创新，以及如何应对数字化经营后可能带来的信息安全风险，是行业发展面临的重大挑战。

3. 政策及发展建议

一是充分发挥监管政策作为行业发展"指挥棒"的作用，加大监管的逆周期调节力度。当前保险行业还处于"后疫情"时代的修复期，建议在管住后端，确保不发生系统性金融性风险的基础上适度放开前端，给市场发展注入活力。

二是开展对新的监管政策实施效果的跟踪研究，加强对发展热点相关风险的预警反应。以长期医疗险为例，除了经营数据分析和调研等常用的方法外，还要加强对消费者认知、消费者行为、保险公司营销行为等重要细节的研究，以细化和明确规范准则，对目前规定中定义或标准过于模糊的内容进行必要的调整。此外，充分考虑既往客户的利益维护和市场稳定，切实满足客户保障需求和实际投保偏好。

三是加强医疗健康数据共享。建议加强协调，推动与医保部门、医疗机构的数据对接，建立行业共享的医疗健康数据库。在保证数据安全的前提下，允许保险公司利用医疗健康大数据开展产品创新、健康管理、风险管控等。

四是加强行业自律。加快行业数据交流及使用规范体系建设，研究并发布医疗、护理、健康管理等相关服务的成本变化指数，建立对第三方服务机构的准入评价机制，推动商业保险药品及器械目录的研究工作。

四、国内保险机构内部审计组织体系及管理模式研究报告

（一）内部审计模式未来趋势对内部审计组织体系及管理模式的影响

1. 前瞻性审计，对风险控制体系的全面评价与确认阶段

一是审计的定位转变，咨询功能进一步加强，从单纯对全面风险管理的评价，转变为与一道、二道防线一起，对企业风险控制体系进行搭建，推动风险管理方案的解决，并在风险控制体系搭建完成后，定期对风险控制体系进行全面评价。二是内部审计的理念为"前瞻性"。根据公司的发展战略判断是否采取了适当的预防和应对措施并提出相应的改进建议，在公司战略目标的实现过程中提供必要的牵引推动。三是强化预警体系，整合风险管理和公司治理，内部审计提供实时持续的监控并参与战略规划，将关注点转向风险，使内部审计更注重于将来的交易风险，成为组织的一种增值活动。

2. 科技发展对内部审计组织体系及管理模式产生的影响

一是以审计各领域全面信息化为抓手，推动整合审计资源，提高审计工作效率和质量。二是规范数据采集应用方式，建立健全审计对象个体信息、审计对象行业数据、审计项目信息等基础数据库，打破内外部数据信息资源共享与审计项目开展之间的瓶颈，加快构建审计数据中心和数字化审计平台，为开展各审计项目提供丰富的信息资源。三是培养大数据审计思维，将政策研究与数据分析有机融合，向信息化要资源，向大数据要效率，创新拓展大数据技术应用，提升大数据审计能力。

3. 大数据运用对内部审计组织体系及管理模式产生的影响

在企业"集团化、大型化"的发展趋势下，企业经营范围拓展和经营内容深化、企业管理和运营模式创新发展，增加了风险发现和防控的难度，基于大数据等技术进行审计，通过全面的数据信息的关联和动态分析加快风险识别，对重大风险可及时组织资源进行审计，提升揭示风险的效率，防止风险的蔓延或扩大，可使公司决策层快速掌握公司面临的风险和范围，构建及时、高效的监控指标进行风险预警，进而合理确定审计范围和配置审计资源，推动内部审计机构由从合规管理型审计向风险管

控型审计转变。

（二）保险机构内部审计组织体系及管理最优模式探讨

1. 现阶段保险机构内部审计组织体系主要类型

（1）内部审计领导体制

①董事会或董事会下设的审计委员会领导模式。董事会是公司的经营决策机构，负责执行股东大会决议，在公司治理结构中处于核心地位，对内部审计体系的建立、运行与维护负有最终责任；审计委员会作为隶属于董事会下的一个专业委员会，代表董事会对管理层进行监督。因此，在董事会或董事会下设的审计委员会领导下的内部审计机构能够保持较高的独立性、权威性和组织地位，有利于内部审计检查、评价、鉴证、咨询功能的充分发挥。

②监事会领导模式。在现代公司治理结构中，股东大会及各利益相关方作为委托人，分别将各自的资源交董事会代理，并委托与董事会平行的监事会对其进行监督。这一结构的内部审计部门地位较高，有利于履行内部审计的检查、评价、鉴证功能，监事会也能够更好地利用内部审计履行其自身职能。

③总经理领导模式。这种管理模式在公司总经理领导下，直接为决策层服务。在独立性上，内部审计部门的地位比财务总监领导下的模式要高，主要审计内容是公司经营管理及财务合规性问题。其优点是能够发挥内部审计的确认及咨询服务职能。

④财务总监领导模式。这种管理模式的优点是能充分发挥对财务数据真实性的检查作用，有效促进公司财务活动的合规性，并有利于以财务数据为突破口对公司整体经营合规性进行检查。

⑤双重领导模式。在此模式下，职能上向审计委员会报告，行政上向总经理负责并报告，这种双向负责、双轨报告、保持双重关系的组织结构，符合公司治理对其履行报告受托责任的要求，能够最大限度地发挥内部审计的检查、评价、鉴证、咨询功能，而且保证了内部审计的独立性。

（2）内部审计组织体制

①集中管理模式。集中管理模式是指保险机构设置专门的内部审计机构或部门，统一制定实施预算管理、人力资源管理、作业管理等内部审计管理制度，其他各级机构（含保险子公司及各分支机构）可不再设置内部审计部门和岗位。人、财、物完全集中实行管理，可以设置不同区域中心。采取集中管理模式的公司主要有太平集团、太保集团、阳光集团等。

②垂直管理模式。垂直管理模式是指保险机构分级设置独立的内部审计部门，总部对各级内部审计部门进行统一管理和计划安排，各级内部审计部门分级承担内部审计职责并上报审计结果。集团/总公司审计部门对下级审计部门负有业务管理职能，人、财、物及办公地点由各级机构安排，双重管理、双轨汇报。采取垂直管理模式的公司主要有平安集团、人保财险等。

2. 内部审计组织体系的匹配组合方式

（1）董事会领导下的垂直管理模式的内部组织体系

从独立性看，脱离经营管理层，最大限度保证独立性、权威性；从资源整合力度看，计划和审计覆盖方面没有空白点、人员统筹安排有利于资源充分利用，审计成果运用和共享在各级检查机构之间没有壁垒；从质量控制看，统一规范化的操作制度和标准、评价标准、统一的质量监督部门有利于审计质量的控制。实践中形成了三种垂直管理模式：派驻人制，由上级单位委派审计人员到下属各企业代为执行内部审计工作；派驻机构制，由上级单位按区域或者业务设置审计办公室，对管辖内各下属企业代行内部审计工作；设立审计中心制，单独核算单位，接收委托，对内部单位进行审计，实行审计收费。

（2）董事会领导下的分级管理模式的内部组织体系

这种模式主要是指在集团董事会或经营层领导下，由母公司审计（集团审计）、子公司审计组成内部审计组织体系。现有文献主要是持批评态度，认为分级管理内部审计组织体系与集团化发展的要求越来越不匹配，主要体现在：机构设置使审计工作难以做到以独立、全局的视角看待问题；人员缺乏不符合内部审计质量控制的要求；审计覆盖率低形成监管的空白；审计成果利用的软性化导致审计价值的低估；审计职务的安排不利于内部审计工作的开展；子公司分级审计影响到内部审计独立性等问题。

（3）董事会或经营层领导下的双重管理模式的内部组织体系

实践中，双重管理模式的内部审计组织体系一般包括两种形式：一种是集中模式，即集团设立审计机构而子公司不再设立；另一种是分级式网络模式，在集团总部设置总协调机构，在各子公司总经理领导下设立审计部。这种模式下，各内部审计机构组织同时接受本级委托方和上级内部审计组织的双重领导，优点是审计工作贴近业务，有利于发现问题，审计工作较为客观全面，弊端是独立性可能受到影响。

3. 内部审计组织体系最优模式因素探讨

（1）公司内部审计机构设置的相关原则与要求

保险机构应建立与公司目标、治理结构、管控模式、业务性质和规模相适应，预算管理、人力资源管理、作业管理等相对独立的内部审计体系。内部审计部门的工作不受其他部门的干预或者影响，内部审计人员不得参与被审计对象业务活动、内部控制和风险管理等有关的决策和执行。内部审计机构的设置应当保持相对于其他部门的独立性、应当注意内部审计的功能性与效率性相对统一、应保证内部审计机构检查和报告的足够权威性、应注意保持分工协作的和谐工作环境与基本工作原则等。

（2）最优模式因素分析

①内部审计独立性。一是进一步健全有利于保障内部审计独立性的领导机制。规定内部审计机构或履行内部审计职责的机构应当在单位党组织、董事会（或者主要负责人）直接领导下开展内部审计工作。单位党组织、董事会（或者主要负责人）要定期听取内部审计工作汇报，加强对内部审计工作规划、年度审计计划、审计质量控制、问题整改和队伍建设等重要事项的管理。另外，国有企业还应当按照有关规定建立总审计师制度，总审计师协助党组织、董事会（或者主要负责人）管理内部审计工作。同时，明确下属单位、分支机构较多或者实行系统垂直管理的单位的内部审计机构对全系统内部审计工作负有指导和监督职责。二是建立健全内部审计人员的独立性约束和保护制度。规定内部审

计人员应当忠于职守，做到独立、客观、公正、保密，不得参与可能影响独立、客观履行审计职责的工作；在遭受打击、报复、陷害时，单位党组织、董事会（或者主要负责人）应当及时采取保护措施，并对相关责任人员进行处理，涉嫌犯罪的，移送司法机关依法追究刑事责任。

②内部审计组织运行效率。从资源整合力度看，计划和审计覆盖方面没有空白点、人员统筹安排有利于资源充分利用、审计成果运用和共享在各级检查机构之间没有壁垒。从质量控制方面看，统一规范化的操作制度和标准、评价标准、统一的质量监督部门有利于审计质量的控制。

③内审组织体系及管理最优模式。保险机构内部审计组织体系及管理最优模式是在董事会（含公司党委）领导下，采取集中管理模式的内部审计组织体系及管理模式。在现阶段，上述模式不仅能提高审计独立性、权威性，统筹和节约审计资源，对审计人员实行集中管理，并在集团范围内统筹安排审计力量，提高内部审计工作的指导、规划、统筹、协调能力，而且是实现审计监督全覆盖的有效途径，并在一定程度上避免出现审计资源分散、内部审计职能重叠、独立性较弱等问题。

（三）未来发展趋势展望

1. 国内保险机构内部审计发展趋势

（1）审计技术领域

一是审计信息化建设是推进"科技强审"战略的重要支撑，是提高审计工作效率和质量的重要手段。要积极推动数据全覆盖，坚持以用为本原则，宏观分析、把握总体、突出重点，分阶段分层次和有计划有步骤地开展相关数据采集、恢复、整理、管理、使用，逐步实现跨层级、跨地域、跨系统、跨部门、跨业务数据大集中。二是树立全量数据思维，从"抽样审计"向"全量审计"转变。在数据时代下，审计人员可获得的数据来源相当广泛，数据规模经常达到PB级以上，单一数据对整体数据准确性的影响相对较小，基本不会影响整体审计效果。仅仅挖掘数据与数据之间的因果关系在某种程度上讲是不经济的，而挖掘数据背后隐藏的相关关系，可能会提供更多的审计线索。三是创新审计管理模式和组织方式。审计人员在审计的每个阶段都可以使用大数据技术，包括计划及风险评估、控制测试、实质性测试和评价审计结果。四是数据时代审计整体流程的变革。在审计计划阶段，数据时代要求在制订具体审计计划时，配置计算机审计专业人才，尤其是精通信息系统审计、数据库技术和数据分析技术的专业人才；在风险评估和风险应对阶段，控制测试则演变为对信息系统的审计，这是对数据进行分析的必经程序。五是实行联网实时审计的新技术。与现场审计相比，联网实时审计具有全面性、时效性以及审计成本低、效率高和规范性强等方面的优势。

（2）职能演化和价值链的嵌入

内部审计的职能可以概括为基于动态匹配企业战略目标和可承受的风险限额基础上，帮助企业主动承担适当的风险从而获得高于市场平均收益的超额回报。通过职能的延伸，内部审计条线实现了企业价值链的参与和融合。这种由控制导向向风险导向转变的审计模式将内部审计条线打造成企业风险管控架构的重要支撑性平台。通过利用自身专业性优势，进行职能延伸，内部审计部门逐步嵌入公司发展的价值链，为其战略制定、经营策略研究、内控建设、风控人才培养及风险监测提供专业化咨询服务。

(3) 审计资源的综合利用

一是内部审计人员数量配备及结构不合理。虽然不少保险公司业务规模一直保持较高速度的增长，但无论内部审计人员数量还是相关人员结构都没有明显的优化。这些势必影响企业内部审计工作的顺利开展与审计效率的提升。二是内部审计人员专业与年龄结构单一。在调研过程中，课题组了解到，大多数内部审计人员都是财务和会计专业或有财务工作背景，对审计、大数据、投资行业、保险承保理赔及不动产项目建设管理等相关知识了解不多。公司后续的培训和继续教育对上述知识普及度也不高。三是内部审计信息化建设落后。调研中发现，不少保险机构尚未建立作业分析系统，无法妥善收集、存档内部审计作业流程及档案，给后期的信息分析及审计结果运用等造成一定的障碍，一定程度上影响了内部审计的质量与效率。四是内部审计资源投入缺乏统一规划。研究发现保险机构内部审计规划与战略目标并未完全结合，且每年评价侧重点也不完全相同，对国家宏观政策和市场变化反应较为迟钝，尚未形成一套科学的机制制订审计计划，对不同内部审计条线的项目人员和时间未进行科学合理安排规划，实际工作中导致审计人员调配出现冲突，无法将资源集中到重点项目中。

2. 国内保险机构内部审计未来发展面临的挑战

(1) 如何科学评估当前内部审计组织体系和管理模式

一是当前公司风险主要集中的领域。如果当前公司主要的风险集中在各地分支机构的操作层面，且各地分支机构业务具有同质性，此时可以在集团总部设立比较强大的内部审计机构，由内部审计机构承担整个集团的内部审计。如果当前公司主要的风险集中在集团总部战略落地或产品政策方面，就宜采取上下联动、有分有合、分工明确、各有侧重的内部审计组织模式，即由集团母公司董事会下设审计委员会直接管理内部审计工作，采用集团总部设立独立的内部审计机构加二级公司内部审计分部的运作模式；二是公司审计资源及获取渠道评估。国内保险机构共同的特点之一就是机构分散全国乃至境外、分支机构众多、管理层级多，经营范围涵盖了产险、寿险、养老、险资投资、网络销售、工程建设及物业管理等，由于业态复杂，内部审计任务十分繁重。

(2) 如何合理定位内部审计机构的组织地位

我国对内部审计机构设置的具体形式没有强制要求，各单位可以按照各自的模式设立内部审计机构，其自由度较大。内部审计机构的设立应该按照企业集团的行业特点、结构特点而有所不同。合理的组织结构，适当的组织地位，具有最大限度的独立性，对于内部审计工作的顺利开展有着良好的推动作用。获得合理的组织地位，拥有能够真正懂得内部审计、支持内部审计，并给内部审计机构更大生存空间的主管领导人，通过制度保证内部审计具有最大限度的独立性——同时具备了这三个条件，内部审计对公司治理发挥更大作用的基本条件就具备了。

(3) 如何平衡好与公司各治理主体间的关系

公司治理是关于在公司边界之外，董事会如何通过全面指导企业管理层、内部审计部门和内部控制管理部门的执行行为，以满足公司边界之外各利益相关方对责任和规制的合法预期。在既定的制度框架下，公司的组织体系经过一段时间运行达到内在结构平衡后，其内部关系可能处在一个相对稳定的状态，即使存在不合理，也可能很难改变。基于这种判断，在公司治理结构达到稳定状态的情况下，可以依靠内部审计改善公司治理结构。比如，实践中，内部审计人员可以研究治理层、管理层等各个组织层级拥有的制度授权和现实权利是否合法以及这些权利是否与其身份相当，是否存在权利过大或者过小，权利的应用是否存在滥用以及滥用的制度性原因是什么，临时授权是否达到实质合法与程序合法等。

五、保险区块链专题研究

（一）简介

本专题通过对国内外保险区块链的应用案例布局梳理和保险区块链的五大困境分析，给出保险区块链的破局建议，希望可以为保险公司、科技公司和监管机构等在保险区块链应用和发展方面提供一些参考和指引。

（二）保险区块链的发展分析

从时间上看，自2016年第一个保险区块链应用以来，保险区块链应用正逐渐从小打小闹的边缘应用向核心应用进行尝试和拓展。虽然目前这些应用并没有给保险公司带来实质上的业务价值，但各大保险公司都还在继续进行积极的摸索和尝试。整体来看，保险区块链的发展已经进入了稳定时期，相应的行业联盟链已经建立，如"中国银保信行业信息联盟链"、上海保险交易所（以下简称上海保交所）的"保交链"和中再集团的"RIC"产业链等（见图3）。

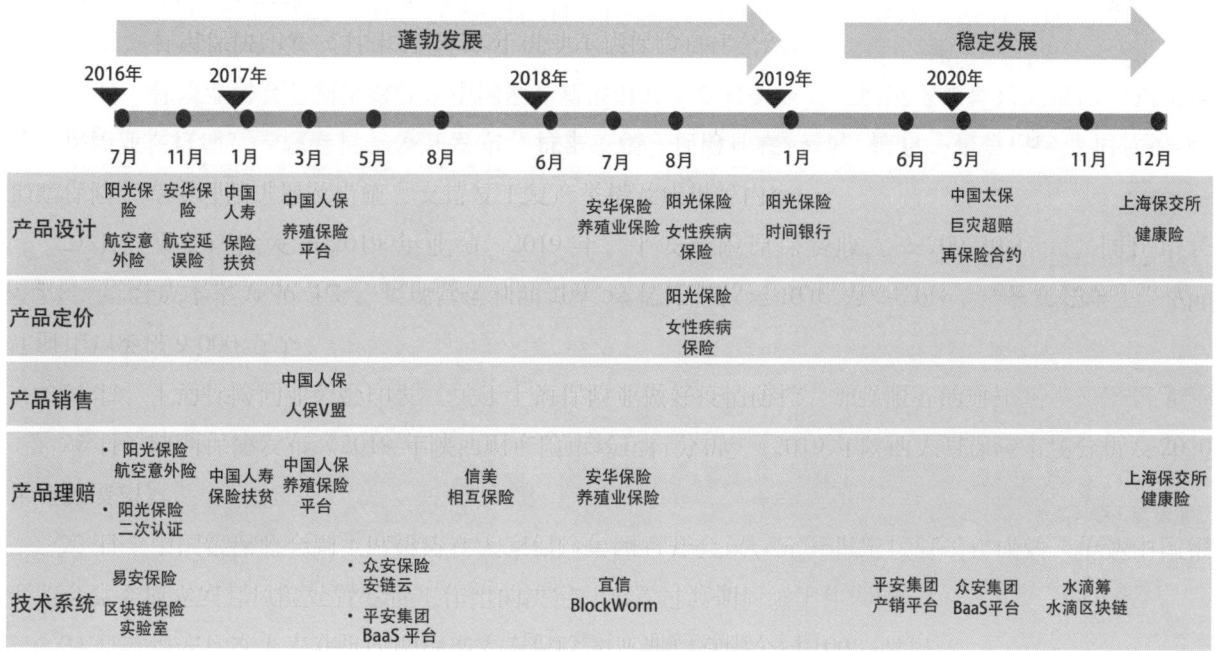

图3　保险公司区块链应用布局时间轴

从应用分类来看，目前区块链技术在国内外保险行业的应用主要可分为四类，具体分类情况如图4所示。

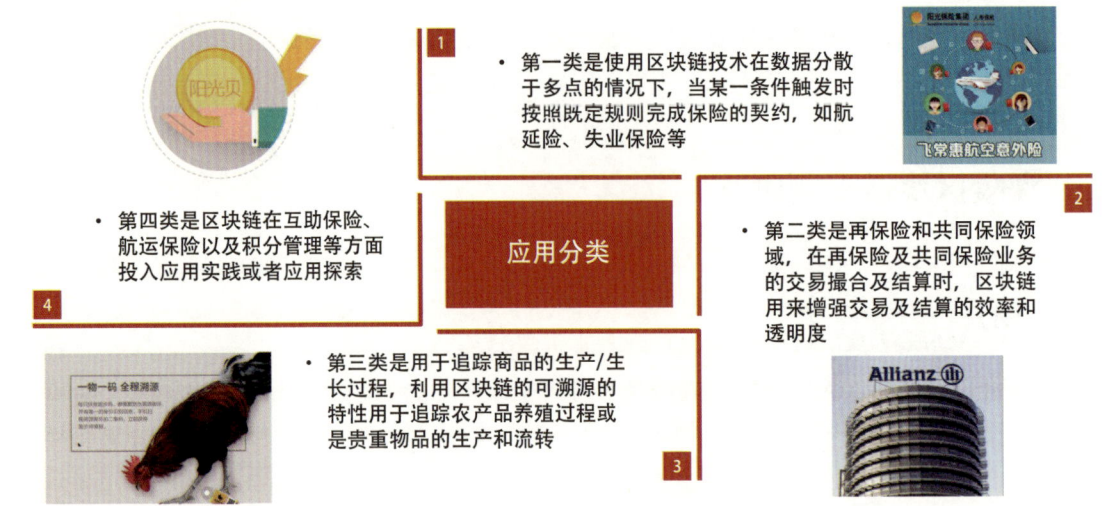

图4 区块链技术在保险行业的四类应用

从发展主体来看，目前区块链的发展主体还是以大型保险集团和互联网保险科技公司为主。如平安集团、阳光保险、中再集团、众安保险等，它们依托自身的丰富的应用场景和用户规模及科技能力进行区块链场景的探索和应用，同时构建自身的技术平台进行外部输出。

从发展效果来看，无论是国外的保险公司还是国内科技和资金实力都强大的平安集团，或场景丰富、拥有大量流量资源的众安保险，在保险区块链的应用和发展上区块链本身体现的价值还不够。综合来看，现有的区块链应用更像是一种领域的创新尝试，而不是作为长期发展的战略目标。纵览国内外的区块链应用可预见，保险区块链的发展未来还有很长的路要走。截至2020年12月底，国内外保险区块链的应用现状如图5和图6所示。

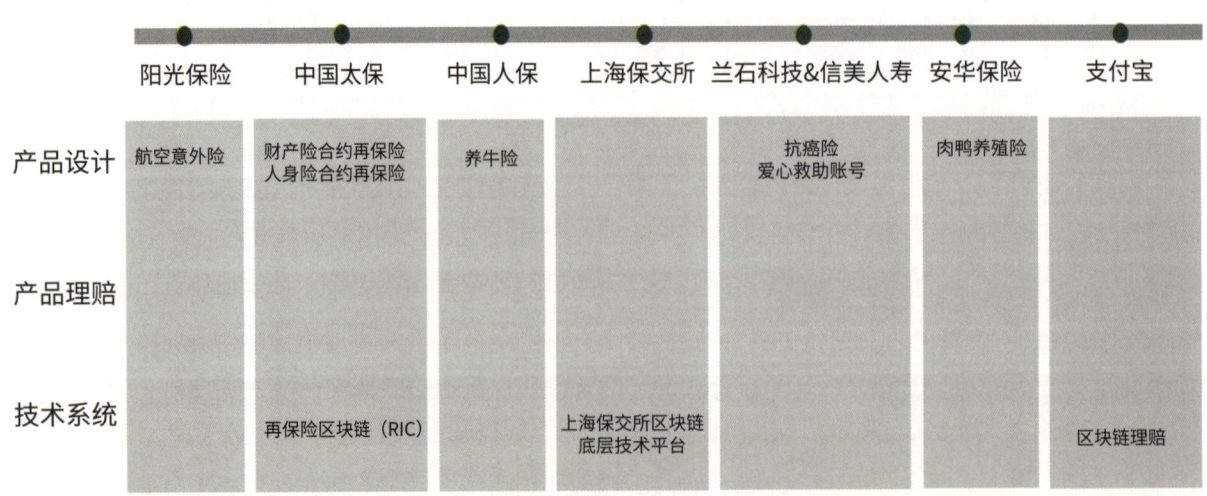

图5 保险行业区块链技术国内应用案例

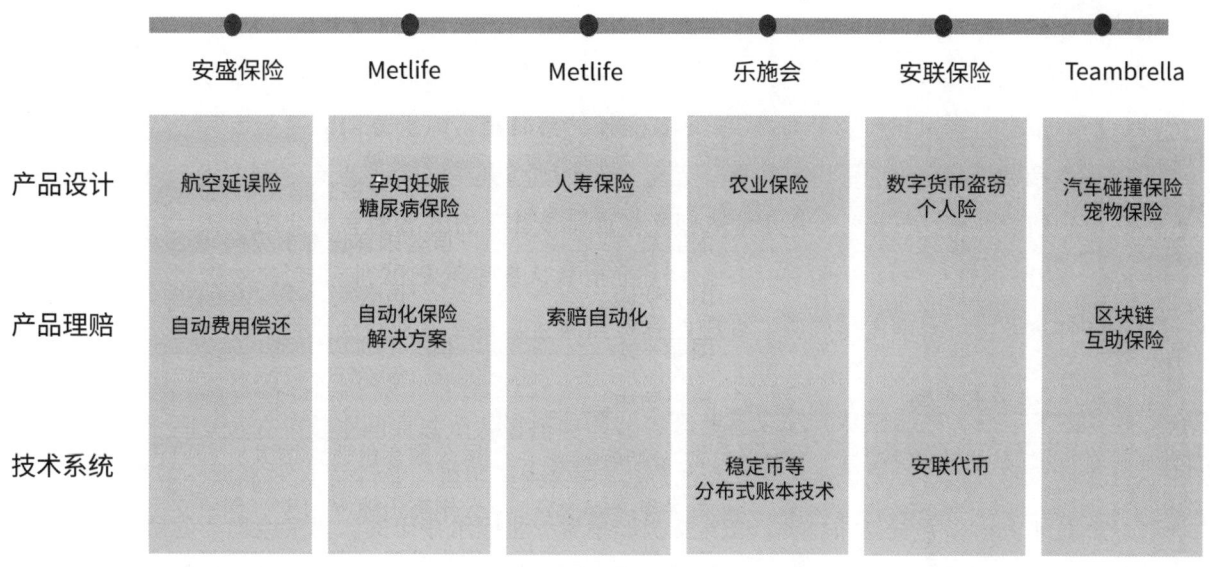

图6　保险行业区块链技术国外应用案例

（三）保险区块链的困局分析

为什么保险区块链在有国家政策支持和明确的业务场景，且大型保险公司和科技公司既有技术又有资金，同时公司高层支持的情况下还是没有"杀手级应用"呢？综合分析出现这种状况的原因主要如下：

1. 投入产出比低、价值深度不足

区块链技术的特点，决定保险机构信息"上链"难以推动。首先，不是所有的保险公司都有"上链"的想法（特别是对于资金、规模和技术实力相对较弱的中小型保险公司），保险公司"上链"需要投入大量的人力、物力和财力，还需共享核心数据资产等，投入成本偏高，共享数据的同时也需要能兼顾隐私和各方的收益才能最大限度促成共享。但要满足各方的收益要求，同时需选择谁作为推动方来推动，推动所获的收益等都没有明确的界定。其次，相对于加入联盟链的投入与顾虑，其带来的实际收益太少，同时可能并没有明显感受到业务的提升。如，目前的电子保单应用功能，互联网技术可以做到；数据共享功能可以通过建立数据共享中心做到；通过智能合约实现的流程自动化在一定程度上能通过互联网各种技术实现。因此，就区块链技术为保险行业实现的部分功能而言，相较于互联网技术增益不大，且成本偏高，短期利益几乎为零，即使长期假设利益价值更大，但投入周期长，收益不明确，也不易评估，因此在一定程度上限制了其落地应用。

2. 应用场景单一，保险同业合作不足，缺少行业级别的区块链联盟

当前保险行业内拥有的区块链应用大多是以单个保险公司为核心主体，依托具体的业务场景，连接相关机构的模式。如阳光人寿"飞常惠"航空意外险、钛空舱商业险等。这些区块链保险产品在开发之初的定位可能只限于本公司或者少数几家保险公司加入使用。但对区块链而言，我们可以认为其存在网络效应,即随着各个监管部门和行业协会对区块链技术的应用以及主体数量的增加,区块链网络中的节点从区块链技术中获得的价值就会增大,这种价值呈指数级增长,该现象可认为符合梅特卡夫定律,所以不是一两家保险公司或者相关利益主体的对接就能充分发挥区块链技术在信用风险防范、追溯机制建设和数据共享中的作用,其必须至少有 3 个或者更多主体(节点)的参与,通过构建一个可信的数据价值交换网络,为具体应用的落地提供底层支持,不断探索新的应用模式,才能真正实现"1+1>2"的协同效应,所以需要建立一个为保险业服务的行业级区块链联盟,不断吸引保险公司及相关利益主体加盟。

3. 行业监管还不明确

区块链技术虽然给保险监管带来了全新的方法和工具,但同时也改变了监管环境,带来了新挑战。目前区块链技术尚属于新型技术,故区块链技术在保险行业应用方面的法律规范尚不完善,且现行的分业监管体制会对监管"沙盒"造成一定阻碍,易产生监管空白或监管套利,监管过程中会出现主体不明确、法律监管不明确等问题,造成利益受损方无法维权,以区块链为底层技术的保险业务的跨界也将给监管带来挑战。由于得不到有效监督,"上链"前数据的真实性和完整性无法保证,在将区块链技术用于各类资产溯源时,难以真正形成闭环以降低风险、减少投机,反而可能会因信息失真或扭曲而造成潜在损失。

4. 缺乏行业标准和制度规范

保险区块链发展困局的另一个重要原因是缺少保险行业区块链应用技术标准和制度规范。截至 2019 年 12 月,可信区块链推进计划推出《区块链保险应用白皮书》,保险行业才初步拥有了统一的应用技术标准。因为保险公司在搭建联盟链时,没有统一的应用标准,只能联合区块链技术服务提供商一起探索应用模式,这样会导致各公司联盟链的差异较大,难以接入互联,形成保险行业区块链网络,不利于将来的迭代更新和扩展。

除了应用技术标准外,各保险公司的交易数据在属性和类型方面也存在差异。以一次具体的理赔记录为例,A 保险公司只记录了客户的基本信息,而 B 保险公司除了记录基本信息外,还记录客户的反馈信息等其他信息,两家公司客户信息的组成是不一样的,而且统计标准也可能不同,所以必须统一所有保险行业联盟成员的数据标准,保证记录的属性一样、数据类型一样,才符合区块链的技术标准。另外,不同的保险公司在评估客户的信用和风险等级等方面存在差异,必须统一评估标准才能真正实现数据共享,产生协同效应。如,S 某在 A 保险公司是 VIP 客户,信用非常良好(不存在欺诈行为),风险等级低,但是当 S 某去该联盟链另一家保险公司办理业务时,该公司是否承认 S 某的信用和风险等级仍是一个问题,如果统一评估标准,这一问题将被解决。

5. 技术成熟度还有待提升

(1)区块链应提升与其他主流技术的融合度

区块链技术不是万能的,社会上存在一些不切实际的鼓吹,让很多人误以为仅依靠区块链技术就能解决一切问题，这是非常错误的想法。

一方面，区块链本身不产生数据，也验证不了任何系统以外产生的信息的真实性，其主要优势在于数据的可信存储和传递，所以需要移动应用及物联网的不断推进，才能收集和验证大量所需的数据。只有不断推进区块链技术与移动互联技术及物联网技术深度结合，才能保证区块链有足够的数据资产支撑，才能帮助保险行业区块链实现与智能终端的可信互动。另一方面，区块链仅仅记录数据，无法处理数据。交易记录经过共识确认后，由记账人写入区块，并且当前能记录的数据格式相对简单，单个区块的数据量有限，难以反映数据之间的关系，所以如果想充分挖掘数据价值，还需要配合人工智能、大数据等技术分析处理数据。

所以，要打造一个被大家普遍使用和感知的保险行业区块链应用，区块链与其他技术的融合是必然的。

（2）区块链技术成熟性还有待进一步验证

区块链技术同样也会遇到分布式架构中的 CAP 原理，即一致性、可用性以及分区容错性，只能满足其二，三者不可兼得。此外，区块链的交易可能会存在延迟性。区块链具有全网数据分发的特点，因此容易受到带宽的限制。要被网络上大多数节点得知某笔交易要等到下一个记账周期，也就是要被大多数节点认可这笔交易才行，这对实际基于复杂流程的保险应用来说也是一个挑战。

（3）信息隐私安全尚难以保证

保险业务重视隐私保护，区块链要适应保险行业大规模商用，区块链的应用保障信息以及在交易与传播过程中的安全性仍需等待更多时间和更多实践的检验。此外，需要解决区块链应用的风险问题，例如技术创新本身带来的业务风险，以及如何在保护数据隐私的前提下打破数据信息孤岛。由于区块链技术尚处于开发阶段，还未成熟，不能完全解决客户端安全、应用安全等安全性问题。区块链技术本身不产生数据，主要运用于数据的可信传递，而移动应用及物联网的不断推进，将带来越来越多透明化处理大规模分散的敏感数据的需求，给信息安全带来挑战。

（四）保险区块链的破局建议

虽然区块链在保险方面的发展面临着众多挑战，但是可以看到的是，当前区块链技术已被列入我国"十四五"期间的"重大任务和重点工程"。银保监会多次强调，鼓励银行业、保险业积极运用区块链等技术，创新产品服务，提升金融服务的实效性、便捷性。对于保险行业来说，区块链技术的发展进入了一个窗口期，应尽快推出可规模化商业应用的业务场景（见图7）。除了现有的场景（相互保险、积分、年金、再保险），区块链在另类资产管理、场外交易数字化、保险风控和数字保单方面也还有很多值得探索和挖掘的空间。

长远来看，区块链在保险行业的应用，因具有广阔的发展前景和众多业务契合点，极有可能带来革命性的变革。此外，现有的保险应用技术已经非常成熟，区块链技术在没有经过大量验证的情况下，还需要一些时间和容错的机制，从而保障区块链的健康成长。

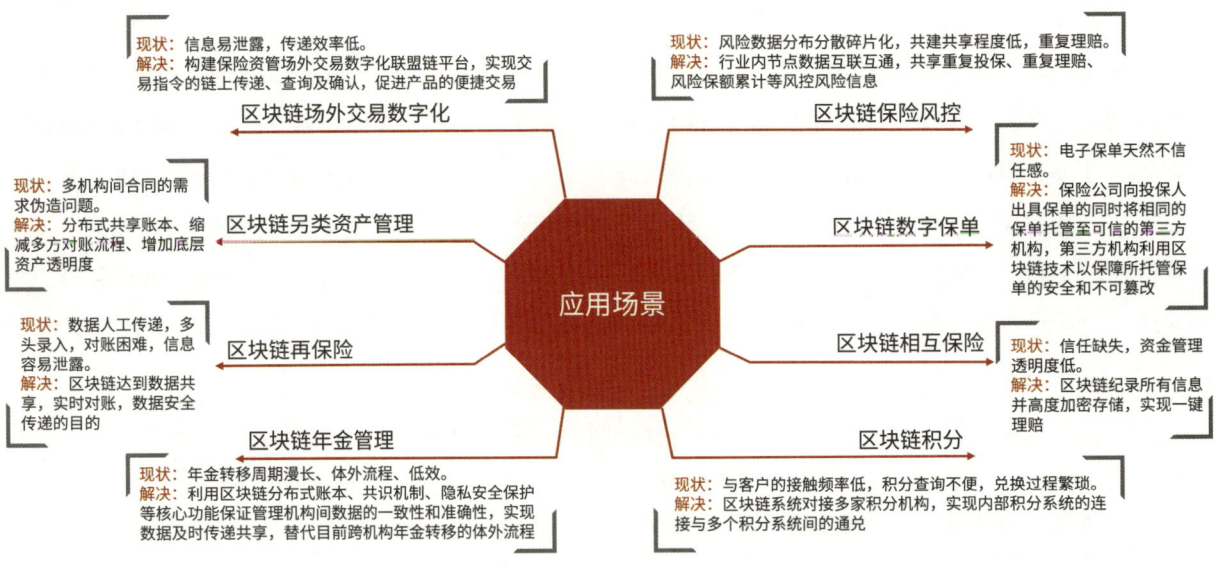

图 7 保险行业区块链技术业务场景

1. 对保险公司的建议

（1）招聘和培养区块链技术方向的人才，打造高水平区块链开发团队

区块链的开发和搭建涉及了大量的数据库技术和算法知识，具有很强的专业性。对于保险公司来说，成立自己高水平的区块链开发团队非常必要。要制定适宜的人力资源策略，通过外部招聘和与高校合作等方式为公司引进具有区块链研发能力的技术人员，并通过内部培训等方式提高现有员工的区块链开发能力和竞争力。目前，整个保险行业内，区块链技术人才非常稀缺，《2018 中国区块链人才现状白皮书》显示，区块链专业人才供需比仅为 0.15:1。从智联招聘网站的大数据看，2019 年向区块链相关岗位投递简历的需求远高于行业需求，是需求的 3.6 倍。数据还显示，虽然目前区块链人才供应充足，但拥有技能的人十分稀少，表面上看求职者蜂拥而至，但对用人企业来说，真正能满足需求的并不多。

（2）与科技专业公司加强合作

保险公司可以选择自己组建区块链开发团队，但对于许多保险企业，特别是中小型保险企业，在保险产品设计和营销的同时兼顾区块链平台开发往往力不从心，故不具备资源和条件的中小型保险公司可以加强与科技型企业合作，委托或联合科技公司开发保险公司的区块链应用平台，为中小型保险公司提供技术支持。与专业公司合作一方面可以节约保险公司的资源，确保保险公司专注于保险产品开发和销售；另一方面可以发挥专业公司的优势，保证平台开发的效率和效果。

2. 对监管机构和行业协会的建议

（1）制定、完善新的监管法规，提高监管水平

一方面，由于区块链技术尚处于发展的窗口期，因此在区块链技术在保险行业应用方面的法律规范尚不完整，故监管机构当务之急是积极调查和研究区块链在保险领域应用存在的法律和监管空白，

探索符合我国区块链技术发展的法律条款，避免与现行法律或监管条例冲突和相悖，进而加强区块链在金融领域应用的立法工作。同时，监管机构须认识到我国现行的对区块链的监管措施是局部性、暂时性的，尚未形成整体性、系统化的监管局面。当前区块链业务发展迅速，不同种类的金融科技业务盘根错节，有些企业打着金融科技旗号开展违规业务的"伪创新"，而在现行监管体制下，通过单一的监管主体无法界定其核心业务的边界，也无法准确界定监管责任，只有各监管主体联合统一，对区块链金融业务进行全面的风险排查，明确各监管主体责任，对区块链金融业务风险进行庖丁解牛式的治理，形成对区块链金融领域的全覆盖，才能有效防止监管套利。

（2）促进行业技术标准的统一

目前我国区块链应用场景落地处于初步探索阶段，不同公司开发区块链使用的编程存在差异，导致各企业间的区块链无法互联互通互认，信息只能在一个公司或少数几个公司内部流转，难以实现跨产业信息整合。因此，当务之急是制定区块链统一的技术标准。监管机构和行业协会要发挥好组织协调的作用，积极促成保险业区块链应用场景落地，推进保险公司合作共建统一的、高质量的区块链，尽快形成区块链开发技术统一标准。

此外，区块链的快速发展建立在多方合作的基础上、保险区块链联盟链是促进保险区块链发展的关键因素，故监管机构和行业协会也应出台相应政策，鼓励保险企业互相合作，建立保险区块链联盟链。

3. 对科技公司的建议

科技公司在保险区块链的发展过程中可以发挥更大的作用。可针对不同类型的保险公司提供差异化的技术服务，为客户打造"量身定做"的区块链系统。对于中小型保险公司，科技公司可以从科技的视角，帮助其建立区块链技术平台，进行区块链技术的相关培训，帮助保险公司进行内部系统和区块链平台的集成，完善区块链的技术能力和人才的培养。对于大型保险公司，科技公司可以考虑和其共同进行区块链技术的探索，建立行业技术标准、探索新的业务场景、发布新的区块链产品。对于监管机构，科技公司可以积极配合监管机构和行业协会进行区块链技术及应用的宣传和培训，并帮助监管机构和行业协会建立更合适的行业生态系统。

4. 多方融合的建议

为了让区块链技术发挥更好的作用，首先，建议保险行业须在企业级区块链技术的基础上设计出良好的商业和应用程序工作流程，所有关键的利益相关方都在同一时间采用该技术。其次，保险公司应该从客户需求的角度出发，评估区块链技术最应该应用的保险场景。最后，保险行业应该密切关注区块链技术领域研究与创新的最新动向，特别是在金融方面的创新实践，不断深化区块链技术与保险的相互融合。

六、保险公司诉讼管理研究报告

"十四五"时期是保险业改革转型的关键时期，新的发展机遇也必将面临日益增多的法律风险。

因此，如何加强保险公司诉讼管理能力，做好公司法律风险防控，是各保险公司都面临的重要课题。

（一）保险公司诉讼管理现状

1. 财产险公司诉讼管理情况

由于车险案件数量大，案情较为简单，具有同质化特点，一些财产险公司将车险案件交由车险理赔部门管理，法律合规部负责除车险理赔以外的案件。这种二分法的管理模式充分利用理赔部门对诉讼案件的理赔专业意见，对车意险的快速结案具有积极的作用。另外，一些财产险公司根据案件的类型，由业务部门和法律合规部分别处理保险业务案件和非保险业务案件。如此分工的好处在于，由业务承办部门处理诉讼案件，因其了解案件的实际情况，因此处理时效更高。此外，出于统一管理的考虑，一些财产险公司由法律合规部统一负责全公司的诉讼管理工作。这种集约化的管理模式，对于诉讼案件的统计管理以及公司法务风控的安排均有积极的意义。

2. 人身险公司诉讼管理情况

因人身险公司的业务规模、管理模式及人员配备等原因，各家公司的诉讼管理的实际情况不同，对应的诉讼案件管理部门也不同，一般多为法律事务部、法律合规部或风险管理部，虽然部门具体名称不同，但均承担着诉讼案件管理职责，并由专业法律人员团队担任诉讼案件的直接经办人。对于国有控股的股份制人身险公司，法律合规部等部门作为诉讼案件的归口管理部门，一般由总法律顾问或首席律师等高级管理人员统领全公司诉讼管理工作，总公司诉讼管理部门负责全系统范围内的诉讼案件管理工作，对全系统内所有案件有统筹管理和督导职责，省级及以下各分支机构诉讼案件管理部门或法律岗位分级负责本区域内诉讼案件的管理和应对。保险合同案件由保单所属地分公司负责处理，如遇跨省份应诉的案件，应由保单所属分公司处理案件，受案法院所在地分公司给予协调配合，案件结果由保单所属分公司承担。总公司诉讼管理部门根据案件情况，可对下级机构诉讼案件进行指导、督办，提出整改意见，下级机构应根据指导意见办理诉讼案件。

3. 再保险公司诉讼管理情况

在再保险公司的日常业务活动中可能涉及法律问题的事务主要有两个方面：

一是当保险理赔金额达到参与限额时，直保公司需征求再保险公司的意见，再保险公司为了维护自身利益，会要求直保公司将诉讼的进度情况向其及时通知，在必要的时候还会与直保公司一同进行证据的搜集与整理，制定诉讼策略和方案，间接参与保险诉讼。再保险公司的法律合规部门针对此项事件做出法律上的判断，给出法律意见作为是否赔付的参考依据，防范法律风险。

二是直保公司与再保险公司之间可能产生的法律纠纷。在保险事件发生后，除了直保公司对事件的核查外，再保险公司也需要对保险事件做出核查，同时还应根据再保险合同的约定核定是否需要承担再保险责任。如果双方意见相左，则直保公司与再保险公司就可能会对再保险合同条款的约定和事实的认定产生分歧，进而产生法律纠纷。

4. 互联网保险公司诉讼管理情况

目前互联网保险诉讼均采用线下诉讼、仲裁的方式开展，互联网诉讼管理方式与传统财产险、人身险保险公司的诉讼管理方式基本一致。诉讼管理的组织架构、制度建设、诉讼案件类型、成因和存在问题等也基本相同，诉讼情况也差不多，如诉讼九成为车险人伤案件、被动应诉率高、诉讼金额低等。基于互联网保险独特的法律风险，为有效降低诉讼风险，经营互联网保险的保险机构更加注重诉前管理，加强产品设计、客户身份识别、网页提示及说明设计以及投保赔付环节技术手段存证等。

（二）保险诉讼管理面临的挑战

我国保险业自改革开放以来已得到长足发展，但相较于银行业、证券业而言，保险业起步较晚，保险市场仍处于逐渐成熟的发展阶段。随着保险公司保费收入提升、承保件数增加，保险合同纠纷的发生随之增长，这也造成保险公司面临的诉讼日益增多。因此，如何妥善处理保险诉讼案件，有效维护消费者的利益，促进保险公司的合规经营与发展，是保险公司诉讼管理工作面临的巨大挑战。

1. 部分保险公司存在重业务发展、轻风险防范的经营理念

一是管理层更重视业务发展而轻视风险管理。尽管保险公司在业务经营过程中，已经明白风险管理的重要性，但由于受到利润驱动，相比保费收入、投资收益等"显性价值"来说，保险公司对于诉讼风险管理等"投入产出率"比较低的业务往往缺乏足够的重视，诉讼风险管理的"隐性价值"无法彰显。这是保险公司当前重业务发展、轻风险防范的核心动因。

二是部分保险公司缺乏对诉讼风险的事先预防。部分保险公司仍停留在被动应诉、事后补救等被动管理阶段，对诉讼风险缺乏事先主动预防。特别是部分保险公司在业务发展上片面强调业务增长量和增长速度，导致公司没有精力关注风险防范，不能及时排查化解矛盾纠纷、妥善处理信访投诉。

三是保险代理人营销模式给诉讼管理带来挑战。代理人团队的主要业务收入来源于承保保单的佣金，在利益的驱使之下，在展业环节中销售诱导、虚假陈述等违规展业或瑕疵展业时有发生。此外，投保环节也存在保险代理人未按规定履行投保询问、投保告知、免责条款的提示说明等义务的情况，展业环节遗留的隐患成为后续诉讼的重要风险点。

2. 诉讼管理体制与机制不完善

一是诉讼管理相关部门设置不完善。大部分保险公司已经建立了基本的诉讼风险控制框架，设置了法律部或合规部或风险管理部，诉讼风险管理组织架构相对健全。但在实际工作中，部门和岗位的设置不协调，各部门、各岗位之间存在工作脱节的情况，诉讼管理的工作和职能并未延伸到相关部门。

二是诉讼管理工作体系有不尽合理之处。部分保险公司诉讼风险控制制度形同虚设，虽然对其他部门的考核中都已加入风险控制考核指标，但是主要的考核标准仍以销售业绩为主，诉讼风险考核指标比重较小，且诉讼风险不会马上暴发，风险指标成效难以在短期突显。

三是诉讼管理后置工作匮乏。保险公司诉讼管理的终极目标应该是通过总结分析诉讼案件，为前端业务环节提供风险防范意见和建议，促使业务环节合规运营。但在实践操作中，很难做到运用业务流程证据控制好诉讼案件管理工作。分析总结案件中的风险点，以反馈于业务流程尚处于探索期。

3. 诉讼管理信息化建设不能适应管理需求

一是案例管理信息管理系统未全面应用。随着近年来保险纠纷案件呈现出发案量大、增长快等特征，保险公司面临着大量保险案件需要同时处理的情况，原有的人工管理的方式已不能满足工作需要。部分保险公司，特别是中小型保险公司尚未建立诉讼案件管理系统，对诉讼案件数据的统计分析仍依靠传统的列表统计方式，管理方式明显滞后。

二是案件管理系统的功能较为单一。目前，行业主流的保险案件管理系统的信息化水平还较为基础，未能充分利用当前的大数据、人工智能等先进技术对存量诉讼数据进行挖掘、整合和有效利用，未能有效转化为后续诉讼案件处置及业务风险的防范指引，缺乏基于诉讼数据的诉讼案件类型化的深入分析和应诉策略指导。

三是诉讼数据信息存在局限性。现有保险公司的诉讼管理系统尚未对接相关外部公开裁判数据信息，缺乏与公开外部裁判数据的整合，数据量存在局限性，在一定程度上制约着诉讼案件管理效果。

4. 诉讼管理人才匮乏

一是岗位设置不健全。由于保险公司内部对设置专业法务岗位的认识不统一，导致诉讼管理组织架构不健全，甚至没有专职的诉讼管理人员。

二是欠缺专业技能。法务人员入职门槛偏低导致人员素质参差不齐，兼职兼岗情况较多存在，诉讼管理工作开展缺乏人力资源基础。

三是培训制度和机制不健全。随着保险行业的发展，保险公司业务不断增多，加之监管规定的不断变化，诉讼管理人才需要不断提高专业技能，并及时更新自己的知识库。目前，诉讼管理人员囿于日常工作，亟待公司提供专业培训，帮助增强业务能力。

5. 保险消费环境带来的挑战

一是消费者维权意识日益增强。随着我国法治社会建设的深入，消费者法律意识不断增强，通过司法途径维护自身权益也越来越成为处理保险合同纠纷的重要选择。同时，也有个别保险消费者心存侥幸，在自身合法权益没有受到损害的情况下，企图通过诉讼获取更多的赔偿。

二是理赔代理人素质良莠不齐。当前，保险理赔市场存在一支不法理赔代理人队伍，这支队伍既活跃在车险理赔流程中，也渗透到人身保险代理人队伍中。不法理赔代理人介入不仅导致保险赔付率上升，损害保险公司及广大投保人利益，也极大浪费了司法资源。

三是保险欺诈类案件屡禁不止。个别消费者利用保险公司管理上的漏洞或司法诉讼环境偏向保险消费者的情况，采取虚构保险标的、虚构保险事故、虚构事故原因、夸大损失程度、故意制造保险事故等手段，恶意诉讼骗取保险金。

（三）完善保险公司诉讼管理的建议

1. 培育保险公司诉讼风险控制文化

加强诉讼风险防范工作对于保险公司至关重要，特别是培育诉讼风险防控文化，是构建诉讼风险防范机制的前提和基础。

一是培育诚信合规经营的企业文化。保险机构在日常经营过程中，应以"最大诚信"为基本原则，特别倡导风清气正、健康积极的企业文化，将诚信合规内化为员工特别是保险销售从业人员的思维习惯和行为准则。

二是尊重和保护保险消费者合法权益。保险公司在设计保险产品条款、投保、核报、理赔等各环节时，应努力做到信息透明、专业勤勉、公平公正，保障消费者知情权、受益权等合法权益，形成消费者保护和公司效益的良性互动。

三是重视培训宣导，提高全员诉讼风险意识。保险公司可以针对董事至一线销售人员不同层级、不同岗位人员，开展培训授课、典型案例警示、问题汇总通报、考核考试、重点机构督导等形式多样的培训教育，提升各级员工的诉讼风险意识和风险管理的主动性，使得公司诉讼风险防控体系的各项要求落到实处。

2. 完善保险公司法律职能部门体系

一是明确保险公司法律职能部门职责。法律部门作为保险公司内部的一个职能部门，一般要兼具管理职能与专业职能，是整个公司的保护伞，为公司守法经营、依法维护公司合法权益保驾护航。保险公司法律部门的工作职能主要包括：帮助公司搭建法律风险防范体系，建立公司法律管理规章制度，参与公司重大决策，管理公司诉讼、仲裁案件，审核保险条款，开展法律知识培训、案例分析等工作，提升全体人员的专业知识，提高企业法律合规经营的水平和能力。

二是建立健全的有效地沟通机制。诉讼管理的沟通包括两个方面：一是诉讼案件处置的沟通，法律部门应发挥统筹协调作用，及时调动各部门收集相关证据，共同研究诉讼对策；二是诉讼问题反馈机制，法律部门应与其他部门建立畅通的问题反馈机制，将诉讼案件处置和管理过程中发现的问题及时反馈给相关部门，相关部门应对问题进行整改，并将整改情况反馈至法律部门，形成诉讼闭环管理。

三是完善法务工作激励机制。要完善法务人员绩效考评机制，将法务部门与其他部门分开考评，独立设置考核指标，尽可能客观、公正地评价法务的工作情况。要建设专业技术人员岗位序列，可以考虑在公司管理岗位序列之外，增设独立的法律专业技术岗位序列，进一步拓展公司法务的晋升通道。要完善岗位培训激励机制，将职业素养、岗位技能、专业素质的培养和提升有机结合，引导公司法务人员不断提高履职能力和综合素质。

3. 完善诉讼案件管理机制

为减少诉讼发生率、降低案件败诉率，达到较好的减损降赔的效果，根据行业特点，结合司法实务，有必要进行有针对性的区分和集约化的管控，提高效率、节约诉讼成本。

一是建立内部专业团队，集中管理。面对保险诉讼案件的专业及复杂性，保险公司有必要组建常设、有效的法律诉讼部门，设置固定的诉讼管理岗位，制定、传达和贯彻关于诉讼案件管理相关制度，及时识别和评估诉讼风险，并定期统计、分析诉讼风险数据。在组织架构上，总公司设立法律部门，分公司设置分公司层级的法律部门，中支公司设置专职法律岗，由总公司法律部门统一管理，将诉讼管理作为其部门和岗位的明确职责予以确认。

二是建立分级管理制度，区分管理级别。设立集中的专业管理团队后，应建立案件分级管理制度，即通过组织架构的不同结合诉讼标的的情况，并同时根据案件性质考虑各层级的管理范围。例如，某类案件虽然标的额不大或根本就没有标的额，但该案件的结果对公司甚至保险市场或行业会产生导向性影响，那么此类案件也应提升管控层级进行处理。总的来说，保险公司应根据自身规模、业务特点，确定诉讼业务管理的分级管理标准。

三是划分案件类型，进行管理区分。根据保险标的、种类等因素的不同，对诉讼案件进行分类整理，根据各自特点，归纳共性，制订各类案件的管理办法和应诉对策。例如，人身保险可以区分为意外险、健康险、寿险、理财型保险等；财产保险可区分为财产损失险、责任险、信用保险、保证保险等。针对各类险种已有的生效判决进行分析，找出常见风险点和争议焦点，制订分类化的处理指引和处理方案。

4. 加强诉讼管理信息化建设

一是升级诉讼案件管理系统。优化系统基础功能优化，着重解决现行系统使用过程中存在的问题，完善诉讼案件系统操作流程；同时，将法院调解系统与诉讼管理系统结合，为以"诉讼与调解对接方式"处理保险业务类纠纷案件提供保障。

二是研发案件智能分析功能。将人工智能、区块链、云技术、大数据等技术与诉讼案件管理相结合，在案件管理信息系统建设的基础上，研发案件智能分析功能，从而提高保险公司诉讼案件管理水平。结合行业的先进经验，可以从大数据分析、风险智能预警、胜败诉预测、律师匹配等几个方面实现案件智能分析功能。

三是建立多部门协作的管理平台。将诉讼案件管理系统与OA办公系统衔接，在需要启动部门协商时，通过诉讼案件管理系统功能键自动推送到OA办公系统生成部门协调单，发起会商，会商意见和信息回推导入诉讼案件管理系统折叠保存，作为案件处理信息的一部分。另外，在管理流程上，根据不同的管理事项，流程可以设置支持并发的会签流程、一票通过、一票否决等不同的流程。

5. 强化保险经营行为合规管控

一是严格保险产品、合同审查制度。应当完善公司的保险产品、合同审查制度，明确保险产品开发和分类的具体标准，为保险产品、合同的审查提供制度依据。另外，应当理顺公司的保险产品、合同的审查流程。从产品的需求提出，到完成产品报备、做好上市准备，应经过保险公司内部的层层审批，确保相关保险产品、合同符合监管及公司管理要求。

二是加强保险销售行为的合规管控。要建立销售人员培训考核机制，跟踪培训教育效果，确保保险从业人员树立保险营销宣传行为的合规意识。要完善保险公司销售行为的质检及回溯检查，以保险销售行为可回溯管理为基础，制订科学合理的质检标准，将销售行为合规风险点纳入质检考核标准。

三是严格执行核保核赔管理制度。要严格执行核保管理制度，完善核保权限管理制度，制订完善的核保规则，明确核保作业人员需依据投保资料对保险标的哪些风险因素进行审核，以及审核结论的对应标准。要严格执行核赔管理制度，完善核赔内控风险管理，重点应从核赔人员岗位、权限、流程、保险金支出、赔付经营、客户服务和稽核管理等多方面进行核赔作业风险的内部控制与防范。

6. 建立多元化保险纠纷解决机制

保险多元化纠纷解决机制是社会工程，在法治建设中加强体制改革及司法改革，加强顶层设计和实践创新，形成民间、行业、行政、司法程序的有机衔接，逐渐形成具有中国特色的多元化纠纷解决文化。推进多元化保险纠纷解决机制的建立完善，需从以下几方面发力：

一是建立规制机制，加强制度完善及资源整合，对民间性、行业性、行政性和司法性等纠纷解决机制整体布局，加快建立科学的纠纷解决机制和纠纷解决程序。

二是践行重要规范，要做好行业性和司法性纠纷解决机制。当前应切实践行最高人民法院、公安部、司法部、银保监会联合以四部门办公厅名义下发的《道路交通事故损害赔偿纠纷"网上数据一体化处理"工作规范（试行）》，抓住"道路交通事故损害赔偿纠纷"这个"牛鼻子"。

三是探索补充渠道，将民间性及行政性纠纷解决机制作为补充，民间性机制应坚持维护人民调解作为基层社区调解的社会功能，行政性机制特别是行政调解和申诉制度（包括信访），应强化政府和行政执法机关的责任及纠纷解决能力。

附　录

附录一　2020年度中国保险行业协会会员大事记

一月

4日　中国太保与青海省林草局、三江源国家公园管理局、青海省海南藏族自治州政府、三江源生态保护基金会五方签订"中国太保三江源生态公益林"项目合作协议。

6日　中国人寿与中国一汽集团在北京签署战略合作协议。双方将在企业年金、财险、寿险、银行、投资等方面加入合作力度，共同支持服务东北振兴战略。

8日　阳光集团与厦门市委就推进全国中小企业信用融资服务平台建设、设立创新成长基金、促进健康养老产业发展等事项进行交流。

8日　阳光人寿发布2019年理赔年度报告。全年赔付24.01亿元，个险小额理赔平均索赔支付周期0.41天，个险获赔率98.97%。

9日　广西保协印发2019年《广西政策性农业保险服务质量评价暂行办法》《广西政策性农业保险服务质量评价工作方案》。

10日　前海人寿发布2019年理赔年报，全年赔付5.5亿元，较2018年同比增长19.6%。

10日　长城人寿发布2019年理赔年度报告。全年赔付2.36亿元，较2018年同比增长38.73%。

10日　国元保险农险业务系统研发团队入选安徽省"115"产业创新团队。

10日　新疆保协发布2019年度NCD均值系数报告。

11日　百年人寿发布2019年理赔服务年报,全年赔付6.57亿元,赔付案件近12万件。

13日　平安人寿发布2019年理赔年报,全年赔付338亿元。

13日　陕西保协印发《陕西省农业保险承保电子化和基础信息库建设工作方案》《陕西省农业保险承保电子化和基础信息库实务操作规范》。

16日　中国人寿在北京召开2020年扶贫工作会议。

16日　交银康联人寿大连分公司获批开业。

17日　平安养老发布2019年理赔年报。全年赔付179亿元,赔付案件1 537万件。

17日　上海保险同业公会印发《上海市医保专属商业健康保险业务服务标准》。

19日　光大永明人寿发布2019年理赔服务年报。全年理赔36.1万件,赔付金额为5亿元,豁免保费2 000万元。

24日　按照湖北银保监局部署,湖北保协召集10家会员公司负责人参加保险业抗击疫情座谈会,研究集中行业力量提供疫情期间保险保障。同日,湖北保协发出《让我们携手共同应对新型冠状病毒肺炎——致全省保险行业的一封倡议书》,倡议各公司快速反应,为全省一线医护人员提供操作易、效果好、保障高的保险产品和服务。

27日　保险业协会向全体会员发出《充分发挥保险保障功能　全力支持疫情防控工作》倡议书,动员全体会员单位充分发挥保险保障功能,服务助力疫情防控工作,以实际行动向全社会彰显行业价值和社会责任。

30日　新疆保协发布《2019年度新疆道路风险地图分析报告》。

31日　保险业协会党委书记、会长邢炜接受记者采访,向社会介绍会员单位积极防疫抗疫情况。

31日　中路保险获中共青岛市委、青岛市人民政府颁发"文明单位"。

1月　湖北武汉暴发新冠肺炎疫情,保险业坚决贯彻党中央、国务院决策部署,认真落实中国银保监会要求,充分发挥保险保障功能,第一时间启动理赔应急机制,开启理赔绿色通道,积极捐款捐物、捐赠保险,助力疫情防控。

1月　太保产险中标贵州省铜仁市城乡居民基本医疗意外伤害项目,份额内保费1.3亿元。

1月　太保产险向"3·21"江苏响水爆炸事故中受损企业联化科技赔付1.61亿元。

二月

3日　山东保协印发《山东保险业营业网点、办公职场以及从业人员安全防疫工作指引》。

3日　重庆保协、重庆保险中介协会联合印发《关于印发重庆保险金融服务及办公场所(职场)安全防疫工作指引的通知》。

4日　重庆保协印发《关于新冠肺炎疫情期间停运营业性客运车辆保险合同期限顺延有关事项的通知》。

6 日　陕西保协印发《关于新型冠状病毒感染的肺炎疫情防控期间给予特定物流企业车辆保险政策支持的通知》。

7 日　阳光产险为西安市公共卫生中心项目（西安小汤山医院）建设提供团体意外保险，并增加涵盖新冠肺炎感染导致的风险，总保额 3.15 亿元。

7 日　陕西保协举办《陕西省道路交通事故损害赔偿计算标准》线上讨论会，陕西省高院、陕西银保监局、陕西保协、部分会员单位代表参会。

10 日　阳光产险入围海南省疫情防控复工复产综合保险共保体。

12 日　保险业协会向中国银保监会报送《中国保险行业协会关于做好新型冠状病毒感染肺炎疫情防控工作的情况报告》，系统报告了新冠肺炎疫情暴发后，保险业务服务疫情防控、支持经济社会发展的各项举措。中国银保监会主席郭树清，副主席梁涛对调研报告做出批示。

12 日　中国太保向湖北省武汉市东湖高新区定向捐赠 1 000 万元，助力当地受疫情影响面临复工复产难题的科技创新企业及中小企业。

12 日　吉林保协编制发布《吉林省保险业社会价值贡献报告（2019 年）》白皮书。

13 日　人保财险印发《关于新冠肺炎疫情防控期间做好"菜篮子"稳产保供相关农险工作的通知》，为最大限度降低疫情对农业生产的影响贡献保险力量。

14 日　保险业协会印发《关于落实新冠肺炎疫情防控期间机动车车险服务有关工作的通知》，推出车险服务措施，支持疫情防控工作。

15 日　人保财险推出安全生产责任险十项举措，为复工复产企业纾困解难，助力企业平稳有序复工复产。

17 日　"平安养老—湖北交投紫云铁路基础设施债权投资计划"作为首批抗疫保险资金债权投资计划成功注册，计划投资 14.62 亿元。

17 日　甘肃保协印发《甘肃省 2020 年机动车辆保险自律公约》。

19 日　保险业协会与新华财经、中国网、新浪财经、今日头条、光明网等媒体共同推出"抗击疫情　保险业在行动"专题专栏，公开发布"抗击疫情，保险业在行动"信息，聚焦保险业捐款捐物、捐赠保险、专项理赔进展及措施、支持复工复产举措及成果等内容。

21 日　平安产险发布 2019 年业绩。2019 年，平安产险原保费收入 2 709.30 亿元，同比增长 9.5%，综合成本率为 96.4%，实现营运利润 209.52 亿元，营运 ROE 为 24.6%，"平安好车主"App 注册用户突破 9 000 万个。

21 日　上海保险同业公会印发《关于上海保险业做好疫情防控、加强服务的通知》。

22 日　陕西保协发布《2019 年陕西财产险市场运行分析》《2019 年陕西人身保险市场分析及 2020 年运行展望》。

23 日　中国银保监会副主席梁涛在大家保险集团召开会议，充分肯定接管工作成效，传达中国银保监会党委成立安邦风险处置专责工作组的决定，布置过渡期后续工作安排。

24 日　恒安标准人寿获批收购标准人寿保险（亚洲）有限公司 100% 股权。

24 日　上海保险同业公会印发《上海医保账户医疗保险示范条款》《上海医保账户意外伤害医疗

保险示范条款》《上海医保账户重大疾病保险示范条款》《上海医保账户住院自费医疗保险示范条款（2020年修订版）》。

25日　人保集团召开学习贯彻《习近平总书记在统筹推进新冠肺炎疫情防控和经济社会发展工作部署会议上重要讲话》全系统视频会议。

26日　保险业协会向中国银保监会报送《保险业六种模式支持生产企业复工复产》调研报告，反映保险业迅速行动，通过创建开辟绿色通道、捐赠风险保障、开发专属产品、拓展保障责任、推出增值服务、提供资金支持六种模式，有力支持生产企业复工复产。中国银保监会主席郭树清，副主席梁涛对调研报告做出批示。

26日　天津保协向天津市民政局报送《发挥保险业特点　加强金融服务　引导复工复产　天津保险行业在行动》报告。

27日　人保财险发布"中国人保稳外贸扩内需六项措施"，发挥信用保证保险功能作用，支持内外贸企业复工复产。

27日　太保产险中标香港大屿山临时隔离中心建设工程项目，支持疫情防控工作。

2月　保险业积极响应党中央、国务院号召，通过加大保险供给、创新保险产品、扩展原有产品保险责任范围、延长保险期限、科技赋能助力等，多措并举助力企业复工复产。

2月　保险业协会向行业征集"两会"议案提案素材，最终遴选出27件提交13位保险业全国人大代表和政协委员参考借鉴。

2月　人保财险获得交通运输部海事局2020—2022年度统保项目独家承保权。

2月　平安产险为全国10万家小微企业无偿提供专属风险保障，每家企业保额100万元，总保障金额高达1 000亿元，帮助小微企业渡过疫情难关。

2月　太平资产向湖北省科技投资集团有限公司投资10亿元，为受疫情影响较大地区的企业和社会民生提供金融服务支持。

2月　上海保险同业公会完成《保险营销员税收实施及2019年纳税情况报告》。

三月

3日　大家保险集团发布《2020中国家庭保险需求调查报告》，涵盖中国保险消费者群体画像、保险购买行为特征、家庭保险需求情况以及家庭未来养老规划等方面内容。

4日　山东保协发布山东省2019年度车险理赔服务评价指标。

4日　湖北保协制定完成《疫情防控期间湖北地区车辆保险期限自动延长的实施细则》。

5日　人保寿险支公司经理田桂荣获"全国金融五一巾帼标兵"称号。

6日　中国信保召开2020年度扶贫工作部署会。

9日　中国人寿召开助推脱贫攻坚工作领导小组会议。

9日　阳光产险推出"食品放心工程"，支持食品、餐饮、住宿行业复工专属保险产品及惠企专项服务举措。

12日　友邦保险公布2019年全年业绩数据。新业务价值（VONB）同比提升27%，年化新保费

（ANP）同比提升 22%。基于新业务的攀升，友邦保险中国内地市场 2019 年税后营运溢利（OPAT）同比增长 28%，首次突破 10 亿美元。

12 日　经北京市经济和信息化局、首都精神文明建设委员会办公室、北京市市场监督管理局认定，大童保险服务被授予"北京市诚信创建企业"。

12 日　吉林保协印发《吉林省 2019 年度车险业务发展分析报告》《吉林省 2019 年度寿险业务发展分析报告》《吉林省保险行业 2019 年销售人力分析报告》。

15 日　保险业协会组织全行业开展"以金融消费者为中心　助力疫情防控"为主题的"3·15"保险消费者权益保护教育宣传活动。

16 日　太平人寿在疫情期间通过光大信托向湖北省科技投资集团有限公司累计投放 11.9 亿元信托贷款，为受疫情影响较大的行业、地区提供金融服务支持。

17 日　保险业协会完成《关于中介行业（含银邮代理渠道）统筹推进疫情防控和支持经济社会发展有关情况的报告》。

18 日　上海市委常委、副市长吴清到中国太保总部调研走访，实地了解中国太保疫情防控工作和支持社会企业复工复产情况。

18 日　工业和信息化部官网疫情防控专栏"财税金融政策"板块公布"太保产险支持企业复工复产专项保障方案"。

20 日　人保资产向陕西省留坝县、黑龙江省桦川县、江西省乐安县和吉安县共 4 个定点扶贫县捐款 450 万元。

20 日　山东保协发布《2019 年山东人身保险公司市场运行报告》。

23 日　太平人寿数字档案室建设试点工作通过国家档案局验收，建成保险行业首家企业数字档案室。

23 日　陕西保协发布《2019 年保险专业中介会员单位经营情况分析及 2020 年中介市场运行展望》。

25 日　保险保障基金发布 2019 年中国保险消费者信心指数报告。2019 年中国保险消费者信心指数为 72.1，较 2018 年的 71.9 稳中有升，反映出消费者对保险行业的信心持续保持较强态势。

26 日　中国信保与土耳其财富基金签署全面业务合作谅解备忘。双方将在能源、化工、电站、矿产开采、交通、电信、大型机电设备或成套设备采购等行业建立融资保险合作，共同开发第三方市场，推动国际产能合作，支持中资企业赴土开展绿地投资。

26 日　中国人保、越秀集团共同出资 30 亿元，重点投资粤港澳大湾区内的城市更新、新基建等领域。

26 日　太保产险独家承保华为全球货运险和海外工程险项目。

26 日　国寿寿险召开 2019 年度业绩发布会。2019 年，公司保费收入突破 5 600 亿元，同比增长 5.8%；总投资收益 1 690.43 亿元，同比增长 77.7%；截至 2019 年底总资产为 3.73 万亿元。

26 日　安徽保协发布《关于深化车险市场自律监测机制的指导意见》《关于适用行业车险自律若干问题的解释》《车险归属地业务自我管控方案》。

27 日　中国大地保险通过中华慈善总会宇泽慈心项目，定向为上海市教育系统及北京部分学校近 28 万名教职工捐赠专属"复教园丁保"产品，总保额合计近 700 亿元。

27 日　中华保险集团与农业农村部签署战略合作协议，共同推进保险服务乡村振兴。

30 日　人保集团和人保财险在北京联合召开 2019 年度业绩发布会。

30 日　江西保协印发《江西保险行业复工复产疫情防控指导意见》。

31 日　人保财险向 30 日在扑救四川省凉山州西昌市泸山森林火灾中遇难的打火队员赔付团体意外伤害保险首笔赔款 720 万元。

3 月　保险业协会发布《互联网财产保险市场分析报告》《2019 年度互联网人身保险市场运行情况分析报告》《2019 年度寿险电话营销行业发展形势分析报告》《重大疾病保险的疾病定义使用规范修订版（征求意见稿）》。

3 月　中国大地保险中标中投公司重点扶贫县——甘肃静宁县"大地防返贫保"项目，为该县近 2 万名贫困群众提供 179 亿元保险保障。

3 月　太平养老上海分公司养老金管理部获"全国金融五一巾帼标兵岗"称号。

3 月　湖北保协发布《做好疫情防控金融服务 有序推进复工复产的倡议书》。

四月

1 日　宁夏保协的《宁夏保险销售从业人员管理自律公约》《宁夏人身保险业销售宣传行为负面清单》《宁夏保险行业商业银行代理保险业务自律公约》正式实施。

2 日　英大财险召开 2020 年党风廉政建设和反腐败工作会议。

2 日　英大财险甘肃分公司获批开业。

3 日　国寿养老发布《国寿养老高频核心指数报告》和养老金产品指数查询平台。

4 日　人保财险印发《关于人保财险服务经济社会全面复工复产的指导意见》。

8 日　成都市委常委、常务副市长谢瑞武在锦泰保险《关于积极助力我市复工复产情况的报告》上做出批示，对公司相关工作予以肯定。

9 日　甘肃保协印发《甘肃省人身保险业销售宣传行为负面清单》。

13 日　中国银保监会副主席梁涛到保险保障基金调研。

15 日　保险业协会向中国银保监会报送《中国保险行业协会人身保险业责任准备金评估利率专家咨询委员会就 2020 年我国经济形势、资本市场走势、长期利率趋势等问题征集专家意见的报告》。

15 日　中国太平在香港特区铜锣湾点亮户外屏幕宣传"维护国家安全，守护市民福祉""国家安全是香港安定之本""国家稳，香港稳，国家安，香港安"，向香港市民传递国家安全的重要性和香港特区维护国家安全的宪制责任信息。

15 日　上海市政协有关领导到三井住友海上（中国）调研新冠肺炎疫情复工复产情况。

15 日　重庆保协与司法鉴定协会共同出台规范涉保司法鉴定工作文件，推动建立涉保司法鉴定的联系机制、委托机制。

15 日　天津保协印发《天津市车险信息平台数据信息查询管理办法（暂行）》2020 年修订版。

16 日　永安保险向广西昱洋船舶有限公司"新昱洋"轮碰撞事故预付赔款 1 530 余万元。

16 日　劳合社（中国）发布 2019 年度信息披露报告。

20 日　国寿资产金融市场部获中央金融团工委授予的"全国金融系统青年五四奖章集体"称号。

21 日　甘肃保协制定印发《全国车险信息平台道路风险地图甘肃地区分析报告》。

22 日　北大方正人寿安徽分公司获批开业。

22 日　人保资产完成"人保资产—华能国际基础设施债权投资计划"二期提款 9.3 亿元，累计提款 36 亿元。项目基础资产分别为位于甘肃、山西和山东三省的火电项目，本债权计划的实施对区域经济尤其是中西部区域发展具有重要的经济和社会意义。

23 日　安徽省保险从业人员诚信记录管理信息系统上线。

24 日　保险业协会制定印发《中国保险行业协会党委理论学习中心组学习实施细则》《中国保险行业协会党委理论学习中心组 2020 年学习计划》，制定保险业协会党委意识形态工作责任清单，健全协会意识形态工作机制，筑牢协会意识形态安全防线。

24 日　在广东银保监局指导下，广东保协在省级政务服务平台"粤省事"上线运行保险销售从业人员电子执业证，友邦保险和太平人寿两家寿险公司首批试点应用。

24 日　亚太财险入围内蒙古自治区建筑业协会建筑工程相关保证保险项目共保体。

26 日　广西保协印发《2020 年广西人身保险服务质量评价工作方案》。

28 日　湖北保协编写完成《关于新冠肺炎疫情对湖北省人身保险的影响和建议的报告》。

29 日　爱心人寿江苏分公司获批开业。

30 日　陕西保协发布《陕西人身保险业销售宣传行为负面清单（2020 版）》。

4 月　保险业协会发布 2019 年中国财产保险十大理赔案例。

4 月　太保产险为新疆维吾尔自治区、新疆生产建设兵团的棉花"目标价格保险＋期货"案件赔付 3.57 亿元。

4 月　宁夏保协印发《宁夏人身保险业服务网点建设评价标准》《宁夏人身保险业服务网点建设评价方案》。

五月

6 日　为积极稳妥做好疫情期间湖北省车险保期延长工作，湖北保协制订《湖北省疫情期间车险保期延长实施方案》，确定"1＋N"的延长方案。

7 日　山西保协发布《山西省环境污染责任保险条款（2020 版）》。

12 日　东海保险广东分公司获批开业。

13 日　太平财险承保全球首家获临床试验批件的责任险项目，为新冠病毒灭活疫苗（Vero 细胞）临床试验提供保险保障。

15 日　保险业协会向中国银保监会报送《中国保险行业协会关于人身保险市场调研情况的报告》。

15 日　中英人寿发布《中英人寿癌症和心脑血管疾病防治蓝皮书（2020）》。

19 日　中融人寿向贵州省 3 个深度贫困村捐款 1 000 万元。

22 日　中国太保与上海期货交易所签订战略合作协议。双方将在"保险+期货"、仓储创新保障、财产险等领域深化全面合作。

22 日　国寿寿险与北京市海淀区人民政府签署战略合作协议。

22 日　弘康人寿精准教育扶贫实践，被《瞭望》杂志选送为"两会"专刊金融行业案例。

26 日　保险业协会召开第五届理事会第三次理事会会议。

27 日　中国银保监会副主席曹宇到保险保障基金调研。

29 日　中国信保与广东省人民政府签署《推动广东省加快形成全面开放新格局战略合作协议》。

5 月　太平养老为武汉东湖高新区区属企业提供金融服务，支持公共基础设施建设和防疫工作开展，助力复工复产，基金投放规模预计 10 亿元。

5 月　湖北保协完成《湖北保险业"三不"一体工作专题调研报告》。

5 月　深圳保险同业公会发布《深圳医保个人账户购买商业健康保险工作实施方案》。

六月

1 日　保险业协会印发《关于继续做好新冠病毒肺炎疫情防范和进一步加强理赔服务的通知》，要求行业做好新冠病毒肺炎疫情防范，进一步加强理赔服务。

1 日　天津保协获评"5A 级社会组织"。

1 日　河南保协制定《河南保险业诚信服务考评办法》。

2 日　吉林省委常委、延边州委书记田锦尘到阳光集团调研精准扶贫产业项目，并给予充分肯定。

2 日　中国大地保险"大豆+期货"项目落地吉林省通榆县，为当地政府招商引资种植大户提供风险保障。

3 日　安联集团发布《安联全球养老金报告》，中国总排名位于全球第 11 位、亚洲第 1 位。

5 日　中国人寿印发《中国人寿关于服务"六稳"、"六保"大局的工作方案》，推出 26 条重点举措。

8 日　泰康人寿上线理赔服务新模式"信用赔"，将同质案件处理时效由平均 6 小时大幅缩短至"秒级"。

8 日　锦泰保险被评为"成都市应对疫情表现突出企业"。

10 日　中国银保监会副主席梁涛到保险业协会、保险学会调研党建工作。梁涛在听取协会学会的党建工作汇报后，要求协会、学会党委要进一步强调党委工作的政治性，明确党委把方向、管大局、保落实的领导作用，明确党委讨论的重大问题和党建工作的主要任务，强调集体领导制度和班子成员履职尽责。

10 日　中国信保推出小微专属数字化服务产品"小微资信红绿灯"和"中国信保小微学院"，加大对小微企业的支持力度，推动信用保险服务实现数字化转型。

10 日　黄河财险开通绿色快赔通道，支付甘肃省天水市、定西市"5·31"特大冰雹灾害首期赔款 406 万元。

11 日　中再产险创新实验室挂牌成立。

13 日　保险业协会党委委员、副会长董路君带领工作组赴内蒙古自治区察右中旗实地调研和论证项目，协助当地政府建设防返贫长效机制。

17 日　中国太保举办全球存托凭证（GDR）在伦敦证券交易所挂牌上市仪式，中国保险业首单沪伦通 GDR 发行取得成功。

17 日　经中国银保监会批准，友邦保险上海分公司改建为友邦人寿保险有限公司，成为首家外资公司获批在中国内地设立独资人身保险的公司。

19 日　人保财险自主研发分布式核心系统项目通过由中国信息通信研究院开展《研发运营一体化（DevOps）能力成熟度模型》系列标准持续交付部分 3 级评估，成为国内保险行业中首个通过该标准的 IT 项目。

22 日　中国人寿与国家电力投资集团公司签署战略伙伴全面合作协议，共同出资支持西部地区大型风电基地项目，有效保障 2022 年北京冬奥会的绿色用电需求。

22 日　英大长安高效开展重庆綦江"6·22"特大洪灾协助索赔，助力灾后重建。

22 日　锦泰保险与成都市锦江区人民政府签订战略合作协议。

29 日　针对增值税征期调整、准备金支出所得税前扣除等会员集中关注的问题，保险业协会党委委员、副会长王玉祥带领工作组开展广泛调研，完成《保险业关于税收情况的调研报告》报送中国银保监会。中国银保监会主席郭树清，副主席周亮、梁涛对调研报告作出批示。

29 日　国富人寿向广西全区 5 379 名驻村第一书记捐赠总保险金额 38 亿元的人身意外伤害保险，助力广西决战决胜脱贫攻坚。

29 日　山东保协召开第九届会员大会，选举产生新一届理事会。

30 日　阳光产险申报的"SAAB3 系统开发平台"荣获国家版权局颁发的计算机软件著作权登记证书，"理赔调节远程提示装置"荣获国家知识产权局颁发的实用新型专利证书。

30 日　中国大地保险在浙江、河北、河南、江西、甘肃等多地创新推广"大地防返贫卫士"扶贫新模式。已覆盖超过 70 万人，赔付金额超过 600 万元。

30 日　光大永明人寿抗疫保险债权投资计划——"光大永明—汉江国投襄阳基础设施债权投资计划"完成首笔放款 5 亿元，获中央电视台和"学习强国"特别报道。

30 日　国寿资产谢燕同志获中国金融工会"脱贫攻坚先进典型全国金融五一劳动奖章"。

30 日　厦门保协召开第六届会员大会暨第六届理事会一次会议，选举产生新一届理事会。

6 月　保险业以多种形式集中开展以"守住钱袋子　护好幸福家"为主题的防范非法集资宣传月活动，宣传防范非法集资和金融知识，提升广大消费者安全意识。

6 月　保险业协会发布《中国保险行业协会财产再保险合同行业范本》。

6 月　保险业协会完成《养老金机构发展定位比较研究》课题。

6 月　保险保障基金合计调减 2020 年度季度预缴基金 7.36 亿元。

6 月　农业农村部公布 2020 年金融支农创新试点立项结果，太保产险获批 9 个金融支农试点项目

（含安信农保1个）。

6月 我国江南、华南、西南多地发生洪涝地质灾害，阳光产险第一时间启动应急服务预案，开通绿色理赔通道，截至6月底，支付赔款1 308万元。

6月 西藏保协印制藏汉双语《西藏基层保险宣传册》，发放给7个地市基层农牧民。

6月 宁波保协联合交警部门，采取"警保联动"模式应对灾害天气。

上半年 中国信保实现承保金额2 668.83亿美元，完成保单融资807.97亿元，出口信用保险覆盖面不断扩大。

上半年 保险业实现原保费收入2.72万亿元，同比增长6.46%；赔付支出6 308亿元，同比增长1.22%；业务及管理费为2 588亿元，同比增长2.05%；保险行业资金运用余额20.13万亿元，为总资产的91.56%。

七月

1日 保险业积极开展多种形式党建活动，庆祝中国共产党成立99周年。

1日 截至7月1日，保险行业因疫情累计赔付案件216 322件，累计赔付金额5.158亿元。

1日 民生保险内蒙古分公司获全国金融五一劳动奖状。

1日 众惠相互联合四川建设银行上线"递件即贷"系统，以专属信贷产品和绿色通道助力复工复产。

3日 信利保险（中国）有限公司更名为信利再保险（中国）有限公司。

6日 保险业协会与中国社科院人口所联合发布《2018—2019年中国长期护理调研报告》。

6日 由澳门特区政府主导、太平再保险牵头设计优化的2020年度澳门中小企巨灾财产保险推出，助力优化澳门巨灾保险体系建设。

8日 保险业协会发布《人身保险电子投保作业规范》《人身保险公司业务流程设计规范》两项标准。

8日 光大永明人寿发布2020年度上半年理赔报告。2020年上半年，公司提供理赔服务近61万人次，赔款3.5亿元。

9日 华夏人寿发布2020理赔半年报。2020年上半年，华夏人寿服务23.14万人次，理赔金额21.8亿元，豁免保费2.57亿元。

10日 长城人寿发布2020年理赔服务半年报。2020年上半年，长城人寿理赔件数为1.75万件，累积赔付1.24亿元，客户满意度为96.60%。

14日 平安产险获得2019年"深圳市市长质量奖"经济类奖项。

14日 华农保险与相关期货公司联合申报的5个"保险+期货"项目获得大连商品交易所备案确认。其中，基于区块链技术的鸡蛋价格保险产品属全国首创。

14日 天津保协召开第十次会员大会，选举产生新一届理事会。

16日 保险业协会党委委员、副会长王玉祥参加车险综合改革协调会，就落实改革重点工作事项发言。

16 日　信美相互发布 2020 年度半年报。上半年，公司规模保费收入为 10.39 亿元，同比增长 67%，净利润 5 329 万元。

20 日　陕西保协印发《陕西省人身保险从业人员综合管理办法》。

21 日　宁波保协召开第八次会员代表大会，选举产生新一届理事会。

22 日　习近平总书记考察梨树县国家百万亩绿色食品原料（玉米）标准化生产基地核心示范区，并参观由太保产险独家承保的多个"保险+期货+订单农业"试点核心地块。

22 日　中央电视台《晚间新闻》报道平安产险"扶贫保"产业扶贫模式。

22 日　北京市副市长卢彦一行赴新华人寿开展工作调研，公司党委书记、首席执行官、总裁李全代表公司作专题汇报。

22 日　保险业协会参加统战部"新的社会阶层人士统战工作联席会议专题会"。

23 日　广东保协印发《广东政策性农业保险示范条款（2020—2022 年）》。

24 日　中国银保监会召开车险座谈会，中国银保监会副主席梁涛出席会议并讲话。保险业协会会长邢炜参加会议，并就维护市场秩序、配合推进车险综合改革发言。

27 日　平安产险代表"引江济淮"（安徽段）工程共保体完成预付赔款 2 000 万元，为水利工程灾后复工提供保障。

28 日　中国"一带一路"再保险共同体成立，中再产险担任共同体管理机构。

28 日　湖南保协印发《湖南省保险行业协会自律违约处理办法》。

28 日　宁夏保协印发《宁夏保险行业商业银行代理保险业务自律公约》。

29 日　中再巨灾风险管理股份有限公司与中国科学院计算技术研究所签署战略合作协议，正式将国家"信息高铁"技术应用于中国巨灾模型超性能计算。

30 日　北京市政协主席吉林到中再集团调研。

30 日　太平集团董事长罗熹与农业农村部部长韩长赋举行会谈。双方将在支持"三农"、落实"乡村振兴"等战略方面建立工作对接机制。

30 日　湖南保协制定《湖南省保险公司销售从业人员自律管理规定》《湖南省保险专业中介机构从业人员自律管理规定》《湖南省保险从业人员诚信管理办法》。

31 日　中国银保监会党委党的建设高质量发展第六调研组到保险业协会调研。保险业协会党委书记、会长邢炜进行专题汇报，检查组对协会党建工作给予肯定。

31 日　保险业协会全面汇总会员单位开展防范非法集资宣传月活动情况，向中国银保监会报送《关于组织开展 2020 年防范非法集资宣传月活动情况的报告》。

31 日　华泰人寿发布 2020 年上半年理赔报告。2020 年上半年，华泰人寿为 16 107 人提供理赔服务，累积赔付 1.12 亿元。

31 日　浙江保协召开第七次会员代表大会，选举产生第七届理事会和第一届监事会。

31 日　内蒙古保协制定《内蒙古自治区保险销售人员诚信信息管理暂行办法》。

7 月　在中国银保监会指导支持下，在会员单位共同努力下，"7·8 全国保险公众宣传日"圆满收官。"一起增强免疫力动7来8"抖音平台短视频话题活动收到话题视频1.1万个,播放量1 566万次。联合中国平安在知乎平台开设"共筑诚信,反诈同行"线上圆桌论坛,浏览量达1 297万次。开展"7·8保险扶贫健康操"活动,870余万人次参与,捐赠步数185亿多步。34家保险公司认领8个地区的48个保险扶贫项目,帮助当地建档立卡贫困人口有效解决因灾因病致贫返贫问题。活动期间,全国各类媒体对"7·8"活动累计传播量超过19 000篇,会员单位自媒体平台发送相关内容8万余条,总访问量超过1亿次。

7月 保险业协会完成《重点新材料首批次应用保险示范条款》修订稿。

7月 平安人寿发布2020年上半年理赔报告。2020年上半年,平安人寿赔付151亿元,赔付案件169万件,豁免保费35亿元。

八月

1日 深圳保险同业公会与深圳保险中介行业协会联合制定《深圳保险业网络直播和短视频保险营销宣传行为基本规范》。

3日 陕西保协与陕西银协联合印发《陕西银行业保险业清廉从业规范》。

3日 广东保协与中国银保信联合发布《广东省2020年车辆保险水淹风险地图分析报告》。

3日 全国团体标准信息平台审批通过《青岛市保险行业协会团体标准管理办法》。

6日 国寿财险"一路行移动终端理赔产品"创新应用进入北京金融科技创新监管试点"监管沙箱"。

6日 广西保协印发《广西保险行业道路交通事故人身损害调处理赔统一标准》。

7日 阳光集团董事长张维功与北京市通州区有关领导就阳光保险进一步深度参与城市副中心建设进行座谈。

10日 保险业协会召开第五届理事会第四次理事会会议。

11日 辽宁保协印发《辽宁省人身险销售从业人员二十条禁令》,组织5万余名销售人员进行网上学习、3万余名销售人员在线答题,进一步规范销售从业人员执业行为,推进行业清廉金融文化建设。

12日 河南保协印发《河南保险业从业人员廉洁从业倡议》《河南保险业从业人员清廉行为守则》,并将执行情况纳入河南保协诚信服务考评体系。

14日 保险业协会发布《2020年上半年互联网人身保险市场运行情况分析报告》《2020年上半年寿险电销行业经营情况分析报告》。

17日 黑龙江保协印发《黑龙江省保险公司销售人员流动管理办法》。

18日 太平集团董事长罗熹赴甘肃两当县调研集团定点帮扶工作。

19日 中国农业再保险股份有限公司获批筹建,注册资本161亿元。

19日 中国太保与青海省人民政府签署战略合作协议。

19日 太保产险启动快速赔付流程,对参与承保的印度尼西亚PALAPA-N1卫星发射项目,按份额赔款2 174.99万美元。

21日　保险业协会举办以"全球疫情形势下保险行业的机遇与创新"为主题的第243期公益大讲堂活动，直播期间超过2万余人在线学习。

21日　人保财险发布2020年上半年经营业绩。上半年，公司保费收入2 463.04亿元，同比增长4.4%；净利润131.79亿元，年化ROE 15.5%。

21日　农银人寿公布2020年上半年理赔情况，累计完成赔付金额3.43亿元，赔付件数超10万件。

22日　泰康集团发布《2019企业社会责任报告》，与毕马威会计师事务所联合发布《2020年中国大健康产业财税热点报告》。

22日　新华保险关爱全国环卫工人公益行动实施三周年。项目覆盖全国102个城市、75万名环卫工人，累计捐赠保额超1 866亿元；共计向47个城市的146位环卫工人赔付1 476.5万元。

25日　中国太平公布2020年中期业绩。上半年，总保费及保单费收入1 371亿港元，同比下降1.3%；股东应占溢利28.77亿港元，同比下降57.3%；总资产9 983亿港元，较上年年末增长8.6%。

25日　泰山保险"政银保"入驻全国中小企业融资综合信用服务示范平台。

25日　黄河财险向武九项目暴洪灾害预付赔款2 000万元。

25日　大连保协印发《大连地区人身保险销售人员五十条禁止性规定》。

26日　中国太保与上海青浦区等三区县共同签署《长三角生态绿色一体化发展示范区绿色保险战略合作协议》。

26日　新华保险发布2020年中期业绩。2020年上半年，新华保险实现总保费968.79亿元，同比增长30.9%；归属于母公司股东的净利润82.18亿元，公司总资产9 393.51亿元。

27日　保险业协会召开第五届理事会第二次常务理事会会议。

28日　锦泰保险披露2020年半年报。2020年上半年，锦泰保险实现利润总额303.63万元，同比增长66.32%；净资产9.73亿元，同比增长4.28%。

30日　保险业协会就厦门国际银行新员工"拒喝领导酒被打"发声，发布《以清廉文化涵养行业生态，强化保险保障功能》评论文章，当日登上微博及百度热搜榜。

8月　保险业协会完成《保险销售从业人员销售能力资质分级建设方案（征求意见稿）》。

九月

1日　安华农险积极应对"巴威""美莎克""海神"台风灾害，联合第三方科技公司，对台风灾害重点区域开展无人机飞行作业，出动无人机59架，飞行覆盖141个村，快速完成重灾区域损失情况数据统计。

1日　国富人寿发布广西壮族自治区普惠型补充医疗保险——"惠桂保"。

1日　湖北保协印发《湖北省保险业清廉金融文化建设经验汇编》。

2日　英大人寿天津分公司获批开业。

3日　保险业协会、中国企业联合会在北京联合召开安全生产责任保险制度建设暨《安全生产责任保险事故预防技术服务规范》发布一周年座谈会。保险业协会党委书记、会长邢炜出席会议并作主题发言。

3 日　大连保协印发《大连地区人身保险公司规范化建设工作方案》。

7—8 日　保险业协会党委委员、秘书长商敬国与广州开发区管委会副主任张晖就为保险机构与实体企业搭建平台对接服务需求以及支持开展项目合作进行交流。

8 日　全国抗击新冠肺炎疫情表彰大会在北京人民大会堂隆重举行，泰康保险集团创始人、董事长兼 CEO 陈东升，泰康同济（武汉）医院执行院长肖骏出席表彰大会。

8 日　吉林保协与吉林省健康管理学会签订推动健康管理与保险服务融合发展合作协议。

11 日　中国银保监会召开车险综合改革启动（电视电话）会议，中国银保监会副主席梁涛出席会议并讲话，保险业协会领导参加会议。

11 日　保险业协会召开养老险专委会投资业务交流联席会。

14 日　保险业协会组织车险综合改革视频培训。培训采取现场和远程视频的方式，对各车险经营总公司进行培训，并发挥各省保险行业协会作用，组织各地保险机构参加培训。

14 日　河北保协召开第六届会员代表大会暨第一次理事会会议，选举产生新一届理事会。

16 日　福建保协完成《关于推动福建省开展惠民商业补充医疗保险建设的汇报》。

17 日　保险业协会印发《车险综合改革行业应急处置预案》，组织行业建立应急联系机制。

17 日　宁波保协召开车险综合改革新闻通气会。

17 日　河南保协将落实《河南保险业从业人员清廉行为守则》《河南保险业从业人员廉洁从业倡议》情况纳入诚信记录管理。

21 日　中国太保与江西省人民政府签署战略合作协议。

22 日　中国人寿与云南省人民政府签订战略合作协议。

25 日　中国信保发布《中国出口信用保险公司政策性职能履行评估报告（2019 年度）》。

25 日　广西保协印发《广西保险行业车险综合改革应急处置工作指引》《广西车险综合改革保险消费投诉突发事件应急预案》。

25 日　上海保险同业公会与上海银行同业公会联合召开"上海银行业保险业清廉金融文化建设'六个一'活动推进会"，组织签订保险业从业人员廉洁自律公约。

27 日　保险业协会举办 2020 中国 500 强企业高峰论坛保险行业"养老金论坛"专场活动，发布《养老险机构定位发展 2020 研究报告》。

28 日　保险保障基金发布《中国保险业风险评估报告 2020》。

28 日　英大人寿湖南分公司获批开业。

28 日　福建保协完成《2020 年参与脱贫攻坚工作的情况报告》。

29 日　保险业协会发布《2019 年中国保险业社会责任报告》。

29 日　太保产险党委书记、董事长顾越荣获"上海市抗击新冠肺炎疫情先进个人"称号。

29 日　甘肃保协印发《甘肃省财产保险领域高风险机构和人员不良信息管理暂行办法》。

29 日　河北保协印发《保险小额纠纷调解案件快处机制》。

30 日　保险业协会根据对 88 家人身险公司"直播带货"相关情况的调研，撰写形成《人身保险行业"直播带货"情况调研报告》。

30日　太保产险完成中国海洋石油集团有限公司"2019.9.7中海油油气生产保险案"赔付工作,预付赔款1.1亿元。

9月　在中国银保监会指导下,保险业协会向行业发布《商业车险示范条款(2020版)》《交强险承保实务要点(2020版)》《交强险理赔实务要点(2020版)》《商业车险承保实务操作要点(2020版)》《商业车险理赔实务操作要点(2020版)》《机动车交通事故责任强制保险条款》《机动车交通事故责任强制保险新费率浮动系数方案》《机动车商业车险无赔款优待优化方案及系数查询细则》。

十月

1日　太平财险"港珠澳大桥跨境车辆保险服务项目"荣获2019年度深圳市金融创新奖优秀奖。

13日　中国人寿和中国中铁签订战略合作协议,服务"一带一路"倡议。

14日　由中国银保监会主办、保险业协会和银行业协会承办的"2020年国家扶贫日系列论坛——银行业保险业助力脱贫攻坚论坛"在北京举办,保险业协会党委书记、会长邢炜在论坛上发表题为"发挥保险优势,助力精准扶贫"的致辞。会上,保险业协会公开发布保险业助力脱贫攻坚100个典型案例。

15日　吉林保协召开第六届理事会第一次会员大会,选举产生新一届理事会。

16日　中原农险与开封市政府签订"振兴路上共融保"乡村振兴战略合作协议。

19日　中国银保监会副主席梁涛主持召开车险座谈会,保险业协会党委书记、会长邢炜参加会议,并报告车险综合改革落地实施一个月以来的情况及建议。

19日　保险业协会举办清廉文化建设教育基地签约仪式暨保险清廉文化大讲堂。保险业协会党委书记、会长邢炜同志代表协会与北京大学、中央财经大学、对外经济贸易大学及中国金融思想政治工作研究会签订协议。

19日　河南保协印发《河南省农业保险承保电子化和基础信息库实务操作规范》《2021年河南省种植业保险标的基础信息库建设操作指引》。

22日　上海市委常委、常务副市长陈寅到中国大地保险调研公司金融创新等方面工作情况。

22日　2020年中国核保险共同体召开年会,审议通过《中国核保险共同体核保险应急与赔偿预案》,推出"核损害赔偿应急响应平台2.0版"。

22日　江苏保协印发《关于江苏地区车险综合改革运行情况的通报》。

26日　浙江保协印发《浙江省(不含宁波)人身保险公司经营管理合规工作指南》。

27日　上海保交所共建保险区块链创新中心成立。

27日　河南保协联合河南银协召开河南银行业、保险业扶贫工作交流会,通报银行业、保险业扶贫先锋及典型范例。

28日　深圳市地方金融监管局党组书记刘平生一行到华安保险调研。

29日　人保财险员工许丽获中国金融工会颁发的"全国金融五一劳动奖章"。

30 日　2020 年度"中国人寿·姚基金百校体育扶贫计划"全面启动。

30 日　甘肃保协组建成立全省首批保险专业中介专家人才库。

10 月　保险业协会党委委员、副会长王玉祥赴宁德时代、上汽集团、特斯拉中国、北理工新能源汽车大数据中心调研，就新能源汽车政策环境、安全数据、电池安全性、电池修换成本及相关商业模式等示范条款修订关键问题进行交流研讨，听取意见。

10 月　人保财险与东莞市应急管理局、东莞市气象局签署战略合作框架协议，共同启动东莞地下空间智能防涝系统建设工作。

10 月　人保财险系统 4 名员工被中央金融团工委评为"全国金融系统抗击新冠肺炎疫情青年志愿服务先进个人"。

10 月　国任保险联合深圳市融资担保基金为微众银行深圳地区"微业贷"项目提供信用保险。

十一月

1 日　太平人寿发布 2020 年版《太平人寿 VIP 客户健康绿皮书》。

2 日　广西保协对南宁市 14 家经营个险业务的寿险公司共 2 389 名个险管理人员（个险团队长）开展专业防风险知识水平测评。

5 日　保险业协会与中国医师协会联合召开新闻通气会，正式发布"重疾定义 2020 年修订版"，并就媒体关注问题进行解答。

5 日　保险业协会人身保险业责任准备金评估利率专家咨询委员会根据第三季度工作会议专题研究意见，向中国银保监会人身险部报送专题研究报告。

5 日　中再集团与中国地震局联合发布"中国地震巨灾模型 3.0"。

5 日　人保集团党委印发《中国人民保险集团贯彻落实〈关于巩固深化"不忘初心、牢记使命"主题教育成果的意见〉的措施》。

6 日　人保集团党委印发《中国人民保险集团关于加强营销员党建工作的意见（试行）》，促进集团营销员党建工作抓细抓实。

6 日　大连保协召开第十届会员大会暨十届一次理事会，选举产生新一届理事会。

7 日　大都会人寿联合人民健康发布《2020 年中国都会人群健康能力蓝皮书》。

10 日　国家应急管理部专家组赴阳光产险对安责险开展情况进行调研。

10 日　青岛保协印发《人身险自律检查工作管理办法》。

11 日　保险业协会召开"保险销售人员执业失信行为认定标准"在线讨论会，全国 36 家省级地方协会代表参会。

12 日　全国人大常委会副委员长、中华全国总工会主席王东明一行到人保调研，慰问劳模代表，看望一线职工。

12 日　大家财险加入中国核保险共同体。

12 日　江西保协召开江西省保险行业协会第七届会员大会，选举产生新一届理事会。

12 日　天津保协报送的"双重职业理赔"案例入选中国司法部调解案例库。

12 日　湖南保协获评"湖南省示范社会组织"。

12 日　宁夏保协印发《宁夏保险行业协会 2020 年人身险公司自律检查通报》。

13 日　人保集团《"保险+"扶贫模式建立持续精准扶贫长效机制》案例入选国务院扶贫办《中国企业精准扶贫综合案例 50 佳（2019）》。

18 日　中国人寿与贵州省人民政府签订战略合作协议。

18 日　中国大地保险、鼎和保险加入中国"一带一路"再保险共同体。

19 日　保险业协会召开第二届中国寿险业总精算师会议，会议主题为"聚焦'十四五'助推高质量"。保险业协会党委书记、会长邢炜，中国银保监会人身险部副主任贾飙等出席会议，86 家公司总精算师共 100 余人参会。

19 日　河南首款省级普惠型补充医疗保险"豫健保"正式发布。

20 日　保险业协会召开"中国寿险业峰会 2020 暨人身险专委会年会"，会议主题为"聚焦'十四五'助推高质量"。中国银保监会首席会计师马学平出席会议并致辞，保险业协会党委书记、会长邢炜，党委委员、秘书长商敬国主持会议。会上，保险业协会发布《中国养老金第三支柱研究（养老险和年金保险发展比较研究）》。央视新闻、新华社、人民网等多家媒体进行了报道。

20 日　保险业协会公开出版《中国银行业保险业助力脱贫攻坚实践成果"保险卷"》。

20 日　人保财险独家承保覆盖安徽全省的普惠型补充医疗保险"皖惠保"正式发布。

20 日　上海保交所上线健康险区块链零感知理赔功能，实现健康险由客户自主索赔向理赔主动服务跨越。

20 日　江西保协印发《江西保险业参与地方政府健康险业务招投标自律公约》。

20 日　重庆保协召开 2020 年第二次"大商风"联席会议，审议通过《重庆市财产保险（非车非农领域）高风险行业市场费率采集发布机制方案》《重庆市财产保险高风险客户信息共享机制》《重庆市企财险仓储、塑料行业纯风险损失率表》。

24 日　华泰财险张远明被授予"全国劳动模范"称号。

25 日　在湖南保协推动下，湖南银保监局、湖南省司法厅出台《关于做好涉及保险理赔司法鉴定工作的意见》。

26 日　华贵保险承办"2020 年贵州省冬季政金企融资对接暨中国保险资产管理业助推贵州经济高质量发展大会"，大会总签约 1 631.8 亿元。

26 日　福建保协印发《福建保险业从业人员行为准则》。

26 日　江西保协获评"5A 级社会组织"。

27 日　保险业协会公布《关于 2019 年度保险公司法人机构经营评价结果的公告》，同时发布《2019 年度保险公司法人机构经营状况数据解读》。

27 日　广东保协召开"2020 年广东保险高质量发展论坛"。论坛以"聚合科技之势　数说保险未来"为主题，广东银保监局党委书记、局长裴光出席论坛并致辞，广东省通信管理局党组书记、局长苏少林出席会议。

30日　国寿寿险、平安人寿、人保财险等34家保险机构全面落地完成47个"7·8保险扶贫公益跑"扶贫项目，预计为9.5万名建档立卡贫困人口提供各类保险保障457亿元，捐助各类扶贫资金1 431万元。

30日　中国人寿慈善基金会、恒大人寿获武汉市慈善总会颁发的"新冠肺炎疫情防控捐赠突出贡献"荣誉牌。

30日　重庆保协与重庆市第五中级人民法院联合印发《关于建立保险纠纷诉讼与调解联动机制的实施意见》。

11月　中央文明委发布《关于表彰第六届全国文明城市、文明村镇、文明单位和第二届全国文明家庭、文明校园及新一届全国未成年人思想道德建设工作先进的决定》，保险业多家公司获评"全国文明单位"荣誉称号。

11月　太保产险启动快速赔付流程，对独家承保的航天科工火箭技术公司"快舟一号甲"火箭20-09-12发射失利案支付赔款人民币3 000万元。

十二月

1日　中国太平与云南省政府举行座谈，中国太平党委书记王思东和云南省委副书记、代省长王予波出席。双方围绕发挥各自优势、深化合作共赢，拓展"十四五"时期金融服务、康养文旅、产业发展、国企改革等领域合作进行了交流。

1日　阳光产险联合实地地产集团共同定制发布业内首个"区域性L4级自动驾驶系统风险"专属保险方案。

3日　保险业协会与北京仲裁委员会/北京国际仲裁中心联合发布《中国金融争议解决年度观察（2020）》《中国投资争议解决年度观察（2020）》。

3日　人保财险叶水必同志荣获"全国金融五一劳动奖章"。

5日　保险业协会召开第五届理事会第一次会长联席会议，保险业协会会长、名誉会长、副会长、秘书长、副秘书长出席会议，保险业协会纪委书记列席会议。会议学习贯彻党的十九届五中全会精神，汇聚行业智慧和力量，共同研究和谋划保险业"十四五"时期发展战略和保险业协会"十四五"时期工作思路。会后，湖北省委书记应勇会见中国银保监会首席会计师马学平，会长联席会议代表作为行业重要机构代表一同参加会见。湖北省委常委、武汉市委书记王忠林，湖北省副省长赵海山陪同会见。

5日　中再集团与广东省政府签署战略合作框架协议。

6日　保险业协会与武汉市人民政府共同举办中国保险创新发展大会，聚焦"汇聚保险行业力量　助推武汉疫后重振"，研究保险业贯彻落实"十四五"规划和2035年远景目标发展战略。中国银保监会首席会计师马学平，新华社党组成员、秘书长宫喜祥，湖北省委常委、武汉市委书记王忠林出席会议并致辞。武汉市委副书记、市长周先旺，保险业协会党委书记、会长邢炜主持会议。来自人保集团、中国人寿、中国信保、中国太保、平安保险集团、中华保险、泰康保险集团等400家保险机构、企事业单位、高校及科研院所的1 000余人参加大会。会上，保险业协会组织中国人寿资产管理有限公司、人保资本投资管理有限公司、平安资产管理有限责任公司等13家保险机构，与武汉经济技术开发区、武汉临空港经济技术开发区、湖北省科技投资集团有限公司等13家地方政府和企业签约17个项目，投资总额超过500亿元，以实际行动响应党中央号召，支援武汉疫后重振。会后，保险业协会与武汉市人民政府共同发布"中国保险创新发展大会武汉共识"。

6日　在中国保险创新发展大会上，保险业协会党委委员、副会长王玉祥主持发布《农业保险助推脱贫攻坚蓝皮书》，全面总结农业保险助推脱贫攻坚的优势和成效，系统梳理农业保险助推脱贫攻坚的产品和模式，提出农业保险巩固脱贫成果的思考和对策。

10日　重庆保协印发《重庆市财产保险（非车险农险领域）高风险行业市场费率采集发布机制》。

11日　海峡保险与兴业银行、建设银行、兴业证券、华福证券等23家金融机构共同签署《福建金融业生态环境多方共治行动倡议》。

12日　《英大人寿助力安全生产　做电力行业风险专家》获得工业和信息化部"2020年中国企业品牌创新成果""履行社会责任创新奖"。

14日　全国人大常委会副委员长、民建中央主席郝明金调研华贵保险。

15日　陕西保协完成《人身险核保核赔典型案例》汇编。

16日　广西保协印发《广西保险销售从业人员销售资质分级分类管理办法》。

16日　山东保协、学会联合发布《山东保险业2019年发展报告》。

17日　黄河财险获"甘肃省2019年度省长金融奖"。

18日　保险业协会召开新闻发布会，协会党委委员、副会长王玉祥主持发布《水稻、小麦、玉米成本保险行业示范条款》。制定三大粮食作物成本保险行业示范条款得到中国银保监会主席郭树清、副主席梁涛高度重视，是贯彻落实《关于加快农业保险高质量发展的指导意见》精神的重要举措。

19日　长江养老与中国社科院联合发布《中国养老金发展报告2020》。

20日　鼎和保险"风险云"系统上线，该系统创新建立业内首个电网资产巨灾模型。

21日　中国台风巨灾模型2.0研讨会在北京举办。

21日　上海市保险同业公会印发《上海医保账户医疗保险示范条款》《上海医保账户重大疾病保险示范条款》《上海医保账户住院自费医疗保险示范条款（2020年12月修订版）》。

23日　中华保险集团党委书记、董事长徐斌一行拜访广东省委副书记、省长马兴瑞，汇报中华保险服务广东"三农"发展情况。

23日　招商信诺人寿与《哈佛商业评论》（中文版）联合发布《VUCA"乌卡"时代 打造职场续航力——招商信诺人寿2020中国健康指数白皮书》。

23日　泰山保险获"2020山东社会责任企业"称号。

23日　广东保协获评"5A级社会组织"。

25日　中国银保监会向国家机关工委推荐保险业协会参评"全国脱贫攻坚先进集体"。

28日　保险业协会党委书记、会长邢炜在《中国日报》评论版刊发英文署名文章"Insurance will play bigger role in strengthening dual–circulation"。

28日　保险业协会与中国健康管理协会联合发布《保险机构健康管理服务指引》系列标准。

28 日　国富人寿联合北京轻松筹网络科技有限公司向广西 8 个扶贫攻坚挂牌督战县建档立卡贫困户中 16 岁以下未成年人捐赠"惠桂保"，19 590 人受益，总保险金额 391.8 亿元。

29 日　国寿资产、人保资产获保险机构首批国债期货交易资格。

29 日　新疆保协组织行业开展"万人签名 合规承诺"诚信体系建设活动，8.7 万名保险代理人完成合规承诺书签署。

31 日　保险业协会向中国银保监会报送《中国养老金第三支柱研究报告》。

31 日　保险业协会向会员单位发布《提升跨境服务水平　助力新发展格局》倡议书，引导保险行业站位"全球服务、互惠共享"，提升跨境服务水平，服务好双循环新发展格局。

31 日　太平人寿发布《太平人寿 2020 年度理赔服务报告》，2020 年累计理赔金额为 79.1 亿元。

31 日　重庆保协印发《重庆市仓储业、塑料制品业企财险纯风险损失率实施细则（试行）》。

2020 年　保险业协会党委认真落实意识形态工作责任清单，压紧压实主体责任，全年召开 2 次意识形态工作形势分析会和 2 次意识形态工作专题党委会，向中国银保监会党委上报 2 次意识形态工作开展情况报告。

2020 年　保险业协会党委理论学习中心组坚持以习近平新时代中国特色社会主义思想为指导，深入学习习近平总书记系列重要讲话精神和中央经济工作会议精神，全年组织集中学习 14 次，专题研讨 8 次，举行党委理论学习中心组民法典专家辅导讲座，带动会员单位 2 000 余人参加线上学习。

2020 年　保险业协会积极落实中国银保监会定点扶贫工作要求，联合会员单位深入推进扶贫举措。全年投入帮扶资金 40 万元，引进帮扶资金 325.62 万元，帮助销售农产品 100 余万元，全面完成中国银保监会部署的工作任务。

2020 年　保险业协会围绕保险业服务实体经济发展、服务疫情防控、服务企业复工复产，开展多项专题教育培训活动，提升保险业服务经济社会能力。全年，线上和线下学习人数超过 24 万人次。

2020 年　我国保险业保费收入 4.5 万亿元，同比增长 6.1%；提供保险金额为 8 710 万亿元，同比增长 34.6%；赔付支出 1.4 万亿元，同比增长 7.9%；保单件数为 495.38 亿件，同比增长 6.25%。截至 2020 年末，保险公司总资产 23.3 万亿元，同比增长 13.3%。

附录二 中国保险行业协会会员单位名单（截至 2021 年 11 月）

序号	单位名称	简称	单位类别	协会任职
1	中国人民保险集团股份有限公司	人保集团	集团	名誉会长
2	中国人寿保险（集团）公司	国寿集团	集团	名誉会长
3	中国太平保险集团有限责任公司	太平集团	集团	名誉会长
4	中国出口信用保险公司	中国信保	政策性公司	名誉会长
5	中国再保险（集团）股份有限公司	中再集团	集团	名誉会长
6	中国平安保险（集团）股份有限公司	平安集团	集团	名誉会长
7	中国太平洋保险（集团）股份有限公司	太保集团	集团	名誉会长
8	中华联合保险集团股份有限公司	中华保险	集团	副会长
9	阳光保险集团股份有限公司	阳光集团	集团	副会长
10	华泰保险集团股份有限公司	华泰集团	集团	副会长
11	富德保险控股股份有限公司	富德保险控股	控股	副会长
12	泰康保险集团股份有限公司	泰康集团	集团	副会长
13	大家保险集团有限责任公司	大家保险集团	集团	理事
14	安联（中国）保险控股有限公司	安联控股	控股	会员
15	中国人民财产保险股份有限公司	人保财险	财产险	副会长
16	中国太平洋财产保险股份有限公司	太保产险	财产险	副会长
17	天安财产保险股份有限公司	天安财险	财产险	副监事长
18	中国人寿财产保险股份有限公司	国寿财险	财产险	常务理事
19	中国平安财产保险股份有限公司	平安产险	财产险	常务理事
20	中国大地财产保险股份有限公司	大地保险	财产险	常务理事
21	中华联合财产保险股份有限公司	中华财险	财产险	常务理事
22	华安财产保险股份有限公司	华安保险	财产险	理事
23	太平财产保险有限公司	太平财险	财产险	理事
24	阳光财产保险股份有限公司	阳光产险	财产险	理事
25	华泰财产保险有限公司	华泰财险	财产险	理事
26	史带财产保险股份有限公司	史带财险	财产险	理事
27	永安财产保险股份有限公司	永安保险	财产险	理事
28	永诚财产保险股份有限公司	永诚保险	财产险	理事

序号	单位名称	简称	单位类别	协会任职
29	大家财产保险有限责任公司	大家财险	财产险	理事
30	中银保险有限公司	中银保险	财产险	理事
31	英大泰和财产保险股份有限公司	英大财险	财产险	理事
32	安盛天平财产保险有限公司	安盛天平	财产险	理事
33	日本财产保险（中国）有限公司	日本财险（中国）	财产险	监事
34	易安财产保险股份有限公司	易安财险	财产险	监事
35	亚太财产保险有限公司	亚太财险	财产险	会员
36	利宝保险有限公司	利宝保险	财产险	会员
37	渤海财产保险股份有限公司	渤海财险	财产险	会员
38	都邦财产保险股份有限公司	都邦财险	财产险	会员
39	安诚财产保险股份有限公司	安诚财险	财产险	会员
40	鼎和财产保险股份有限公司	鼎和保险	财产险	会员
41	紫金财产保险股份有限公司	紫金保险	财产险	会员
42	浙商财产保险股份有限公司	浙商保险	财产险	会员
43	国任财产保险股份有限公司	国任保险	财产险	会员
44	美亚财产保险有限公司	美亚保险	财产险	会员
45	三星财产保险（中国）有限公司	三星财险	财产险	会员
46	中航安盟财产保险有限公司	中航安盟	财产险	会员
47	富邦财产保险有限公司	富邦财险	财产险	会员
48	华农财产保险股份有限公司	华农保险	财产险	会员
49	中煤财产保险股份有限公司	中煤保险	财产险	会员
50	东京海上日动火灾保险（中国）有限公司	东京海上日动（中国）	财产险	会员
51	瑞再企商保险有限公司	瑞再企商	财产险	会员
52	安达保险有限公司	安达保险	财产险	会员
53	三井住友海上火灾保险（中国）有限公司	三井住友海上（中国）	财产险	会员
54	京东安联财产保险有限公司	京东安联财险	财产险	会员
55	日本兴亚财产保险（中国）有限责任公司	日本兴亚财险（中国）	财产险	会员
56	凯本财产保险（中国）有限公司	凯本财险（中国）	财产险	会员
57	中意财产保险有限公司	中意财险	财产险	会员
58	现代财产保险（中国）有限公司	现代财险（中国）	财产险	会员
59	国泰财产保险有限责任公司	国泰产险	财产险	会员

序号	单位名称	简称	单位类别	协会任职
60	劳合社保险（中国）有限公司	劳合社（中国）	财产险	会员
61	爱和谊日生同和财产保险（中国）有限公司	爱和谊日生同和（中国）	财产险	会员
62	泰山财产保险股份有限公司	泰山保险	财产险	会员
63	锦泰财产保险股份有限公司	锦泰保险	财产险	会员
64	众诚汽车保险股份有限公司	众诚保险	财产险	会员
65	诚泰财产保险股份有限公司	诚泰保险	财产险	会员
66	鑫安汽车保险股份有限公司	鑫安保险	财产险	会员
67	北部湾财产保险股份有限公司	北部湾保险	财产险	会员
68	长江财产保险股份有限公司	长江财险	财产险	会员
69	众安在线财产保险股份有限公司	众安保险	财产险	会员
70	富德财产保险股份有限公司	富德产险	财产险	会员
71	中路财产保险股份有限公司	中路保险	财产险	会员
72	恒邦财产保险股份有限公司	恒邦保险	财产险	会员
73	合众财产保险股份有限公司	合众财险	财产险	会员
74	苏黎世财产保险（中国）有限公司	苏黎世保险（中国）	财产险	会员
75	华海财产保险股份有限公司	华海财险	财产险	会员
76	燕赵财产保险股份有限公司	燕赵财险	财产险	会员
77	中国铁路财产保险自保有限公司	铁路自保	财产险	会员
78	泰康在线财产保险股份有限公司	泰康在线	财产险	会员
79	安心财产保险有限责任公司	安心财险	财产险	会员
80	久隆财产保险有限公司	久隆财险	财产险	会员
81	东海航运保险股份有限公司	东海航运	财产险	会员
82	阳光信用保证保险股份有限公司	阳光信保	财产险	会员
83	珠峰财产保险股份有限公司	珠峰保险	财产险	会员
84	海峡金桥财产保险股份有限公司	海峡保险	财产险	会员
85	新疆前海联合财产保险股份有限公司	前海财险	财产险	会员
86	建信财产保险有限公司	建信财险	财产险	会员
87	广东能源财产保险自保有限公司	广东能源自保	财产险	会员
88	黄河财产保险股份有限公司	黄河财险	财产险	会员
89	融盛财产保险股份有限公司	融盛财险	财产险	会员
90	长安责任保险股份有限公司	长安责任保险	责任险	会员

序号	单位名称	简称	单位类别	协会任职
91	太平洋安信农业保险股份有限公司	太平洋安信农保	农业险	会员
92	安华农业保险股份有限公司	安华农险	农业险	会员
93	阳光农业相互保险公司	阳光农险	农业险	会员
94	国元农业保险股份有限公司	国元农险	农业险	会员
95	中原农业保险股份有限公司	中原农险	农业险	会员
96	众惠财产相互保险社	众惠相互	财产相互保险	会员
97	汇友财产相互保险社	汇友相互	财产相互保险	会员
98	太平科技保险股份有限公司	太平科技保险	财产险	会员
99	中国人寿保险股份有限公司	国寿寿险	人身险	副会长
100	中国平安人寿保险股份有限公司	平安人寿	人身险	副会长
101	中国太平洋人寿保险股份有限公司	太保寿险	人身险	常务理事
102	新华人寿保险股份有限公司	新华保险	人身险	常务理事
103	太平人寿保险有限公司	太平人寿	人身险	常务理事
104	中国人民人寿保险股份有限公司	人保寿险	人身险	常务理事
105	富德生命人寿保险股份有限公司	富德生命人寿	人身险	常务理事
106	民生人寿保险股份有限公司	民生保险	人身险	理事
107	阳光人寿保险股份有限公司	阳光人寿	人身险	理事
108	合众人寿保险股份有限公司	合众人寿	人身险	理事
109	百年人寿保险股份有限公司	百年人寿	人身险	理事
110	中邮人寿保险股份有限公司	中邮保险	人身险	理事
111	光大永明人寿保险有限公司	光大永明人寿	人身险	理事
112	中意人寿保险有限公司	中意人寿	人身险	理事
113	中美联泰大都会人寿保险有限公司	大都会人寿	人身险	理事
114	友邦人寿保险有限公司	友邦人寿	人身险	理事
115	泰康人寿保险有限责任公司	泰康人寿	人身险	理事
116	中国人民健康保险股份有限公司	人保健康	健康险	理事
117	平安健康保险股份有限公司	平安健康	健康险	理事
118	中国人寿养老保险股份有限公司	国寿养老	养老险	理事
119	太平养老保险股份有限公司	太平养老	养老险	理事
120	平安养老保险股份有限公司	平安养老	养老险	理事
121	信泰人寿保险股份有限公司	信泰人寿	人身险	监事

序号	单位名称	简称	单位类别	协会任职
122	北大方正人寿保险有限公司	北大方正人寿	人身险	监事
123	天安人寿保险股份有限公司	天安人寿	人身险	会员
124	大家人寿保险股份有限公司	大家人寿	人身险	会员
125	英大泰和人寿保险股份有限公司	英大人寿	人身险	会员
126	长城人寿保险股份有限公司	长城人寿	人身险	会员
127	农银人寿保险股份有限公司	农银人寿	人身险	会员
128	君康人寿保险股份有限公司	君康人寿	人身险	会员
129	华夏人寿保险股份有限公司	华夏人寿	人身险	会员
130	国华人寿保险股份有限公司	国华人寿	人身险	会员
131	幸福人寿保险股份有限公司	幸福人寿	人身险	会员
132	中融人寿保险股份有限公司	中融人寿	人身险	会员
133	建信人寿保险股份有限公司	建信人寿	人身险	会员
134	利安人寿保险股份有限公司	利安人寿	人身险	会员
135	汇丰人寿保险有限公司	汇丰人寿	人身险	会员
136	中宏人寿保险有限公司	中宏人寿	人身险	会员
137	中德安联人寿保险有限公司	中德安联人寿	人身险	会员
138	工银安盛人寿保险有限公司	工银安盛人寿	人身险	会员
139	中信保诚人寿保险有限公司	中信保诚人寿	人身险	会员
140	交银人寿保险有限公司	交银人寿	人身险	会员
141	中荷人寿保险有限公司	中荷人寿	人身险	会员
142	同方全球人寿保险有限公司	同方全球人寿	人身险	会员
143	中英人寿保险有限公司	中英人寿	人身险	会员
144	恒安标准人寿保险有限公司	恒安标准人寿	人身险	会员
145	招商信诺人寿保险有限公司	招商信诺人寿	人身险	会员
146	陆家嘴国泰人寿保险有限责任公司	陆家嘴国泰人寿	人身险	会员
147	华泰人寿保险股份有限公司	华泰人寿	人身险	会员
148	中银三星人寿保险有限公司	中银三星人寿	人身险	会员
149	中国人寿保险（海外）股份有限公司	国寿（海外）	人身险	会员
150	瑞泰人寿保险有限公司	瑞泰人寿	人身险	会员
151	恒大人寿保险有限公司	恒大人寿	人身险	会员
152	君龙人寿保险有限公司	君龙人寿	人身险	会员

序号	单位名称	简称	单位类别	协会任职
153	华汇人寿保险股份有限公司	华汇人寿	人身险	会员
154	前海人寿保险股份有限公司	前海人寿	人身险	会员
155	东吴人寿保险股份有限公司	东吴人寿	人身险	会员
156	弘康人寿保险股份有限公司	弘康人寿	人身险	会员
157	财信吉祥人寿保险股份有限公司	财信吉祥人寿	人身险	会员
158	复星保德信人寿保险有限公司	复星保德信人寿	人身险	会员
159	中韩人寿保险有限公司	中韩人寿	人身险	会员
160	珠江人寿保险股份有限公司	珠江人寿	人身险	会员
161	德华安顾人寿保险有限公司	德华安顾人寿	人身险	会员
162	长生人寿保险有限公司	长生人寿	人身险	会员
163	小康人寿保险有限责任公司	小康人寿	人身险	会员
164	上海人寿保险股份有限公司	上海人寿	人身险	会员
165	国联人寿保险股份有限公司	国联人寿	人身险	会员
166	渤海人寿保险股份有限公司	渤海人寿	人身险	会员
167	中华联合人寿保险股份有限公司	中华人寿	人身险	会员
168	横琴人寿保险有限公司	横琴人寿	人身险	会员
169	华贵人寿保险股份有限公司	华贵人寿	人身险	会员
170	招商局仁和人寿保险股份有限公司	招商仁和人寿	人身险	会员
171	爱心人寿保险股份有限公司	爱心人寿	人身险	会员
172	北京人寿保险股份有限公司	北京人寿	人身险	会员
173	和泰人寿保险股份有限公司	和泰人寿	人身险	会员
174	三峡人寿保险股份有限公司	三峡人寿	人身险	会员
175	国宝人寿保险股份有限公司	国宝人寿	人身险	会员
176	海保人寿保险股份有限公司	海保人寿	人身险	会员
177	国富人寿保险股份有限公司	国富人寿	人身险	会员
178	鼎诚人寿保险有限责任公司	鼎诚人寿	人身险	会员
179	泰康养老保险股份有限公司	泰康养老	养老险	会员
180	长江养老保险股份有限公司	长江养老	养老险	会员
181	大家养老保险股份有限公司	大家养老	养老险	会员
182	新华养老保险股份有限公司	新华养老	养老险	会员
183	恒安标准养老保险有限责任公司	恒安标准养老	养老险	会员

序号	单位名称	简称	单位类别	协会任职
184	中国人民养老保险有限责任公司	人保养老	养老险	会员
185	和谐健康保险股份有限公司	和谐健康	健康险	会员
186	昆仑健康保险股份有限公司	昆仑健康	健康险	会员
187	太平洋健康保险股份有限公司	太平洋健康险	健康险	会员
188	复星联合健康保险股份有限公司	复星联合健康	健康险	会员
189	瑞华健康保险股份有限公司	瑞华健康	健康险	会员
190	信美人寿相互保险社	信美相互	人寿相互保险	会员
191	中国财产再保险有限责任公司	中再产险	再保险	常务理事
192	中国人寿再保险有限责任公司	中再寿险	再保险	常务理事
193	慕尼黑再保险公司北京分公司	慕再北分	再保险	理事
194	瑞士再保险股份有限公司北京分公司	瑞再北分	再保险	理事
195	法国再保险公司北京分公司	法再北分	再保险	会员
196	德国通用再保险股份公司上海分公司	通用再上分	再保险	会员
197	汉诺威再保险股份公司上海分公司	汉诺威再上分	再保险	会员
198	太平再保险（中国）有限公司	太平再（中国）	再保险	会员
199	RGA 美国再保险公司上海分公司	RGA 美国再保险上分	再保险	会员
200	前海再保险股份有限公司	前海再保险	再保险	会员
201	人保再保险股份有限公司	人保再保险	再保险	会员
202	大韩再保险公司上海分公司	大韩再上分	再保险	会员
203	信利再保险（中国）有限公司	信利再保险（中国）	再保险	会员
204	中国农业再保险股份有限公司	中国农再	再保险	会员
205	中国人寿资产管理有限公司	国寿资产	资产管理	常务理事
206	中国人保资产管理有限公司	人保资产	资产管理	理事
207	中再资产管理股份有限公司	中再资产	资产管理	会员
208	阳光资产管理股份有限公司	阳光资产	资产管理	会员
209	太平资产管理有限公司	太平资产	资产管理	会员
210	新华资产管理股份有限公司	新华资产	资产管理	会员
211	泰康资产管理有限责任公司	泰康资产	资产管理	会员
212	太平洋资产管理有限责任公司	太保资产	资产管理	会员
213	平安资产管理有限责任公司	平安资产	资产管理	会员
214	民生通惠资产管理有限公司	民生通惠资产	资产管理	会员

序号	单位名称	简称	单位类别	协会任职
215	华泰资产管理有限公司	华泰资产	资产管理	会员
216	光大永明资产管理股份有限公司	光大永明资产	资产管理	会员
217	生命保险资产管理有限公司	生命资产	资产管理	会员
218	建信保险资产管理有限公司	建信资产	资产管理	会员
219	中信保诚资产管理有限责任公司	中信保诚资产	资产管理	会员
220	英大长安保险经纪有限公司	英大长安保险经纪	保险经纪	理事
221	江泰保险经纪股份有限公司	江泰保险经纪	保险经纪	理事
222	华泰保险经纪有限公司	华泰保险经纪	保险经纪	会员
223	北京联合保险经纪有限公司	联合保险经纪	保险经纪	会员
224	中汇国际保险经纪股份有限公司	中汇国际保险经纪	保险经纪	会员
225	达信（中国）保险经纪有限公司	达信保险经纪	保险经纪	会员
226	上海东大保险经纪有限责任公司	东大保险经纪	保险经纪	会员
227	西部保险经纪有限公司	西部保险经纪	保险经纪	会员
228	华信保险经纪有限公司	华信保险经纪	保险经纪	会员
229	安润国际保险经纪（北京）有限公司	安润保险经纪	保险经纪	会员
230	北京中天保险经纪有限公司	中天保险经纪	保险经纪	会员
231	陕西延长保险经纪有限责任公司	延长保险经纪	保险经纪	会员
232	小贝保险经纪有限公司	小贝保险经纪	保险经纪	会员
233	甘肃吉安保险经纪有限责任公司	吉安保险经纪	保险经纪	会员
234	山东九安保险经纪股份有限公司	九安保险经纪	保险经纪	会员
235	瑞信保险经纪有限公司	瑞信保险经纪	保险经纪	会员
236	深圳市国康保险经纪有限公司	国康保险经纪	保险经纪	会员
237	慧择保险经纪有限公司	慧择保险经纪	保险经纪	会员
238	天津津投保险经纪有限公司	津投保险经纪	保险经纪	会员
239	北京光华保险经纪有限公司	光华保险经纪	保险经纪	会员
240	北京大特保险经纪有限公司	大特保险经纪	保险经纪	会员
241	中铁汇达保险经纪有限公司	中铁汇达保险经纪	保险经纪	会员
242	浙江环晟保险经纪有限公司	环晟保险经纪	保险经纪	会员
243	途牛保险经纪有限公司	途牛保险经纪	保险经纪	会员
244	中民保险经纪股份有限公司	中民保险经纪	保险经纪	会员
245	上海唯家保险经纪有限公司	上海唯家保险经纪	保险经纪	会员

序号	单位名称	简称	单位类别	协会任职
246	唯诚保险经纪有限公司	唯诚保险经纪	保险经纪	会员
247	中车汇融保险经纪有限公司	中车汇融保险经纪	保险经纪	会员
248	中富保险经纪有限公司	中富保险经纪	保险经纪	会员
249	重庆金诚互诺保险经纪有限公司	重庆金诚互诺经纪	保险经纪	会员
250	海豚保险经纪（深圳）有限公司	海豚保险经纪	保险经纪	会员
251	水滴保险经纪有限公司	水滴保险经纪	保险经纪	会员
252	鼎力（北京）保险经纪有限公司	鼎力保险经纪	保险经纪	会员
253	永达理保险经纪有限公司	永达理保险经纪	保险经纪	会员
254	梧桐树保险经纪有限公司	梧桐树保险经纪	保险经纪	会员
255	小雨伞保险经纪有限公司	小雨伞保险经纪	保险经纪	会员
256	元保保险经纪（北京）有限公司	元保保险经纪	保险经纪	会员
257	合翔保险经纪有限公司	合翔保险经纪	保险经纪	会员
258	明亚保险经纪股份有限公司	明亚保险经纪	保险经纪	会员
259	中怡保险经纪有限责任公司	中怡保险经纪	保险经纪	会员
260	广东轻松保保险经纪有限公司	轻松保险经纪	保险经纪	会员
261	易才宏业保险经纪有限公司	易才保险经纪	保险经纪	会员
262	润安国际保险经纪有限公司	润安保险经纪	保险经纪	会员
263	世纪保险经纪股份有限公司	世纪保险经纪	保险经纪	会员
264	广东众康永道保险经纪有限公司	众康永道保险经纪	保险经纪	会员
265	镁信保险经纪有限公司	镁信保险经纪	保险经纪	会员
266	深圳市中诚安信保险经纪有限公司	中诚安信保险经纪	保险经纪	会员
267	上海环亚保险经纪有限公司	上海环亚保险经纪	保险经纪	会员
268	民太安财产保险公估股份有限公司	民太安保险公估	保险公估	理事
269	赛维特保险公估（中国）有限公司	赛维特保险公估	保险公估	会员
270	汕头市均衡保险公估有限公司	均衡保险公估	保险公估	会员
271	北京中咨保险公估有限公司	中咨保险公估	保险公估	会员
272	中衡保险公估股份有限公司	中衡保险公估	保险公估	会员
273	吉林三联保险公估有限公司	三联公估	保险公估	会员
274	泛华保险销售服务集团有限公司	泛华集团	保险代理	会员
275	华康保险代理有限公司	华康保险代理	保险代理	会员
276	新一站保险代理股份有限公司	新一站保险代理	保险代理	会员

序号	单位名称	简称	单位类别	协会任职
277	大童保险销售服务有限公司	大童保险销售	保险代理	会员
278	携程保险代理有限公司	携程保险代理	保险代理	会员
279	中美国际保险销售服务有限责任公司	中美国际保险销售	保险代理	会员
280	四川嘉诚保险销售服务有限公司	四川嘉诚保险销售	保险代理	会员
281	平安创展保险销售服务有限公司	平安创展保险销售	保险代理	会员
282	中利保险销售有限公司	中利保险销售	保险代理	会员
283	苏宁保险销售有限公司	苏宁保险销售	保险代理	会员
284	汇金永信保险销售服务有限公司	汇金永信保险销售	保险代理	会员
285	微民保险代理有限公司	微民保代	保险代理	会员
286	甜橙保险代理有限公司	甜橙代理	保险代理	会员
287	国泰家和保险代理有限公司	国泰家和	保险代理	会员
288	宜信博诚保险销售服务（北京）股份有限公司	宜信博诚保险销售	保险代理	会员
289	车车保险销售服务有限公司	车车保险销售	保险代理	会员
290	中安风尚（北京）保险代理有限公司	中安风尚保险代理	保险代理	会员
291	心有灵犀保险代理有限公司	灵犀保代	保险代理	会员
292	保通保险代理有限公司	保通保代	保险代理	会员
293	天津市保险行业协会	天津保协	地方协会	监事
294	北京保险行业协会	北京保协	地方协会	会员
295	河北省保险行业协会	河北保协	地方协会	会员
296	山西省保险行业协会	山西保协	地方协会	会员
297	内蒙古自治区保险行业协会	内蒙古保协	地方协会	会员
298	辽宁省保险行业协会	辽宁保协	地方协会	会员
299	吉林省保险行业协会	吉林保协	地方协会	会员
300	黑龙江省保险行业协会	黑龙江保协	地方协会	会员
301	上海市保险同业公会	上海保险同业公会	地方协会	会员
302	江苏省保险行业协会	江苏保协	地方协会	会员
303	浙江省保险行业协会	浙江保协	地方协会	会员
304	安徽省保险行业协会	安徽保协	地方协会	会员
305	福建省保险行业协会	福建保协	地方协会	会员
306	江西省保险行业协会	江西保协	地方协会	会员
307	山东省保险行业协会	山东保协	地方协会	会员

序号	单位名称	简称	单位类别	协会任职
308	河南省保险行业协会	河南保协	地方协会	会员
309	湖北省保险行业协会	湖北保协	地方协会	会员
310	湖南省保险行业协会	湖南保协	地方协会	会员
311	广东省保险行业协会	广东保协	地方协会	会员
312	广西保险行业协会	广西保协	地方协会	会员
313	海南省保险行业协会	海南保协	地方协会	会员
314	重庆市保险行业协会	重庆保协	地方协会	会员
315	四川省保险行业协会	四川保协	地方协会	会员
316	贵州省保险行业协会	贵州保协	地方协会	会员
317	云南省保险行业协会	云南保协	地方协会	会员
318	西藏自治区保险行业协会	西藏保协	地方协会	会员
319	陕西省保险行业协会	陕西保协	地方协会	会员
320	甘肃省保险行业协会	甘肃保协	地方协会	会员
321	青海省保险行业协会	青海保协	地方协会	会员
322	宁夏回族自治区保险行业协会	宁夏保协	地方协会	会员
323	新疆保险行业协会	新疆保协	地方协会	会员
324	深圳市保险同业公会	深圳保险同业公会	地方协会	会员
325	大连市保险行业协会	大连保协	地方协会	会员
326	宁波市保险行业协会	宁波保协	地方协会	会员
327	青岛市保险行业协会	青岛保协	地方协会	会员
328	厦门市保险行业协会	厦门保协	地方协会	会员
329	山东省保险中介行业协会	山东保险中介协会	地方协会	会员
330	河南省保险中介行业协会	河南保险中介协会	地方协会	会员
331	湖北省保险中介行业协会	湖北保险中介协会	地方协会	会员
332	重庆市保险中介行业协会	重庆保险中介协会	地方协会	会员
333	四川省保险中介行业协会	四川保险中介协会	地方协会	会员
334	深圳市保险中介行业协会	深圳保险中介协会	地方协会	会员
335	安徽省保险中介行业协会	安徽保险中介协会	地方协会	会员
336	广东省保险中介行业协会	广东保险中介协会	地方协会	会员
337	上海保险交易所股份有限公司	上海保交所	相关机构	副监事长
338	中国保险保障基金有限责任公司	中保基金	相关机构	理事

序号	单位名称	简称	单位类别	协会任职
339	中国银行保险信息技术管理有限公司	中国银保信	相关机构	理事
340	上海陆家嘴国际金融资产交易市场股份有限公司	陆金所	相关机构	理事
341	蚂蚁科技集团股份有限公司	蚂蚁集团	相关机构	理事
342	中保研汽车技术研究院有限公司	中保研	相关机构	会员
343	太平投资控股有限公司	太平投资	相关机构	会员
344	建信养老金管理有限责任公司	建信养老金	相关机构	会员
345	庞贝捷漆油贸易（上海）有限公司	庞贝捷漆油	相关机构	会员
346	中国汽车工程研究院股份有限公司	中国汽研	相关机构	会员
347	健医信息科技（上海）股份有限公司	健医科技	相关机构	会员
348	太平金融服务有限公司	太平金服	相关机构	会员
349	太平金融科技服务（上海）有限公司	太平金科	相关机构	会员
350	平安医疗健康管理股份有限公司	平安医疗健康	相关机构	会员
351	国寿投资保险资产管理有限公司	国寿投资公司	相关机构	会员
352	中保车服科技服务股份有限公司	中保车服	相关机构	会员